高等职业教育智能网联汽车技术专业教材

Zhineng Wanglian Qiche Gailun

智能网联汽车概论

厦门金龙联合汽车工业有限公司
北京汇智慧众汽车技术研究院   组织编写

刘义清 周 明 主 编

彭振文 李 飞 宋建华 副主编

人民交通出版社股份有限公司
北京

内 容 提 要

本书为高等职业教育智能网联汽车技术专业教材。全书分为七个模块,主要内容有:智能网联汽车概述、智能网联汽车环境感知技术、车联网技术、智能网联汽车导航定位技术、智能网联汽车线控技术、先进驾驶辅助技术(ADAS)、智能网联汽车智能座舱。

本书可作为高职高专院校智能网联汽车技术专业的教学用书,也可作为智能网联汽车相关技术人员的培训教材。

图书在版编目(CIP)数据

智能网联汽车概论/刘义清,周明主编. —北京:
人民交通出版社股份有限公司,2022.11
ISBN 978-7-114-18199-3

Ⅰ.①智… Ⅱ.①刘… ②周… Ⅲ.①汽车—智能通
信网—高等职业教育—教材 Ⅳ.①U463.67

中国版本图书馆 CIP 数据核字(2022)第 165188 号

书 名:	智能网联汽车概论	
著 作 者:	刘义清 周 明	
责任编辑:	张一梅	
责任校对:	席少楠	
责任印制:	刘高彤	
出版发行:	人民交通出版社股份有限公司	
地 址:	(100011)北京市朝阳区安定门外外馆斜街 3 号	
网 址:	http://www.ccpcl.com.cn	
销售电话:	(010)59757973	
总 经 销:	人民交通出版社股份有限公司发行部	
经 销:	各地新华书店	
印 刷:	北京市密东印刷有限公司	
开 本:	787×1092 1/16	
印 张:	13.25	
字 数:	315 千	
版 次:	2022 年 11 月 第 1 版	
印 次:	2022 年 11 月 第 1 次印刷	
书 号:	ISBN 978-7-114-18199-3	
定 价:	53.00 元	

(有印刷、装订质量问题的图书,由本公司负责调换)

近年来,全球新一轮的科技革命和产业变革加速演进,新一代信息技术及其深度应用已经推动人类社会步入新的发展阶段,智能经济蓬勃发展,对经济社会发展影响深远。汽车技术的发展日新月异,电动化、网联化、智能化、共享化成为汽车产业发展潮流和趋势。目前,我国汽车产业迅速发展,自主品牌市场份额逐年提高,关键零部件供给能力明显增强,新能源汽车产业体系日渐完善,电池、电机、电控系统及整车具有较强的国际竞争力,这为智能汽车的发展奠定了坚实的基础。2015 年 5 月,国务院印发《中国制造 2025》,汽车被列入"十大重点领域","智能网联汽车"首次在国家政策层面正式提出。2019 年 9 月,中共中央、国务院印发《交通强国建设纲要》,提出加强智能网联汽车(智能汽车、自动驾驶、车路协同)研发,形成自主可控完整的产业链。国家发展和改革委员会、工业和信息化部等 11 个部门联合发布的《智能汽车创新发展战略》提出,到 2025 年,实现有条件自动驾驶的智能汽车达到规模化生产,实现高度自动驾驶的智能汽车在特定环境下市场化应用。2021 年 2 月,国务院印发的《国家综合立体交通网规划纲要》提出,推进智能网联汽车(智能汽车、自动驾驶、车路协同)应用,推动智能网联汽车与智慧城市协同发展。在政策、技术与市场等多重因素的影响下,汽车产业作为国民经济的重要支撑产业,与能源、交通、信息通信等领域有关技术加速融合,正朝着网联化、智能化进程加速推进。智能网联汽车技术的发展已进入快车道。然而,目前国内高职院校汽车专业人才培养供给难以满足智能网联汽车产业发展需求。

2021 年 4 月,中国汽车工程学会、国家智能网联汽车创新中心发布了全国职业院校《智能网联汽车专业建设白皮书(2021 版)》,为职业院校智能网联汽车技术专业建设提供了思路。为了抓住汽车产业智能化发展战略机遇,满足行业对智能网联汽车技术专业人才的需求,加快推进智能汽车技术创新发展,人民交通出版社股份有限公司组织相关院校教师与企业专家共同开发了高等职业教育智能网联汽车技术专业教材。本套教材具有以下特点:

1. 以爱党、爱国、爱社会主义、爱人民、爱集体为主线,围绕政治认同、家国情怀、文化素养、宪法法治意识、道德修养等因素,深入挖掘教材内容中蕴含的思政资源,提炼并利用教材思政元素,寓价值观引导于知识传授和能力培养之中,帮助学生树立正确的世界观、人生观、价值观,实现全员全程全方位育人。

2. 立足先进的职业教育理念,紧跟汽车新技术的发展步伐,结合智能网联汽车技术专业的人才培养模式和课程体系设置等进行教材内容设置,及时反映产业升级和行业发展需求,体现新知识、新技术、新工艺、新方法、新材料。

3. 以就业为导向,以职业能力培养为核心,注重学生实践应用能力的培养和技能的提升,使学生培养过程实现"理实一体",旨在为行业培养高素质的智能网联汽车技术技能人才。

4. 教材呈现形式立体化,借助现代信息技术,科学整合多媒体、多形态、多层次的教学资源,教材的知识点以二维码链接数字资源,满足学生个性化学习的需求,提升教材使用体验。

《智能网联汽车概论》是本系列教材之一。全书由昆明理工大学城市学院刘义清、云南机电职业技术学院周明担任主编,厦门金龙联合汽车工业有限公司彭振文、成都工贸职业技术学院李飞、曲靖职业技术学院宋建华担任副主编。教材编写分工为:刘义清编写模块一、模块二,彭振文编写模块三,周明编写模块四、模块五,宋建华编写模块六,李飞编写模块七。参与编写的还有云南交通运输职业学院贺利涛、新乡职业技术学院李振华、营口农业工程学校梁立学、冀南技师学院许志强、南昌职业大学魏超、云南现代职业技术学院刘琳、山西交通技师学院卫云贵、德宏职业学院刘晓攀和段达能、云南林业职业技术学院班志超。在教材编写过程中得到了厦门金龙联合汽车工业有限公司、北京汇智慧众汽车技术研究院、成都融畅易和科技有限公司、成都未有科技有限公司和威盛电子的大力支持,在此表示衷心的感谢。作者在编写过程中引用了相关文献和资料,特向其作者表示诚挚的谢意。

智能网联汽车技术是一个新专业,涉及的新技术较多,限于作者水平,书中难免出现疏漏或错误之处,恳请读者批评指正。

作 者
2022 年 6 月

目录 | CONTENTS

1

模块一 智能网联汽车概述

📖 学习目标

▶ 知识目标

1. 复述智能网联汽车的概念;
2. 列举智能网联汽车自动驾驶的分级;
3. 能够列举智能网联汽车关键技术;
4. 描述智能网联汽车发展现状和未来发展趋势。

▶ 技能目标

1. 根据智能网联汽车自动驾驶的分级标准评判车辆的自动驾驶等级;
2. 分析智能网联汽车的体系结构。

▶ 素养目标

1. 通过学习智能网联汽车技术的发展,激发学生对该领域的学习热情;
2. 通过查询、检索、总结,培养学生自主学习的能力和创新精神;
3. 通过对智能网联汽车功能的验证,培养学生严谨的工作态度和精益求精的工匠精神。

⚙ 建议课时

2 课时

▍智能网联汽车的产生

(一)汽车技术的发展过程

伴随着第三次工业革命和信息革命,汽车技术逐渐从机械化向电子化、电控化方向转变。近年来,随着电子技术、计算机技术和信息技术的应用,汽车电子技术、电子控制技术得到了迅猛的发展,大致经历了四个阶段:初级阶段、迅速发展阶段、汽车电子技术逐渐向集成化发展阶段和汽车电子技术向智能化、网联化、自动化发展的阶段。

1. 汽车电子技术发展的初级阶段

20 世纪五六十年代是汽车电子技术发展的初级阶段,该阶段主要是一些汽车厂家开始研发单一的电子零部件,用于改善汽车某些机械部件的性能。此外,还采用一些简单的电子设备取代以前的机械部件。这一阶段具有代表性的汽车电子器件主要有电子式间歇刮水控制器、电压调节器、晶体管无接触点点火装置、电子闪光器等。

2. 汽车电子技术迅速发展阶段

20 世纪 70 年代初到 80 年代中期是汽车电子技术迅速发展的阶段,该阶段主要是开发汽车各系统专用的独立控制部分,将电子装置应用于某些机械装置无法解决的复杂控制功能方面,如发动机控制系统、防抱死制动系统(ABS)等。

3. 汽车电子技术逐渐向集成化发展阶段

20 世纪 80 年代中期到 90 年代中期是微型计算机(简称微机)在汽车上应用日趋成熟并向集成化发展阶段。该阶段主要是开发可完成各种功能的综合系统及各种汽车整体系统的微机控制,如集发动机控制与自动变速器控制为一体的动力传动系统控制,防滑转控制系统等。

4. 汽车电子技术向智能化、网联化、自动化发展的阶段

20 世纪 90 年代中期至今是汽车电子技术向汽车智能化、网联化、自动化发展的阶段。该阶段微机运算速度和存取位数大大提高,网络和通信技术迅速发展,车辆的智能控制和网络控制技术应运而生。这一阶段具有代表性的系统主要有通信与导航协调系统、安全驾驶检测与警告系统、自动防追尾碰撞系统、自动驾驶系统和电子地图等。

(二)汽车技术发展趋势

目前以万物互联、大数据、云计算和人工智能等为代表技术的新一轮科技变革方兴未艾,正在引领全球制造业的全面转型升级,并引发产业格局和生态的重构。面对这些变局,世界各工业强国都制定了相应的应对策略,加大科技创新力度,推动前沿技术发展,欲抢先建立智能制造体系,占得制造业未来发展的战略先机。其中,具有代表性的包括德国的"工业 4.0"、美国的"工业互联网"和日本的"机器人革命"等。在这些发展战略中,汽车产业和技术都占据了至关重要的位置,各国纷纷选择汽车产业作为制造业整体升级的突破口,依托汽车产业的基础性、关联性和带动性,加快推进制造业转型。这一战略指向带动全球汽车技术进入了加速进步和融合发展的新时期,并呈现出电动化、智能化、网联化三大发展趋势。

1. 汽车技术"三化"

(1)电动化。

电动化代表着汽车产业不断降低能源消耗和污染物排放的技术趋势,日新月异的电池技术、越发严格的排放法规即将颠覆汽车行业,电动汽车将成为未来的主流。各国电动汽车紧跟政策导向,市场取得飞跃式增长。

(2)智能化。

智能化代表着以车载传感器、控制器、执行器等装置为基础,实现车辆对复杂环境感知、智能决策、协同控制等功能的技术趋势。各级别的自动驾驶技术、人工智能在汽车上的应用都是这一趋势的表征技术。

（3）网联化。

网联化代表着以网络、通信及电子技术为基础,信息技术不断在汽车产品上得到更多应用的技术趋势,这一趋势实际上涵盖了信息技术在汽车产品和汽车产业链整体两方面的应用。

2."三化"间的关系

汽车技术电动化、智能化和网联化的发展趋势是密切相关的,如图1-1所示。其中,网联化技术与智能化技术相互关联、相互影响,网联化是智能化的基础,没有充分的网联化作为支撑,智能化就不可能达到较高的水平。反之,智能化技术的应用又对网联化起到了促进作用,使网联化技术可以得到更好的应用。网联化和智能化两者共同指向高度网联化和高度智能化技术在汽车产业和产品的有效集成,基于充分网联的智能工厂和智能汽车是其最终的核心目标。与此同时,网联化和智能化又对电动化具有极强的推进作用,高度网联化、智能化的汽车产品将实现更大程度的节能减排,从而使汽车低碳化技术发挥更大的效应。

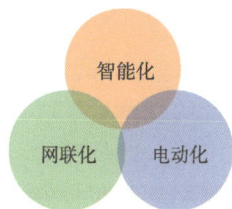

图1-1 汽车"三化"的相互关系

汽车的"三化"中,电动化是基础,智能化是关键,网联化是条件。智能化主要体现在软件、万物互联的一个节点,汽车的终端全部在互联网上。

（三）智联网联汽车的发展历程

1. 20世纪60年代的"未来汽车"幻想

1939年,美国通用公司在一场名为"建设明天的世界"的博览会中(图1-2),表达了对20世纪60年代的"未来汽车"的幻想,并预言未来美国人乘坐的车将是"一种全靠按钮操作,由眺望台远程操控,从而让车自动行驶在带有磁性的专线,而不需要人驾驶的新式汽车"。

2. 无人驾驶概念的提出

在1956年达特茅斯会议上,人工智能的创始人约翰·麦卡锡(J. McCarthy)教授首次正式提出了"人工智能"的概念,在其后的十多年里,人工智能飞速发展。1969年,他在一篇名为《电脑控制汽车》的文章中首次向大众描绘了无人驾驶:"一名'自动驾驶人'可以通过'电视摄像机输入数据,并使用与人类驾驶人相同的视觉输入'来帮助车辆进行道路导航。"这与我们现在正在发展的通过机器视觉实现的无人驾驶技术非常类似。这也是无人驾驶首次被描绘出来,登月科考车可能是对此最好的实现(图1-3)。

图1-2 "建设明天的世界"博览会

图1-3 登月科考车

3. 第一辆无人驾驶汽车的诞生

1984 年,卡耐基梅隆大学团队在全球定位系统(GPS)还没有被发明的情况下,就在一个废弃的停车场测试了其无人驾驶汽车,取名为 Terregator。如图 1-4 所示,它有六个轮子,每秒能行驶几厘米。车身配置的一系列传感器,包括声纳环、摄像头以及一个单线激光雷达测距仪,它们负责对障碍物和环境进行感知,第一次测试时它还只能绕着停车场转圈。

4. 智能网联汽车的出现

汽车产品的安全问题,包括各种功能安全、信息安全问题,一直以来是汽车发展的聚焦点,这样就催生了新一代移动互联网技术(包括大数据、云计算、AI 等技术)在汽车上的运用。同时智能交通系统的发展,也推动了汽车单车智能和车联网的运用,即以车辆为主体和主要节点,融合现代通信和网络技术,使车辆与外部节点实现信息共享和协同控制,以达到车辆安全、有序、高效、节能行驶的目的。图 1-5 所示即为厦门金龙客车与百度合作开发的国内首款达到 L4 级别的量产智能网联汽车阿波龙。

图 1-4 Terregator 实验车

图 1-5 厦门金龙阿波龙

智能网联汽车的定义与分级

(一)智能网联汽车的定义

智能网联汽车是指搭载先进的车载传感器、控制器、执行器等装置,并融合网络通信技术,实现车与 X(车、路、行人、云端等)智能信息交换、共享,具备复杂环境感知、智能决策、协同控制等功能,可实现车辆"安全、高效、舒适、节能"行驶,并最终可实现替代人来操作的新一代汽车(图 1-6)。

图 1-6 智能网联汽车

如图 1-7 所示,智能网联汽车最初都是基于智能汽车发展起来的,实现了单车智能即自动化的就是自动驾驶汽车,实现了车与车之间网络互联的汽车就是网联汽车,而通过与人、车、路等互联后实现自动驾驶的就是智能网联汽车。

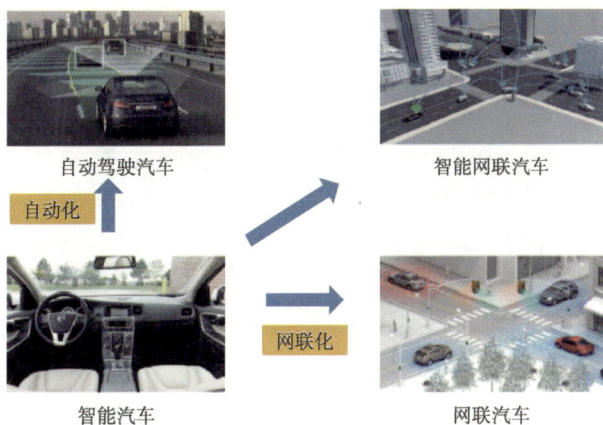

图1-7　智能网联汽车关系图

目前,由于智能技术与网络通信在自动驾驶上的深度融合,已经将自动驾驶汽车与智能网联汽车这两者的定义在一定程度上等同了。但为了更好地理解智能网联汽车,本书将分别对智能汽车、网联汽车、自动驾驶汽车、无人驾驶汽车的定义进行介绍。

1. 智能汽车

智能汽车是指搭载先进传感器装置,运用人工智能等新技术,具备辅助驾驶功能,逐步成为智能移动空间和应用终端的新一代汽车。智能汽车是在普通汽车上增加雷达和摄像头等先进传感器、控制器、执行器等装置,通过车载环境感知系统,使车辆具备智能环境感知能力,能够自动分析车辆行驶的安全及危险状态,提醒和辅助驾驶人安全驾驶,部分配备了具有人机交互功能的智能座舱。目前典型的智能汽车多数是指具有一定高级驾驶辅助系统(ADAS)的车辆(图1-8),具备前向碰撞预警、车道偏离预警、盲区监测、驾驶人疲劳预警、车道保持辅助、自动制动辅助、自适应巡航控制、自动泊车辅助、自适应前照明、夜视辅助等功能。

图1-8　智能汽车

2. 网联汽车

网联汽车是指基于通信互联建立车与车之间的连接,车与网络中心和智能交通系统等服务中心的连接,甚至是车与住宅、办公室以及一些公共基础设施的连接,也就是可以实现车内网络与车外网络之间的信息交互,全面解决人—车—外部环境之间信息交流问题的汽车(图1-9)。网联汽车的初级阶段是以车载信息技术为代表,主要体现在车与互联网的连接、车与路侧交通设施的连接、车与驾驶人手机的连接。例如,利用车载多媒体观看视频、联网听音乐,通过手机遥控车辆打开空调等。

网联汽车

图1-9 网联汽车

3. 自动驾驶汽车

自动驾驶汽车是指汽车至少在某些具有关键安全性的控制功能方面(如转向、加速或制动)无须驾驶人直接操作即可自动完成控制动作的车辆。自动驾驶汽车一般使用车载传感器、GPS和其他通信设备获得信息,针对安全状况进行决策规划,在某种程度上恰当地实施控制(图1-10)。自动驾驶汽车至少包括智能巡航控制系统、智能制动系统、自动避障系统等自动驾驶系统(ADS),也就是无须驾驶人介入,已经可以在一定程度上自行完成车辆在纵向和横向的控制。

自动驾驶汽车

图1-10 自动驾驶汽车

4. 无人驾驶汽车

广义上无人驾驶汽车是指无人驾驶的车辆,其还包括了远程遥控驾驶,但此处所说的是狭义的无人驾驶,通俗说是指无须人员操作即可完成驾驶任务的车辆。专业的定义是指自动驾驶汽车按其发展及自动化层级达到完全无人驾驶状态,即实现真正的无人驾驶,通常是先实现单车智能达到无人驾驶,即车辆依靠车载环境感知系统感知道路环境,自动规划和识别行车路线并控制车辆到达预定目标的智能汽车(图1-11)。它是利用环境感知系统来感知车辆周围环境,并根据感知所获得的道路状况、车辆位置和障碍物信息等,控制车辆的行驶方向和速度,从而使车辆能够安全、可靠地在道路上行驶。其只能在限定的环境中完成全部的驾驶任务,而最终要在更多的交通环境中,完成无人化驾驶任务必须实现智能网联化。即需要依靠网络通信技术,实现车与X(车、路、人、云等)智能信息交换、共享,从而更加高效地实现车辆的自动无人驾驶。

图 1-11　无人驾驶汽车

与智能汽车和自动驾驶汽车相比,无人驾驶汽车需要具有更先进的环境感知系统、中央决策系统以及底层控制系统。无人驾驶汽车能够实现完全自动的控制,全程检测交通环境,能够实现所有的驾驶目标。只需提供目的地或输入导航信息,在任何时候均不需要对车辆进行操控。无人驾驶汽车是汽车智能化、网联化的终极发展目标,是未来汽车发展的方向,即智能网联汽车发展的终极目标。无人驾驶汽车是一种将检测、识别、判断、决策、优化、执行、反馈、纠错功能融为一体,集微电脑、微电机、绿色环保动力系统、新型结构材料等顶尖科技成果为一体的智慧型汽车。

(二)智能网联汽车的分级

1. 我国智能网联汽车技术分级

智能网联汽车包括智能化和网联化两个技术层面,其分级也可对应地按照智能化与网联化两个层面区分。

(1)智能化(自动化)分级。

在智能化方面,我国参照美国汽车工程师学会(SAE)、美国高速公路安全管理局(NHT-SA)、德国汽车工业协会(VDA)等组织已经给出了各自的分级方案,结合我国的具体实际情况,智能网联汽车智能化/驾驶自动化等级划分见表1-1。

我国智能网联汽车智能化/驾驶自动化等级划分　　　　　　　　　　　　　　　　　表 1-1

分　级	名　称	横向和纵向控制	目标和事件探测与响应	动态驾驶任务接管	设计运行条件
0 级	应急辅助	驾驶人	驾驶人与系统	驾驶人	有限制
1 级	部分驾驶辅助	驾驶人与系统	驾驶人与系统	驾驶人	有限制
2 级	组合驾驶辅助	系统	驾驶人与系统	驾驶人	有限制
3 级	有条件自动驾驶	系统	系统	动态驾驶任务接管用户	有限制
4 级	高度自动驾驶	系统	系统	系统	有限制
5 级	完全自动驾驶	系统	系统	系统	无限制*

注:*排除商业和法规限制。

（2）网联化分级。

智能网联汽车网联化等级划分见表1-2。

智能网联汽车网联化等级划分   表1-2

网联化等级	等级名称	等级定义	控制	典型信息	传输需求
1	网联辅助信息交互	基于车—路、车—后台通信，实现导航等辅助信息的获取以及车辆行驶数据与驾驶人操作等数据的上传	驾驶人	交通流量、交通标志、油耗、里程、驾驶习惯等	传输实时性、可靠性要求较低
2	网联协同感知	基于车—车、车—路、车—人、车—后台通信，实时获取车辆周边交通环境信息，与车载传感器的感知信息融合，作为自车决策与控制系统的输入	驾驶人与系统	周边车辆、行人、非机动车位置、信号灯相位、道路预警等信息	传输实时性、可靠性要求较高
3	网联协同决策与控制	基于车—车、车—路、车—人、车—后台通信，实时并可靠获取车辆周边交通环境信息及车辆决策信息，车—车、车—路等各交通参与者之间信息进行交互融合，形成车—车、车—路等各交通参与者之间的协同决策与控制	驾驶人与系统	车—车、车—路之间的协同控制信息	传输实时性、可靠性要求最高

2. 国外的智能网联汽车自动化驾驶分级

国外的智能网联汽车自动化驾驶多数采用目前SAE的分级标准（表1-3），也有参照其进行一定调整的，但都没有过于强调网联化的概念，在SAE J 3016—2021有关道路机动车自动驾驶系统的分类与定义中将自动驾驶技术定为六级，即L0～L5。

SAE 汽车自动驾驶分级   表1-3

分级	L0	L1	L2	L3	L4	L5
称呼	无自动化	驾驶辅助	部分自动化	有条件自动化	高度自动化	完全自动化
定义	由驾驶人全权驾驶汽车，在行驶过程中可以得到警告	通过驾驶环境对转向盘和加减速中的一项操作提供支持，其余由驾驶操作	通过驾驶环境对转向盘和加减速中的多项操作提供支持，其余由驾驶操作	由无人驾驶系统完成所有的驾驶操作，根据系统要求，驾驶人提供适当的应答	由无人驾驶系统完成所有的驾驶操作，根据系统要求，驾驶人不一定提供所有的应答；限定道路和环境条件	由无人驾驶系统完成所有的驾驶操作，可能的情况下，驾驶人接管；不限定道路和环境条件

续上表

分级		L0	L1	L2	L3	L4	L5
主体	驾驶操作	驾驶人	驾驶人/系统	系统			
	周边监控	驾驶人			系统		
	支援	驾驶人				系统	
	系统作用域	无	部分				全域

三　智能网联汽车的发展

(一)国外智能网联汽车的发展

国外在智能网联汽车方面的研究相对较早,例如美国、日本、德国、荷兰等国家,它们对智能网联汽车的研究依托于智能交通系统(ITS)的整体发展。总体来看,美国、日本和一些欧洲国家智能网联汽车的发展受到各国政府的高度重视,相继出台了以车辆智能化、网联化为核心的发展战略。

1. 美国

美国自1991年开始着手建设ITS,此后便开启了美国ITS的大规模研究,主要事件见表1-4。美国交通部于2011年10月开始主持研究、测试"网联汽车技术",经过几个月的研究和实践,肯定了网联汽车技术具有安全性的潜力优势。至此,美国正式拉开了网联汽车研究与应用部署的序幕。

美国智能网联汽车的发展历程

表1-4

时　间	事　件
1991 年	美国交通部制定《陆上综合运输效率化法案》
1992 年	美国交通部发布《ITS 战略计划》
1995 年	美国交通部发布《美国国家 ITS 项目规划》
1998 年	美国交通部制定《面向 21 世纪的运输平衡法案》
1999 年	美国国会批准《国家 ITS 五年项目计划》
2002 年	美国交通部提出 2002—2011《国家 ITS 项目 10 年计划》
2005 年	美国交通部继《21 世纪运输平等法案》(TEA-21)后,通过了 SAFETEA-LU 法案[①]
2010 年	美国交通部发布《美国 ITS 战略计划》
2011 年	美国交通部制订《陆上综合运输效率化法案》
2012 年	美国交通部发布《ITS 战略计划》
2017 年	美国众议院出台《自动驾驶法案》
2018 年	美国交通部发布《准备迎接未来交通:自动驾驶汽车 3.0》

注:①SAFETEA-LU 法案,即"Safe,Accountable,Flexible,Efficient Transportation Equity Act:A Legacy for Users",于 2005 年 8 月 10 日签署,该法案是一个"献给用户的安全、负责、柔性、高效且公平的运输法"。

美国 ITS 联合项目办公室当前正在推进的项目中,大多与网联化技术相关,主要有网联汽车的安全性应用研究、移动性应用研究、政策研究、网联汽车技术研究、网联汽车示范应用工程等多个维度。

2. 德国

欧盟于 2012 年颁布法规,要求所有商用车在 2013 年 11 月前安装紧急自动制动系统(AEB)。自 2014 年起,在欧盟市场销售的所有新车都必须配备 AEB,没有该系统的车辆将很难获得 E-NCAP 五星级安全认证。沃尔沃的城市安全系统、本田的 CMBS 和梅赛德斯-奔驰的 Pre-Safe 都属于这类系统。梅赛德斯-奔驰 S 系列汽车、配备激光雷达的奥迪 A8 可以实现在遇到交通堵塞时自动跟踪前方汽车,提供交通拥堵辅助的功能。

数据显示,从 2010 年 1 月到 2017 年 7 月,全世界共有 5839 项与自动驾驶汽车相关的技术专利。在专利数量最多的十大公司中,六家是德国公司,三家是美国公司。德国的博世公司拥有 958 项专利,远远高于排名第二的奥迪公司。

自德国加入的《维也纳道路交通公约》要求驾驶人始终控制车辆以来,德国的自动驾驶汽车道路试验已在海外开展。截至 2016 年 3 月,联合国修订并签署了《维也纳道路交通公约》,补充了第 8 条,允许"自动驾驶系统根据需要控制车辆,驾驶人可以随时接管"。在德国,只有德国汽车公司才能具备自动驾驶本土化测试条件。2017 年 5 月,德国通过联邦参议院决议,对《德国交通法案》进行修订,首次将自动驾驶汽车测试的相关法律纳入其中,这是德国首部关于自动驾驶的法律。2018 年,德国政府推出了关于自动驾驶技术的首套道德伦理准则,该准则将会让自动驾驶车辆针对事故场景做出优先级的判断,并加入系统的自我学习中,例如人类的安全始终优先于动物以及其他财产等。德国成为世界上首个实施此类措施的国家。2021 年德国联邦议院通过了自动驾驶汽车框架法案,2022 年将允许自动驾驶汽车上路,该法案专门针对具备 L4 级自动驾驶功能的汽车。

3. 荷兰

2016 年 1 月,全球首辆自动驾驶摆渡车在荷兰上路。荷兰成为第一个自动驾驶公交车上路的国家。为了推进自动驾驶发展进程,荷兰政府制定了投资 9000 万欧元用于面向车联网的 1000 多盏交通信号灯改造的计划,以及一项从鹿特丹往其他城市的自动驾驶货车计划,并于 2017 年 2 月正式批准允许进行无人驾驶试验。毕马威从政策和法规、技术和创新、基础设施以及消费者接受度四个维度对自动驾驶进行评价,从 2018 年至今荷兰自动驾驶成熟度指数(AVRI)一直排名世界第一。

4. 瑞典

2016 年 3 月,瑞典有关自动驾驶公共道路测试规范初稿已经完成,进入政府审议和议会审议过程。2017 年 5 月 1 日该规范生效,适用于各个自动驾驶水平的车辆,包括半自动驾驶、高度自动驾驶以及完全自动驾驶车辆。瑞典自动驾驶成熟度指数排名位于美国之后,为世界第五。

5. 日本

日本的交通设施基础较好,拥有比较领先的智能交通系统,智能网联汽车技术水平稳步推进,日本在汽车智能化和网联化领域都进行了研究。在智能化方面,日本从1991年开始支持先进安全汽车(ASV)项目,五年为一期,已开展了五期。2010—2015年为ASV项目的第五期,主要的研究方向包括安全驾驶和驾驶人监控技术、基于V2X协同通信的车辆驾驶辅助系统应用、先进安全技术的商业化应用与提高用户可接受程度、先进安全汽车与国际相关技术标准的协调与兼容性;在网联化方面,日本于2005年启动了名为"CVHS"的车载信息系统和路侧系统的集成开发和试验。

日本警察厅于2016年5月颁布《自动驾驶汽车道路测试指南》,允许自动驾驶汽车上道路进行测试。日本的东京智能汽车火灾保险已经明确,从2017年4月起,把自动驾驶期间的交通事故列入汽车保险的赔付对象,据悉这是日本国内首例以自动驾驶为对象的保险。

2020年4月生效的《道路交通法》允许在高速公路上使用L3级自动驾驶,在东京奥运会上丰田更是大秀其自动驾驶技术,该法规生效半年后,本田旗下车型Legend成了第一款经日本政府批准认可的L3级自动驾驶车辆,也是目前为止唯一一款受日本政府认可的L3级量产车型。

6. 新加坡

新加坡于2014年就发布了《新加坡自动驾驶车辆对策》,2016年,新加坡开启首个面向公众的自动驾驶出租汽车NuTonomy试运营,是全球最早推出Robotaxi服务的国家之一。同年,位于南洋理工大学的无人驾驶车测试与研究卓越中心(CETRAN)成立,供测试无人驾驶车辆遇上不同交通和天气情况的动作。2017年新加坡修订了《道路交通法》,允许在公共道路上测试自动驾驶汽车,并单独建立一个部门专门协调自动驾驶车辆相关工作。此后,新加坡自动驾驶区域不断扩大,至2019年,超过1000km的公路可供测试自动驾驶汽车。新加坡自动驾驶成熟度指数排名位居亚洲第一,世界第二。

(二)我国智能网联汽车的发展

相较于国外,我国在智能网联汽车领域的研究起步较晚,但是国家一直非常重视智能网联汽车的发展,并逐渐上升到国家的战略层面。2015年发布的《中国制造2025》,提出了汽车低碳化、信息化、智能化发展方向。

2018年1月,国家发展改革委发布了《智能汽车创新发展战略》计划。根据该计划,到2020年,中国汽车市场新型智能汽车比例将达到50%,中高端智能汽车将以市场为导向;智能道路交通系统建设取得了积极进展,大城市和公路LTE-V2X无线通信网络覆盖率约为90%。2018年2月2日,北京市印发《北京市自动驾驶车辆道路测试能力评估内容与方法(试行)》。将自动驾驶车辆能力评估内容分成T1~T5级,其中,T2包含T1的评估内容,T3包含T2的评估内容,以此类推,T5为最高一级。等级越高,也就代表测试车辆的自动驾驶能力越强。

2018年5月,工业和信息化部、公安部、交通运输部联合发布了《智能网联汽车管理规范(试行)》,批准了全国20个智能网联汽车测试示范区。《智能网联汽车管理规范(试行)》是指导智能网联汽车测试的指导性文件,截至目前,在北京、上海、重庆、无锡等地已经建立了 16 个自动驾驶汽车试验场地。

截至 2020 年底,我国已建立 9 个国家级智能网联汽车试点示范区。智能网联汽车作为汽车产业中最为重要的基础支撑,在政策驱动、5G 网络建设的共同作用下,率先开始复苏。一方面多重刺激性政策措施保障汽车电子产业稳定发展。受新冠肺炎疫情、经济下行周期以及汽车市场需求不振等不利因素影响,作为疫情背景下经济恢复的重要抓手,国家先后出台《智能汽车创新发展战略》《汽车驾驶自动化分级》《新能源汽车产业发展规划(2021—2035 年)》等多项政策措施,刺激产业恢复活力。

2020 年 11 月 2 日,国务院办公厅印发《新能源汽车产业发展规划(2021—2035 年)》,再度从顶层设计角度对智能网联汽车下一阶段的发展目标进行了明确。到 2035 年,纯电动汽车成为新销售车辆的主流,公共领域用车全面电动化,燃料电池汽车实现商业化应用,高度自动驾驶汽车实现规模化应用,有效促进节能减排水平和社会运行效率的提升。不仅如此,为助力智能汽车进行关键零部件技术突破,还提出了一系列与智能网联汽车相关的核心技术攻关工程作为指引。重重利好之下,智能网联汽车正迎来最好的发展时代。

2021 年 5 月 6 日,住房和城乡建设部办公厅、工业和信息化部办公厅共同发布《关于组织开展智慧城市基础设施与智能网联汽车协同发展试点工作的通知》,确定北京、上海、广州、武汉、长沙、无锡 6 个城市为智慧城市基础设施与智能网联汽车协同发展第一批试点城市,进一步确定了智能网联汽车具有良好的发展前景。

厦门金龙智能网联汽车的发展历程在一定程度上代表了中国在智能网联汽车的发展历程。2010 年,龙翼车联网平台研发团队成立。2011 年,龙翼车联网平台 1.0 发布,标志着厦门金龙进入车联网领域的开始。2017 年,厦门金龙与百度正式携手发力无人驾驶技术在商用车领域的研发和应用。2018 年 7 月,第 100 辆金龙阿波龙下线,首批车辆陆续发往北京、雄安、平潭、武汉、广州和深圳等地开展商业化运营,此举将国内自动驾驶量产计划提前了两年,在我国客车乃至汽车工业"智造"的进程中迈出里程碑式的新步伐。2018 年 7 月,第 100 辆金龙阿波龙下线,首批车辆陆续发往北京、雄安、平潭、武汉、广州和深圳等地开展商业化运营;10 月,为苏州同里"一带一路"能源部长会议和国际能源变革论坛提供场内通勤服务,服务世界智能网联汽车大会。2019 年 4 月,阿波龙"执勤"博鳌亚洲论坛;5 月,再赴第二届"数字中国建设峰会",并在福州飞凤山智能公园以实际运营模式向公众开放体验。2020 年 4 月,京东 L4 级 1.2t 物流车、售卖车下线,这意味在物流和无人销售场景下自动驾驶应用实践的落地;5 月,自动驾驶清扫车下线,这意味在环卫作业场景中自动驾驶已经开始应用;10 月,L4 级京东 0.8 吨物流车下线,并实现量产,说明我们国家生产的无人驾驶物流车产品已经趋于成熟。2021 年 1 月,L4 级微循环 Robobus 6601 逍遥在重庆永川开发道路上运营测试;2 月,L4 级微循环 Robobus 6650G 智慧之光在广州开放道路上运营测试,意味着我国公交班线无人化进入实验阶段;3 月,L4 级安防车发布,这意味自动驾驶的又一个新应用场景的实验开始;4 月,L4 级自动驾驶旅游观光车下线,代表无人驾驶领域又一个新应用场景的突破。厦门金龙智能网联汽车发展历程如图 1-12 所示。

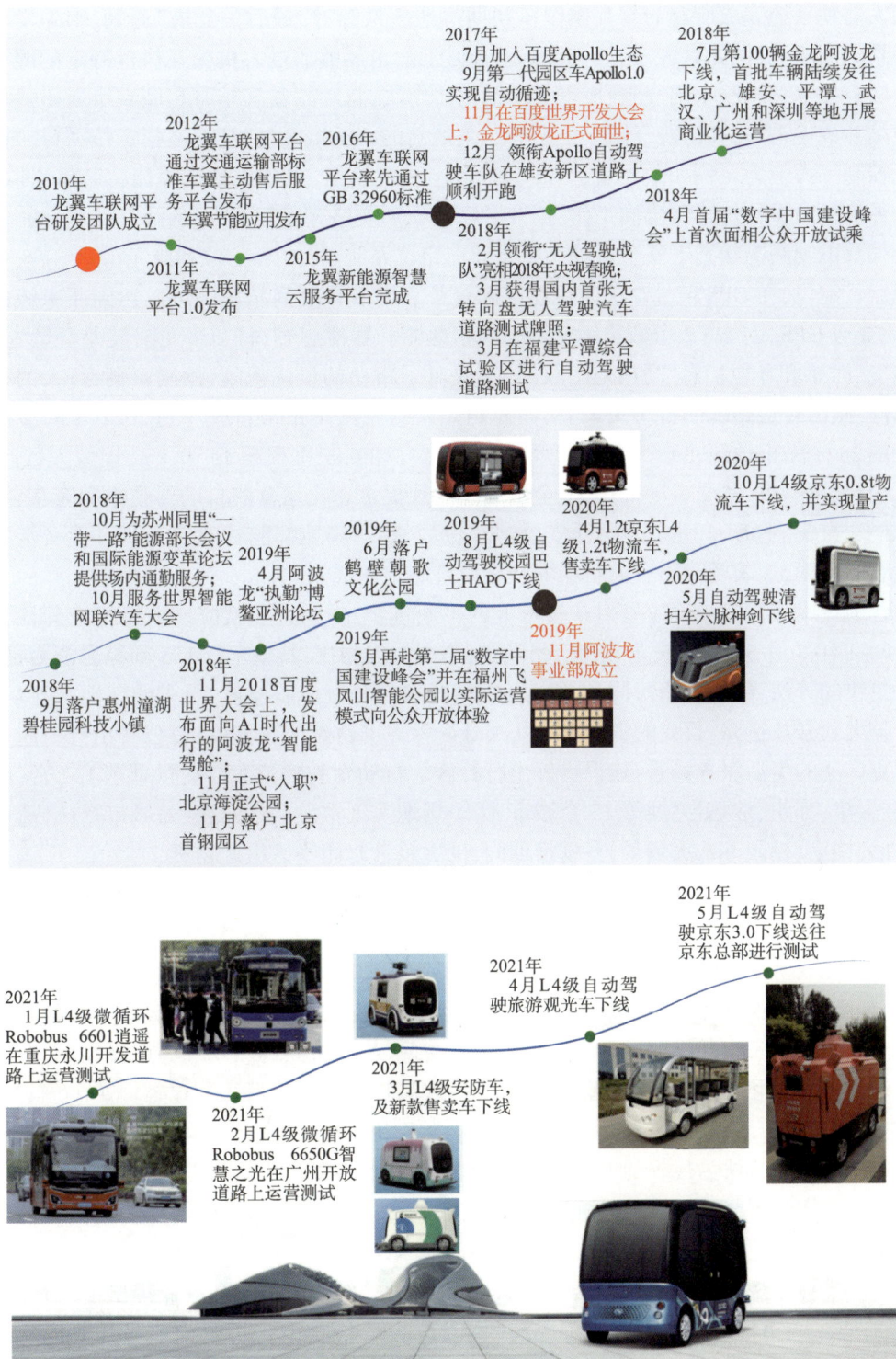

2010年
龙翼车联网平台研发团队成立

2011年
龙翼车联网平台1.0发布

2012年
龙翼车联网平台通过交通运输部标准车翼主动售后服务平台发布
车翼节能应用发布

2015年
龙翼新能源智慧云服务平台完成

2016年
龙翼车联网平台率先通过GB 32960标准

2017年
7月加入百度Apollo生态
9月第一代园区车Apollo1.0实现自动循迹
11月在百度世界开发大会上，金龙阿波龙正式面世；
12月　领衔Apollo自动驾驶车队在雄安新区道路上顺利开跑

2018年
2月领衔"无人驾驶战队"亮相2018年央视春晚；
3月获得国内首张无转向盘无人驾驶汽车道路测试牌照；
3月在福建平潭综合试验区进行自动驾驶道路测试

2018年
7月第100辆金龙阿波龙下线，首批车辆陆续发往北京、雄安、平潭、武汉、广州和深圳等地开展商业化运营

2018年
4月首届"数字中国建设峰会"上首次面相公众开放试乘

2018年
10月为苏州同里"一带一路"能源部长会议和国际能源变革论坛提供场内通勤服务；
10月服务世界智能网联汽车大会

2018年
9月落户惠州潼湖碧桂园科技小镇

2018年
11月2018百度世界大会上，发布面向AI时代出行的阿波龙"智能驾舱"；
11月正式"入职"北京海淀公园；
11月落户北京首钢园区

2019年
4月阿波龙"执勤"博鳌亚洲论坛

2019年
6月落户鹤壁朝歌文化公园

2019年
5月再赴第二届"数字中国建设峰会"并在福州飞凤山智能公园以实际运营模式向公众开放体验

2019年
8月L4级自动驾驶校园巴士HAPO下线

2019年
11月阿波龙事业部成立

2020年
4月1.2t京东L4 1.2t物流车，售卖车下线

2020年
10月L4级京东0.8t物流车下线，并实现量产

2020年
5月自动驾驶清扫车六脉神剑下线

2021年
1月L4级微循环Robobus 6601逍遥在重庆永川开发道路上运营测试

2021年
2月L4级微循环Robobus 6650G智慧之光在广州开放道路上运营测试

2021年
3月L4级安防车，及新款售卖车下线

2021年
4月L4级自动驾驶旅游观光车下线

2021年
5月L4级自动驾驶京东3.0下线送往京东总部进行测试

图1-12　厦门金龙智能网联汽车发展历程图

目前,面向商业化开发的"金龙阿波龙"自动驾驶级别已经达到 L4 级(高度自动驾驶,

由无人驾驶系统完成所有的驾驶操作),初期落地场景针对"最后一公里"通勤,率先实现特定场景的商业化,例如景区、园区、机场等自动接驳,也能够通过人机交互执行特定的服务任务。随着技术、法规、基础设施、成本等问题逐步解决,自动驾驶客车将拓展到半封闭式场地甚至是开放性道路,如班线、旅游、公交等。其最新的 Apollo 系统,拥有高精定位、智能感知、智能控制三大能力。例如激光雷达、高动态范围相机模组、立体摄像机等传感装置,捕捉周边外界信息。多种传感器协同工作,提升了障碍识别及路况感知能力,保障其在晴、雨、雾霾等天气及不同路况状态下安全行驶。组合导航定位系统,将 GPS 定位和激光雷达组合,可以实现点云定位,在 GPS 信号缺失时也能准确定位。搭载百度高精地图可以达到厘米级的精度,比普通 GPS 定位高 2 个数量级。基于高精地图和智能感知,目前金龙阿波龙智慧"汽车大脑"实时感知环境信息、高精地图数据,实现对于路径的最优规划,预测车辆、行人的行为和意图,做出合适路况的行车决策,从而控制无人驾驶汽车正常行驶。到 2022 年阿波龙已在全国 28 个城市地区、39 个场景实现常规运营,自动驾驶里程超 14 万 km,接驳人数超 12 万人,安全零事故,备受市场推崇,是全国唯一大规模常态化运营的自动驾驶小型客车,在北京、雄安、重庆、上海、广州、长沙、西安、杭州、厦门、福州等地都能看到它呆萌可爱又富有科技动感的身影,这表明我国目前自动驾驶环境日趋走向成熟。

作为技术研发人员就应该追求技术上的不断进步,作为企业就应该承担相应的社会责任。2021 年 8 月 5 日,阿波龙Ⅱ在广州发布,与上一代相比,其整车有 155 项综合能力提升。更好更快的算法算力、车路协同和 5G 云代驾、升级的轻奢体验座舱、更多的智能交互功能、进阶扩大到开放道路、百变的空间形态拓展让阿波龙Ⅱ继续引领潮流,以公共出行为起点连通起更广泛的生活服务场景,建设美好出行社区。自动驾驶物流车已交付京东 132 台,已在北京、天津、苏州、常熟、芜湖等 15 个城市 32 个场地实现常态化运营,覆盖城市社区、商业园区、办公楼宇、校园等八大场景,在疫情期间,助力疫情封闭小区运送物资。

(三)智能网联汽车的发展趋势

智能网联汽车大致有四个发展阶段:先进驾驶辅助系统(ADAS)、网联式驾驶辅助、人机共驾、高度自动/无人驾驶。目前,先进驾驶辅助系统已经开始大规模产业化应用,网联化技术的应用已经进入大规模测试和产业化前期准备阶段,人机共驾技术和高度自动/无人驾驶技术还处于研发和小规模测试阶段。未来的发展趋势主要有以下几个方向。

1. 以深度学习为代表的人工智能技术快速发展和应用

以深度学习方法为代表的人工智能(AI)技术在智能网联汽车上正在得到快速应用。尤其在环境感知领域,深度学习方法已凸显出巨大的优势,正在以惊人的速度替代传统机器学习方法。

深度学习方法需要大量的数据作为学习的样本库,对数据采集和存储提出了较高需求;同时,深度学习方法还存在内在机理不清晰、边界条件不确定等缺点,需要与其他传统方法融合使用以确保可靠性。目前,深度学习方法也受限于车载芯片处理能力的限制。

2. 激光雷达等先进传感器加速向低成本、小型化发展

激光雷达相对于毫米波雷达等其他传感器具有分辨率高、识别效果好等优点,已越来越

成为主流的自动驾驶汽车用传感器;但其体积大、成本高,同时也更易受雨、雪等天气条件影响,现阶段难以大规模商业化应用。

目前,激光雷达正在向着低成本、小型化的固态扫描或机械固态混合扫描形式发展,但仍需要克服光学相控阵容易产生"旁瓣"这一缺陷,影响探测距离和分辨率等问题,同时需要解决量产规模和成本等限制。

3. 自主式智能与网联式智能技术加速融合

网联式系统能从时间和空间维度突破自主式系统对于车辆周边环境的感知能力。

(1)在时间维度。

通过 V2X 通信,系统能够提前获知周边车辆的操作信息、红绿灯等交通控制系统信息以及气象条件、拥堵预测等未来状态信息。

(2)在空间维度。

通过 V2X 通信,系统能够感知交叉路口盲区、弯道盲区、车辆遮挡盲区等位置的环境信息,从而帮助自动驾驶系统更全面地掌握周边交通态势。

网联式智能技术与自主式智能技术相辅相成,互为补充,正在加速融合发展。

4. 高速公路与低速区域自动驾驶系统将率先应用

高速公路与城市低速区域将是自动驾驶系统率先应用的两个场景。

高速公路的车道线、标示牌等结构化特征清晰,交通环境相对简单,适合车道偏离报警(LDW)、车道保持系统(LKS)、自动紧急制动(AEB)、自适应巡航控制(ACC)等驾驶辅助系统的应用。目前,市场上常见的特斯拉等自动驾驶汽车就是 L2 ～ L4 级自动驾驶技术的典型应用。

而在特定的城市低速区域内,可提前设置好高精度定位、V2X 等支撑系统,采集好高精度地图,利于实现在特定区域内的自动驾驶,如自动物流运输车、景区自动摆渡车、园区自动通勤车等。

5. 自动驾驶汽车测试评价方法研究与测试场建设成为热点

随着技术的发展,自动驾驶汽车的安全性越来越多地受到关注,关于自动驾驶汽车测试评价方法的研究以及测试场、示范区的建设成为全球热点。

如何测试自动驾驶汽车,一种潜在的解决方案是引入"普通人类驾驶人"的抽象概念并建立安全基线——一系列定性、定量的关键功能、性能指标,表征自动驾驶系统驾驶汽车的安全程度。如果把自动驾驶系统看作一个驾驶人,对其的考核也可以类比对驾驶人的考核过程。首先需要"体验",检查自动驾驶系统对环境感知、车辆控制等基本能力。其次进行理论测试,测试自动驾驶汽车对交通法规的遵守能力。再次是场地考核,即在特定场景下的自动驾驶测试。最后是实路考核,将自动驾驶汽车放置于特定开放测试道路内进行实际测试。

在测试场建设方面,美国密歇根大学率先建成了面积约 13hm²(130000m²)的智能网联汽车专用测试场 M-City。日本、欧洲等多地也已建成或在积极建设各类智能网联汽车专用测试场。上海嘉定于 2016 年率先建成中国第一个专业的智能网联汽车测试场。随着智能网联汽车的快速发展,北京、重庆等地纷纷建设智能网联汽车试验基地。北京市统筹组织交通、汽车、通信产业链 9 家龙头企业组建成立"北京智能车联产业创新中心",2019 年 8 月,北京市最长的智能网联测试道路已经建成并启用,该测试场是北京市首个 T1 ~ T5 级别测试场。2019 年 12 月 8 日,中国通信技术集团中国汽研智能网联汽车试验基地在重庆落成投用。2020 年,我国建立 9 个国家级智能网联汽车试点示范区,进一步加大对智能网联汽车行业的扶持力度,并且随着车联网行业终极目标的稳步推进,2020 年后大部分国家级示范区都迎来后期工程的落地。截至 2020 年底,交通运输部共计认定了 7 家自动驾驶封闭场地测试基地,其中部分向公众开放服务。2021 年 7 月,工业和信息化部、公安部、交通运输部印发《智能网联汽车道路测试与示范应用管理规范(试行)》,进一步规范智能网联汽车道路测试,在公路(包括高速公路)、城市道路、区域范围内等用于社会机动车通行的各类道路指定路段进行智能网联汽车自动驾驶功能测试活动。这些都说明我国在智能网联汽车发展的道路上已经与欧美发达国家和地区基本同步,是我国由汽车制造大国向强国迈进的又一成绩。

四 智能网联汽车的体系结构

(一)智能网联汽车的层次结构

智能网联汽车是以汽车为主体,利用环境感知技术实现多车的有序安全行驶,通过无线通信网络等手段为用户提供多样化信息服务。智联网联系统通常由环境感知层、智能决策层、控制和执行层构成,如图 1-13 所示。

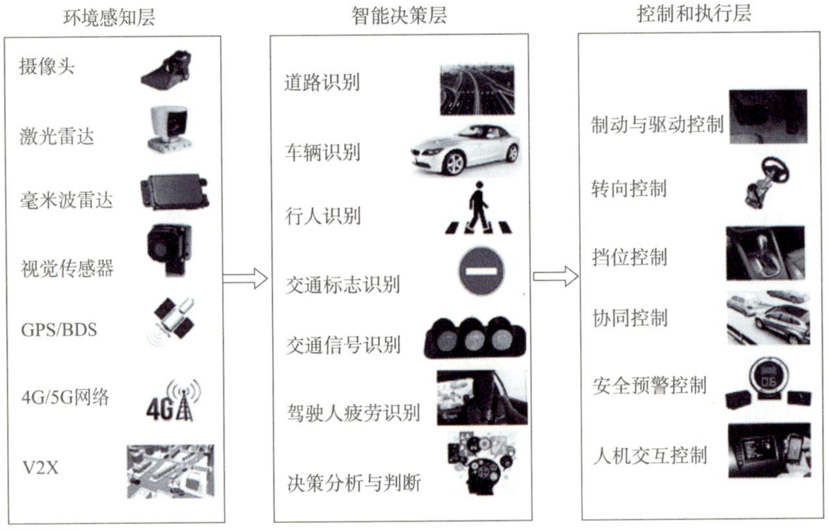

图 1-13 智能网联汽车的层次结构图

1. 环境感知层

环境感知层的主要功能是通过车载环境感知技术、卫星定位技术、4G/5G 及 V2X 无线通信技术等,实现对车辆自身属性和车辆外在属性(如道路、车辆和行人等)静、动态信息的提取和收集,并向智能决策层输送信息。图 1-14 所示就是通过车载环境感知技术对交通道路中的障碍物进行识别,之后传送给智能决策层来采取决策。

图 1-14 障碍物识别示意图

2. 智能决策层

智能决策层的主要功能是接收环境感知层的信息并进行融合,对道路、车辆、行人、交通标志和交通信号等进行识别,决策分析和判断车辆驾驶模式和将要执行的操作,并向控制和执行层输送指令。如图 1-15 所示,通过收集到的环境感知层对道路的车道线、路牌等道路信息和车辆自身的信息进行识别后,结合车辆目前的状况,对车辆处于车道位置,以及道路情况进行判断,从而决策下一步车辆的驾驶行为。

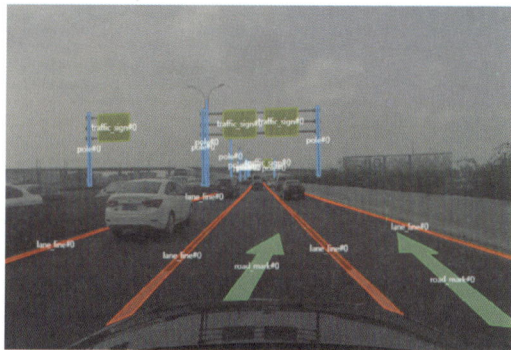

图 1-15 车道线、路牌识别

3. 控制和执行层

控制和执行层的主要功能是根据智能决策层的指令对车辆进行操作和协调,为联网车辆提供道路交通信息、安全信息、娱乐信息、救援信息、商务办公、在线消费等,以保护汽车在安全、舒适的环境中驾驶。相比较传统车辆,智能网联汽车在功能上主要增加了环境感知和定位系统、无线通信系统、车辆自组织网络系统和先进驾驶辅助系统。

如图 1-16 所示,汽车利用 77GHz 毫米波雷达探测前方车辆的信息(距离、速度等)和道路的信息(车道线等),并把这些信息传递给智能决策层,判断车辆是否处于安全车距、是否偏离车道,再把判断结果向控制和执行层传输,发出预警信息,保障车辆安全行驶。

图 1-16 ADAS + 77GHz 毫米波雷达预警系统

（二）智能网联汽车技术逻辑结构

智能网联汽车技术逻辑主线："信息感知"和"决策控制"（图1-17）。

（1）信息感知方面。根据信息对驾驶行为的影响和相互关系，分为"驾驶相关类信息"和"非驾驶相关类信息"。其中，驾驶相关类信息包括传感探测类和决策预警类，非驾驶相关类信息主要包括车载娱乐服务和车载互联网信息服务。传感探测类根据信息获取方式进一步细分为依靠车辆自身传感器直接探测所获取的信息（自身探测）和车辆通过车载通信装置从外部其他节点所接收的信息（信息交互）。

（2）决策控制方面。根据车辆和驾驶人在车辆控制方面的作用和职责，分为"辅助控制类"和"自动控制类"。其中，辅助控制类主要指车辆利用各类电子技术辅助驾驶人进行车辆控制，如横向（方向）控制和纵向（速度）控制及其组合，辅助控制类可分为驾驶辅助（DA）和部分自动驾驶（PA）；自动控制类则根据车辆自主控制以及替代人进行驾驶的场景和条件进一步细分为有条件自动驾驶（CA）、高度自动驾驶（HA）和完全自动驾驶（FA）。

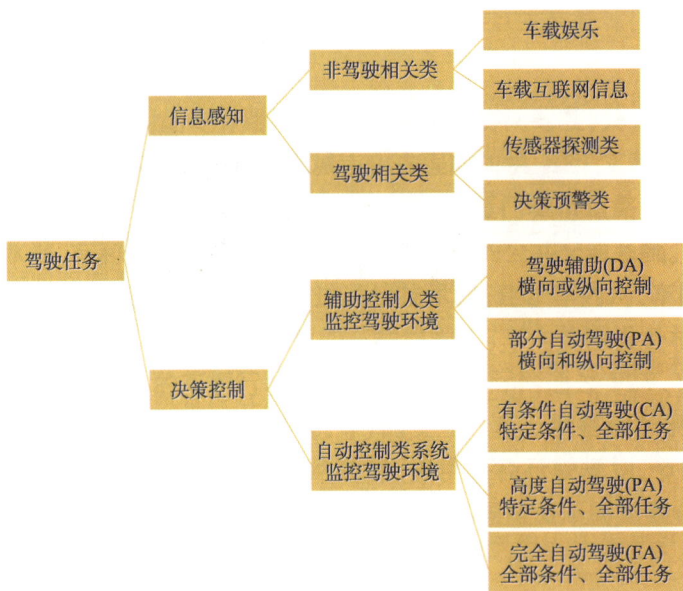

图1-17　智能网联汽车技术逻辑结构

（三）智能网联汽车的技术体系结构

智能网联汽车涉及汽车、信息通信、交通等多领域技术，其技术结构较为复杂，可划分为"三横两纵"式技术结构。其中，"三横"是指车辆/设施关键技术、信息交互关键技术以及基础支撑技术，"两纵"是指围绕汽车的车载平台和围绕道路环境的基础设施（图1-18）。

1.车辆/设施关键技术

车辆/设施关键技术主要是围绕汽车本身的智能化技术，以实现高级辅助驾驶乃至自动驾驶、更加自然的人机交互方式及更加丰富的信息娱乐功能为目的。其技术体系可分为环境感知、智能决策和控制执行三个方面(表1-5)。

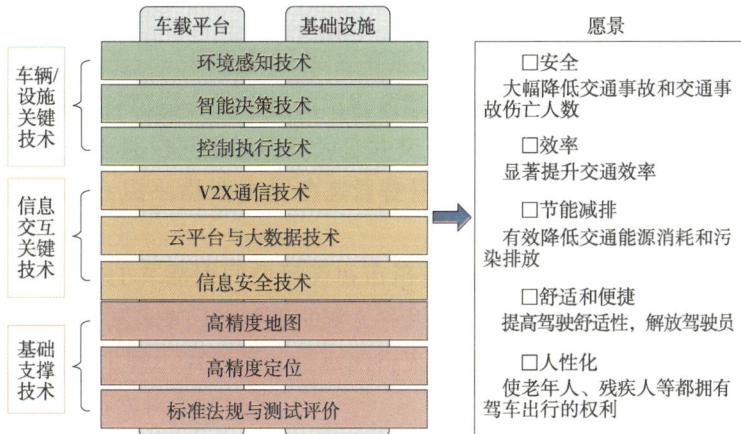

图1-18　智能网联汽车技术体系结构

车辆/设施关键技术　　　　　　　　　　　　　　　表1-5

第　一　层	第　二　层	第　三　层
车辆及设施关键技术	环境感知技术	雷达探测技术
		机器视觉技术
		汽车姿态感知技术
		乘员状态感知技术
		协同感知技术
		信息融合技术
	智能决策技术	行为预测技术
		态势分析技术
		任务决策技术
		轨迹规划技术
		行为决策技术
	控制执行技术	关键执行机构(驱动、制动、转向、悬架)
		汽车纵向、横向、垂向运动控制技术
		车间协同控制技术
		车路协同控制技术
		智能电子电气架构

2. 信息交互关键技术

信息交互关键技术主要是指围绕信息通信的汽车内部以及与其他车辆、道路、行人、平台之间的网联化技术,通过安全地进行数据通信,从而实现信息获取、远程控制、数据分析以及信息服务等功能。其技术体系主要可分为专用通信与网络、大数据、平台和信息安全四个方面(表1-6)。

信息交互关键技术 表 1-6

第 一 层	第 二 层	第 三 层
信息交互关键技术	专用通信与网络技术	汽车专用短程通信(DSRC)技术
		车载无线射频通信技术
		LTE – V 通信技术
		移动自组织网络技术
		智能交通的 5G 通信技术
	平台技术	信息服务平台
		安全、节能决策平台
	大数据技术	非关系型数据库技术
		数据高效存储和检索技术
		车辆数据关联分析与挖掘技术
		驾驶人行为数据分析与应用技术
	信息安全技术	车载终端信息安全技术
		手持终端信息安全技术
		路侧终端信息安全技术
		网络信息安全技术
		数据平台信息安全技术

3. 基础支撑技术

基础支撑技术主要是指支撑智能网联汽车的共性基础性技术,主要包括高精度地图、高精度定位、基础设施、车载硬件平台、人机工程和整车安全架构等(表 1-7)。

基础支撑技术 表 1-7

第 一 层	第 二 层	第 三 层
基础支撑技术	高精度地图	三维动态高精度地图
	高精度定位技术	卫星定位技术
		惯性导航与航迹推算技术
		通信基站定位技术
		协作定位技术
	基础设施	路侧设施与交通信息网络建设
	车载硬件平台	通用处理平台、专用处理芯片
	车载软件平台	交互终端操作系统
		汽车控制器操作系统、共用软件基础平台
	人机工程	人机交互技术
		人机共驾技术

第 一 层	第 二 层	第 三 层
基础支撑技术	整车安全架构	整车网络安全架构
		整车安全功能架构
	标准法规	标准体系与关键标准
	测试评价	测试场地规划与建设
		测试评价方法
	示范应用	示范应用与推广

（四）智能网联汽车产品物理结构

智能网联汽车产品物理结构是把逻辑结构所涉及的各种"信息感知"与"决策控制"功能落实到物理载体上。车辆控制系统、车载终端、交通设施、外接设备等按照不同的用途，通过不同的网络通道、软件或平台对采集或接收到的信息进行传输、处理和执行，从而实现不同的功能或应用（图1-19）。

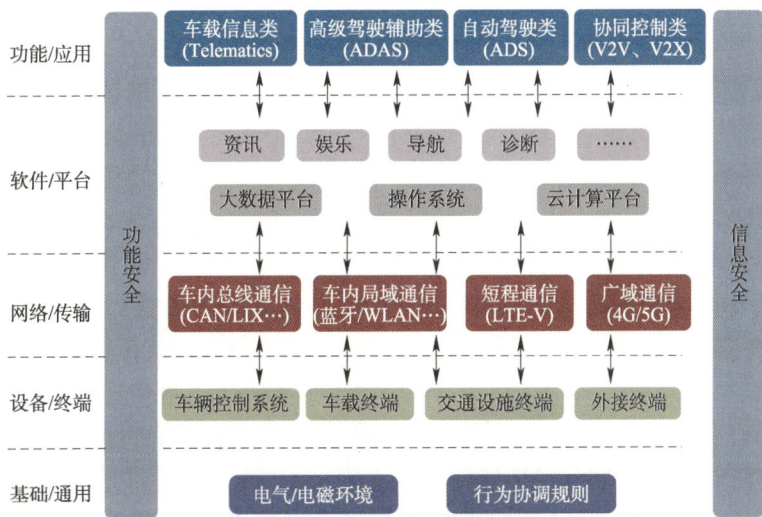

图1-19　智能网联汽车产品物理结构

1. 功能／应用层

功能／应用层根据产品形态、功能类型和应用场景，分为车载信息类、先进驾驶辅助类、自动驾驶类以及协同控制类等，涵盖与智能网联汽车相关各类产品所应具备的基本功能。

2. 软件／平台层

软件／平台层主要涵盖大数据平台、操作系统和云计算平台等基础平台产品，以及资讯、娱乐、导航和诊断等应用软件产品，共同为智能网联汽车相关功能的实现提供平台级、系统级和应用级的服务。

3. 网络／传输层

网络／传输层根据通信的不同应用范围，分为车内总线通信、车内局域通信、中短程通信和广域通信,是信息传递的管道。

4.设备/平台层

设备/终端层按照不同的功能或用途,分为车辆控制系统、车载终端、交通设施终端、外接终端等,各类设备和终端是车辆与对外界进行信息交互的载体,同时也作为人机交互界面,成为连接人和系统的载体。

5.基础/通用层

基础/通用层涵盖电气/电磁环境以及行为协调规则。安装在智能网联汽车上的设备、终端或系统需要利用汽车电源,在满足汽车特有的电气、电磁环境要求下实现其功能;设备、终端或系统间的信息交互和行为协调也应在统一的规则下进行。此外,产品物理结构中还包括功能安全和信息安全两个重要组成部分,两者作为智能网联汽车各类产品和应用需要普遍满足的基本条件,贯穿于整个产品的物理结构之中,是智能网联汽车各类产品和应用实现安全、稳定、有序运行的可靠保障。

五 智能网联汽车的关键技术

(一)环境感知技术

环境感知包括汽车本身状态感知、道路感知、行人感知、交通信号感知、交通状况感知、周围车辆感知等(图1-20)。其中,汽车本身状态感知包括感知行驶速度、行驶方向、行驶状态、汽车位置等;道路感知包括道路类型检测、道路标线识别、道路状况判断、是否偏离行驶轨迹等;行人感知主要判断汽车行驶前方是否有行人,包括白天行人识别、夜晚行人识别、被障碍物遮挡的行人识别等;交通信号感知主要是自动识别交叉路口的信号灯、道路两侧的各种交通标志,及时提醒驾驶人注意;交通状况感知主要是检测道路交通拥堵情况、是否发生交通事故等,以便汽车选择通畅的路线行驶;周围车辆感知主要是检测汽车前方、后方、侧方的车辆情况,避免发生碰撞,也包括交叉路口被障碍物遮挡的车辆。在复杂的路况交通环境下,单一传感器无法完成环境感知的全部,必须整合各种类型的传感器,利用传感器融合技术和网络通信技术,使其为智能网联汽车提供更加真实可靠的路况环境信息。

图1-20 环境感知技术

(二)车联网技术

车联网是以车内网、车际网和车云网为基础,按照约定的通信协议和数据交互标准,在车与车、车与基础设施、车与行人、车与云端之间,进行无线通信和信息交换的大网络。无线通信技术包括长距离无线通信技术和短距离无线通信技术。长距离无线通信技术用于提供即时的互联网接入,主要采用 4G/5G 技术,特别是 5G 技术有望成为车载长距离无线通信专用技术,如现在的远程无人驾驶技术,必须使用 5G 技术(图 1-21),否则将会大幅降低数据传输信息量,从而会使远程驾驶的时延变长,响应变慢。短距离无线通信技术有 DSRC、蓝牙、Wi-Fi 等,其中 DSRC 可以实现在特定区域内对高速运动下移动目标的识别和双向通信,如 V2V(Vehicle to Vehicle,车—车)、V2I(Vehicle to Infrastructure,车—基础设施)双向通信,实时传输图像、语音和数据信息等。

5G 远程驾驶

图 1-21　5G 远程驾驶

目前,我国主要发展的是 C-V2X(基于蜂窝网络的 V2X)通信技术,该技术针对车联网应用场景,定义了两种通信方式、广域蜂窝式与短程直通式。C-V2X 直接通信可提供覆盖面更广的通信范围和更强的可靠性(图 1-22),比 LTE-V 更具有发展潜力。

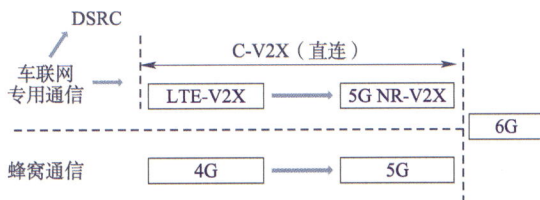

图 1-22　我国的无线通信技术路线

当两辆汽车距离较远或被障碍物遮挡,直接通信无法完成时,两者之间的通信可以通过路侧单元进行信息传递,构成一个无中心、完全自组织的车载自组织网络。车载自组织网络依靠短距离通信技术实现 V2V 和 V2I 之间的通信,即在一定通信范围内的汽车可以相互交换各自的车速、位置等信息和车载传感器感知的数据,并自动连接建立起一个移动的网络。其典型的应用包括行驶安全预警、交叉路口协助驾驶、交通信息发布及基于通信的汽车纵向控制等(图 1-23)。

图 1-23　车载自组织网络 V2X

目前,汽车上广泛应用的网络是控制器局域网络(Controller Area Network,CAN)、本地互联网络(Local Interconnect Network,LIN)和面向媒体的系统传输(Media Oriented Systemtransport,MOST)总线等,它们的特点是传输速率小、带宽窄。为了实现自动驾驶功能,首先动力总成系统和底盘系统的电子控制单元(ECU)与车身ECU协调,有必要将车辆视为一个系统,并协调控制操作;其次不仅在车内,还需要与移动基站和云服务器协作的互联系统连接;再次摄像头模块和视频系统(如雷达/LiDAR)的数据传输需要更大的带宽,更高的传输速

图1-24 车载网络技术

度,于是以太网就成了智能网联汽车车载网络最好的选择。它采用星形连接架构,每一个设备或每一条链路都可以专享100Mbit/s带宽,而且传输速率达到万兆级(图1-24)。同时以太网还可以顺应未来整个汽车行业的发展趋势,即开放性、兼容性原则,从而可以很容易将现有的应用嵌入新的系统中。

(三)导航定位技术

智能网联汽车的导航(路径规划)通常指从出发地到达目的地,同时避免障碍物,并且不断优化驾驶轨迹和行为以保证乘客的安全舒适,是通过采用监测和控制手段使物体从一个地方转移到另一地方,在转移的过程中保证路线和运动的准确性。没有定位就不会产生导航,无法产生坐标信息就不会进行正确的导航,也就是说,定位是导航的第一步,导航是定位的一个连续过程,导航涉及路径规划和决策引导。因此,定位是导航的关键,目前自动驾驶车辆定位技术可分为卫星定位、惯性导航定位、地图匹配定位和组合定位等。

(四)先进驾驶辅助技术

先进驾驶辅助技术是通过车辆环境感知技术和自组织网络技术对道路、汽车、行人、交通标志、交通信号等进行检测和识别,对识别信号进行分析处理,传输给执行机构,保障汽车安全行驶(图1-25)。先进驾驶辅助技术是智能网联汽车重点发展的技术,其成熟程度和使用多少代表了智能网联汽车的技术水平,是其他关键技术的具体应用体现。

图1-25 先进驾驶辅助技术

（五）信息融合技术

信息融合技术是指在一定准则下利用计算机技术对多源信息分析和综合以实现不同应用的分类任务而进行的处理过程。该技术主要用于对多源信息进行采集、传输、分析和综合，将不同数据源在时间和空间上的冗余或互补信息依据某种准则进行组合，产生出完整、准确、及时、有效的综合信息（图1-26）。智能网联汽车采集和传输的信息种类多、数量大，必须采用信息融合技术才能保障实时性和准确性。

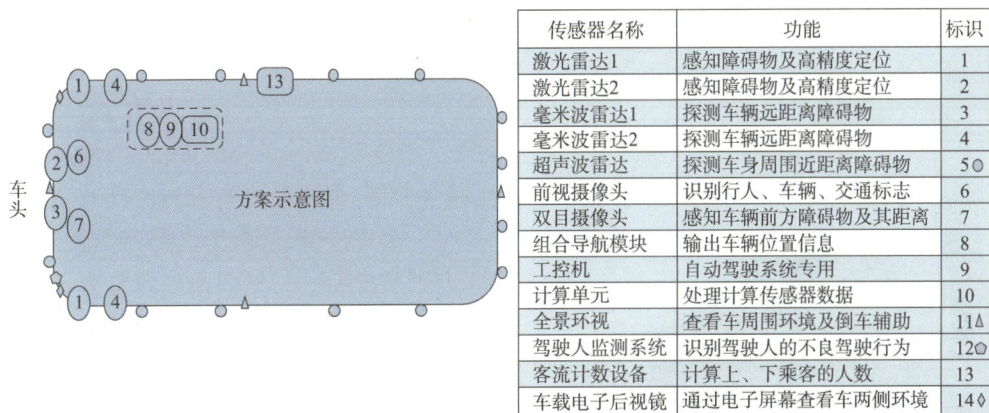

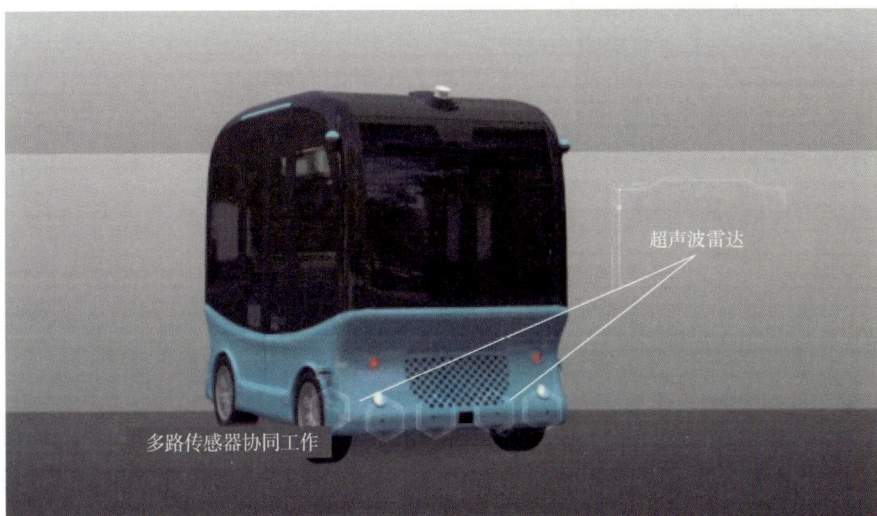

传感器名称	功能	标识
激光雷达1	感知障碍物及高精度定位	1
激光雷达2	感知障碍物及高精度定位	2
毫米波雷达1	探测车辆远距离障碍物	3
毫米波雷达2	探测车辆远距离障碍物	4
超声波雷达	探测车身周围近距离障碍物	5○
前视摄像头	识别行人、车辆、交通标志	6
双目摄像头	感知车辆前方障碍物及其距离	7
组合导航模块	输出车辆位置信息	8
工控机	自动驾驶系统专用	9
计算单元	处理计算传感器数据	10
全景环视	查看车周围环境及倒车辅助	11△
驾驶人监测系统	识别驾驶人的不良驾驶行为	12◎
客流计数设备	计算上、下乘客的人数	13
车载电子后视镜	通过电子屏幕查看车两侧环境	14◇

图 1-26　信息融合技术

（六）信息安全与隐私保护技术

智能网联汽车接入网络的同时，也带来了信息安全的问题。在应用中，每辆车及其驾驶人的信息都将随时随地传输到网络中（图1-27），这种暴露在网络中的信息很容易被窃取、干扰，甚至修改等，从而直接影响智能网联汽车体系的安全，因此在智能网联汽车中，必须重视对信息安全与隐私保护技术的研究。

图1-27　信息安全与隐私保护技术

（七）人机交互技术

图1-28　人机交互技术

人机交互技术,尤其是语音控制、手势识别和触摸屏技术,在未来汽车市场上将被大量采用(图1-28)。全球领先的汽车制造商,如奥迪、宝马、奔驰、福特及菲亚特等都在研究人机交互技术。

不同国家汽车人机交互技术的发展重点不同,美国和日本侧重于远程控制,主要通过呼叫中心实现;德国则把精力放在汽车的中央控制系统,主要是奥迪的 MMI、宝马的 iDrive、奔驰的 COMMAND。

智能网联汽车人机界面的设计,其最终目的是提供好的用户体验,增强用户的驾驶乐趣或驾驶过程中的操作体验。它更加注重驾驶的安全性,这样使人机界面的设计必须在好的用户体验和安全之间达到平衡,很大程度上安全始终是第一位的。智能网联汽车人机界面应集成汽车控制、功能设定、信息娱乐、导航系统、车载电话等多项功能,方便驾驶人快捷地从中查询、设置、切换汽车系统的各种信息,从而使汽车达到理想的运行和操纵状态。车载信息显示系统和智能手机无缝连接,人机界面将提供多种输入方式,通过使用不同的技术允许消费者能够根据不同的操作、不同的功能进行自由切换。

目前,人机交互技术主要体现在汽车智能座舱上,智能座舱主要用到驾驶人行为监控、驾驶人身份识别、透明 A 柱、HUD 抬头显示、流媒体后视镜、语音交互系统等系统。

技能实训

实训项目　智能网联汽车认知					
课程名称		日期		成绩	
学生姓名		学号		班级	
任务载体	智能网联小型客车一辆				
任务目标	(1)根据车辆配备的说明书中所能实现的功能,评判该车的自动驾驶等级、汽车网联化等级; (2)通过验证该车所能实现的功能,结合车辆说出其基本的技术逻辑结构; (3)验证该车所能实现的功能,列举其所涉及的智能网联汽车关键技术				

续上表

项 目	步 骤	操作记录		
1. 资料准备	(1)查询智能化/驾驶自动化等级/汽车网联化等级划分的相关标准			
	(2)查阅智能网联小型客车所配备的产品说明书			
2. 测试内容选择	(1)列出智能网联小型客车所具备的智能网联方面的功能			
	(2)根据所有功能,选择学校适合进行对应功能测试的场景,并形成对应列表			
3. 实景验证	(1)智能网联小型客车基本性能检查			
	(2)测试场景的布置及检查			
	(3)对场景和车辆等测试环境进行安全评估,杜绝安全风险			
	(4)在场景中按形成列表进行智能网联小型客车功能验证			
4. 验证结果及分析	(1)功能验证结果记录与整理			
	(2)结合验证结果,评判智能网联小型客车的自动驾驶等级、汽车网联化等级			
	(3)结合验证结果,分析智能网联小型客车基本的技术逻辑结构			
	(4)结合验证结果,列举智能网联小型客车所涉及的智能网联汽车关键技术			
小组互评第_____组	组员学号			
	组员姓名			
	互评分			
教师考核				

思考与练习

一、判断题

1. 网联化是智能化的基础,没有充分的网联化作为支撑,智能化就不可能达到较高的水平。 （　　）

2. 实现车与人、车等互联后并实现自动驾驶的就是智能网联汽车。 （　　）

3. 环境感知层可实现对车辆自身属性和车辆外在属性静、动态信息的提取和收集,并向智能决策层输送信息。 （　　）

4. 智能网联汽车涉及汽车、信息通信、物流等多领域技术。　　　　　　　（　　）

5. 信息交互关键技术的技术体系主要可分为专用通信与网络、大数据、平台和信息安全四个方面。　　　　　　　　　　　　　　　　　　　　　　　　　　（　　）

6. 环境感知包括汽车本身状态感知、道路感知、行人感知、交通信号感知、交通标志感知、交通状况感知、周围车辆感知等。　　　　　　　　　　　　　　　　　（　　）

7. 使用智能网联汽车不存在车辆及车主信息被窃取的风险。　　　　　　　（　　）

8. 语音控制、手势识别和触摸屏等技术在未来汽车市场上将被大量采用。　（　　）

9. 人机交互技术主要体现在汽车智能座椅上。　　　　　　　　　　　　　（　　）

10. 智能网联汽车人机界面的设计，其最终目的是提供好的用户体验，增强用户的驾驶乐趣或驾驶过程中的操作体验。　　　　　　　　　　　　　　　　　　　（　　）

二、选择题

1. 网联汽车是指基于（　　）建立车与车之间的连接，车与网络中心和智能交通系统等服务中心的连接。

　　A. 通信互联　　　　B. 人机互联　　　　C. 人车互联　　　　D. 车内系统互联

2. 智能网联汽车包括（　　）和网联化两个技术层面。

　　A. 工业化　　　　B. 智能化　　　　C. 集成化　　　　D. 电动化

3. 美国汽车工程师协会（SAE）将自动驾驶技术定为（　　）级。

　　A. 四　　　　B. 五　　　　C. 六　　　　D. 七

4. 以下属于环境感知层的是（　　）。

　　A. 激光雷达　　　B. 行人识别　　　C. 车辆识别　　　D. 挡位控制

5. 以下属于智能决策层的是（　　）。

　　A. 视觉传感器　　B. 交通标志识别　　C. 转向控制　　　D. 协同控制

6. 以下属于信息交互关键技术的是（　　）。

　　A. 控制执行技术　　B. 环境感知技术　　C. 大数据技术　　D. 控制执行技术

7. 以下不属于基础支撑技术的是（　　）。

　　A. 人机工程　　　B. 标准法规　　　C. 测试评价　　　D. 信息安全技术

8. 长距离无线通信技术用于提供即时的互联网接入，主要采用的技术为（　　）。

　　A. 4G/5G　　　　B. DSRC　　　　C. Wi-Fi　　　　D. 3G

9. 以下属于先进驾驶辅助技术的是（　　）。

　　A. 跟车距离检测　　B. 行人检测　　　C. 续驶里程检测　　D. 行驶姿态检测

三、简答题

1. 简述汽车技术的发展趋势。

2. 什么是智能网联汽车？

3. 简述智能网联汽车的技术体系结构。

4. 智能网联汽车包含哪些关键技术？

模块二 智能网联汽车环境感知技术

学习目标

▶ 知识目标

1. 复述智能网联汽车环境感知技术;
2. 列举环境感知主要传感器,并描述其作用;
3. 描述多传感器融合及其工作原理;
4. 说明多传感器融合方法。

▶ 技能目标

1. 辨识环境感知主要传感器;
2. 分析各目标识别实现技术。

▶ 素养目标

1. 通过对智能网联汽车环境感知关键技术的认知,培养学生分析复杂问题的能力;
2. 通过技能训练、工位整理、废弃物处理和垃圾分类,形成热爱劳动、爱岗敬业、安全环保的职业素养;
3. 通过资料查阅、制定计划、方案执行、总结反馈,培养学生严谨扎实、精益求精的工匠精神。

建议课时

6 课时

认识环境感知技术

智能网联汽车是集感知、决策和控制等功能于一体的自主交通工具,其中,感知系统代替驾驶人的视听、触觉等功能,融合摄像机、雷达等传感器采集交通环境数据,精确识别各类交通元素,为自动驾驶汽车决策系统提供支撑(图 2-1)。

环境感知就是利用车载超声波传感器、毫米波雷达、激光雷达、视觉传感器等传感器,以及 V2X 通信技术等获取道路、车辆位置和障碍物的信息,并将这些信息传输给车载控制中心,为智能网联汽车提供决策依据,是自动驾驶实现的第一步。

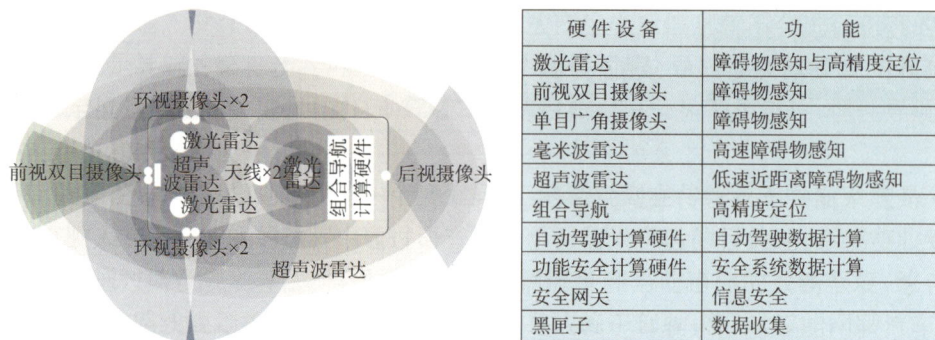

硬 件 设 备	功 能
激光雷达	障碍物感知与高精度定位
前视双目摄像头	障碍物感知
单目广角摄像头	障碍物感知
毫米波雷达	高速障碍物感知
超声波雷达	低速近距离障碍物感知
组合导航	高精度定位
自动驾驶计算硬件	自动驾驶数据计算
功能安全计算硬件	安全系统数据计算
安全网关	信息安全
黑匣子	数据收集

图 2-1 环境感知传感器在智能网联汽车上的应用

(一)环境感知的对象

智能网联汽车环境感知对象主要包括行驶路径识别、周边物体识别、驾驶状态检测、驾驶环境检测等。

(1)行驶路径识别。结构化道路的行驶路径识别包括道路交通标线、行车道边缘线、路口导向线、导向车道线、人行横道线、道路出入口标线、道路隔离物识别;非结构化道路的行驶路径识别主要是可行驶路径的确认。

(2)周边物体识别。周边物体识别主要包括车辆、行人、地面上可能影响汽车通过和安全行驶的其他各种移动或静止物体的识别,各种交通标志的识别,交通信号灯的识别。

(3)驾驶状态检测。驾驶状态检测主要包括驾驶人自身状态、车辆自身行驶状态和周边车辆行驶状态的检测。

(4)驾驶环境检测。驾驶环境检测主要包括路面状况、道路交通拥堵情况、天气状况的检测。

(二)环境感知系统的组成

智能网联汽车环境感知系统由信息采集单元、信息处理单元和信息传输单元组成,如图 2-2 所示。

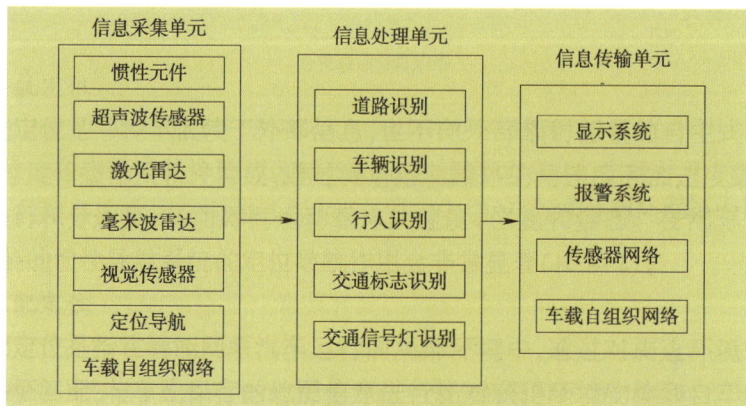

图 2-2 智能网联汽车环境感知系统的组成

（1）信息采集单元。对环境的感知和判断是智能网联汽车工作的前提与基础,感知系统获取周围环境和车辆信息的实时性及稳定性,直接关系到后续检测或识别准确性和执行有效性。

（2）信息处理单元。信息处理单元主要是对信息采集单元输送来的信号,通过一定的算法对道路、车辆、行人、交通标志、交通信号等进行识别。

（3）信息传输单元。信息处理单元对环境感知信号进行分析后,将信息送入传输单元,传输单元根据具体情况执行不同的操作,如分析后的信息确定前方有障碍物,并且本车与障碍物之间的距离小于安全车距,则将这些信息送入控制执行模块,控制执行模块结合本车速度、加速度、转向角等自动调整智能网联汽车的车速和方向,实现自动避障,在紧急情况下也可以自动制动。信息传输单元把信息传输到传感器网络上,实行车辆内部资源共享;也可以把处理信息通过自组织网联传输给车辆周围的其他车辆,实现车辆与车辆之间的信息共享。

（三）环境感知传感器配置

智能网联汽车环境感知传感器主要有超声波传感器、毫米波雷达、激光雷达、视觉传感器等。它们在智能网联汽车上的配置与自动驾驶级别有关,自动驾驶级别越高,配置的传感器越多。典型智能网联汽车传感器基本配置见表2-1。

典型智能网联汽车传感器基本配置   表2-1

传　感　器	数量（个）	最小感知范围	备　　注
环视摄像头（高清）	4	8m	1. 前向和侧向毫米波雷达不能互换; 2. 毫米波雷达和激光雷达互为冗余; 3. 传感器供应商不同,数据存在出入,仅供参考
前视摄像头（单目）	1	50°/150m	
超声波传感器	12	5m	
侧向毫米波雷达（24GHz）	4	110°/60m	
前向毫米波雷达（77GHz）	1	15°/170m	
激光雷达	1	110°/100m	

（四）环境感知传感器对比

超声波传感器、毫米波雷达、激光雷达和视觉传感器作为主要的环境感知传感器,它们的选择需要综合考虑其性能特点和性价比,它们之间的对比见表2-2。

环境感知传感器性能对比   表2-2

传感器类型	超声波传感器	毫米波雷达	激光雷达	视觉传感器
近距离探测	弱	强	强	较强
探测角度	120°	10°~70°	15°~360°	30°
夜间环境	强	强	强	弱
全天候	弱	强	强	弱
路标识别	×	×	×	√

传感器类型	超声波传感器	毫米波雷达	激光雷达	视觉传感器
主要应用	泊车辅助	自适应巡航控制系统、自动紧急制动系统、前向碰撞预警系统、盲区监测系统	实时建立车辆周边环境的三维模型	车道偏离预警系统、车道保持辅助系统、盲区监测系统、前向碰撞预警系统、交通标志识别系统、交通信号灯识别系统、全景泊车系统
成本	低	适中	高	适中

二 典型环境感知传感器的分类、工作原理及应用

不同传感器的感知范围如图2-3所示。它们均有各自的优点和局限性,现在发展的趋势是通过传感器信息融合技术,弥补单个传感器的缺陷,提高整个智能驾驶系统的安全性和可靠性。

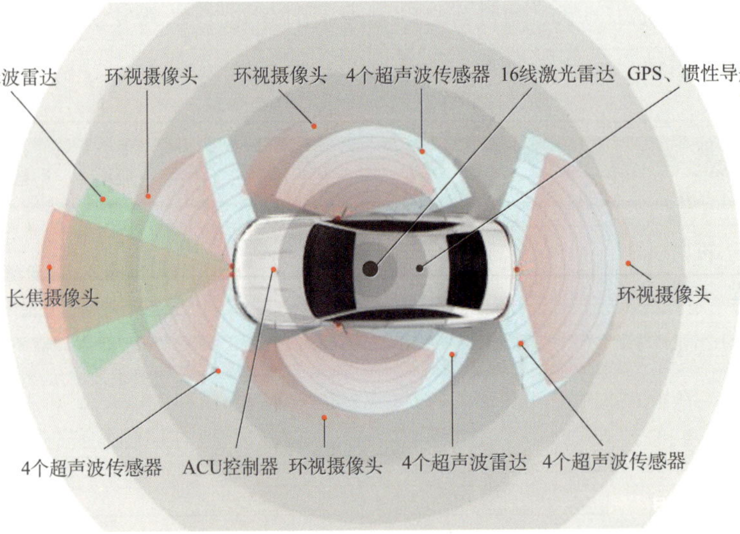

毫米波雷达　环视摄像头　环视摄像头　4个超声波传感器　16线激光雷达　GPS、惯性导航装置

长焦摄像头　　　　　　　　　　　　　　　　　　　　　　　　　环视摄像头

4个超声波传感器　ACU控制器　环视摄像头　4个超声波雷达　4个超声波传感器

图2-3　不同传感器的感知范围

毫米波雷达

1.毫米波雷达

毫米波雷达是工作在毫米波频段的雷达(图2-4),毫米波是指波长在1~10mm的电磁波,对应的频率范围为10~300GHz。毫米波雷达是自动驾驶系统的核心传感器,主要用于自适应巡航控制系统、自动制动系统、盲区监测系统、行人识别等。

毫米波位于微波与远红外波相交叠的波长范围,所以毫米波兼有这两种波谱的优点,同时也有自己独特的性质。根据波的传播理论,频率越高,波长越短,分辨率越高,穿透力越强,但在传播过程中的损耗也越大,传输距离越短;相

图2-4　毫米波雷达

反,频率越低,波长越长,绕射能力越强,传输距离越远。因此,与微波相比,毫米波的分辨率高,指向性好,抗干扰能力强和探测性能好;与红外波相比,毫米波的大气衰减小,对烟雾和灰尘具有更好的穿透性,受天气影响小。

1)毫米波雷达的分类

毫米波雷达可按工作原理、探测距离以及频段进行分类(图2-5)。

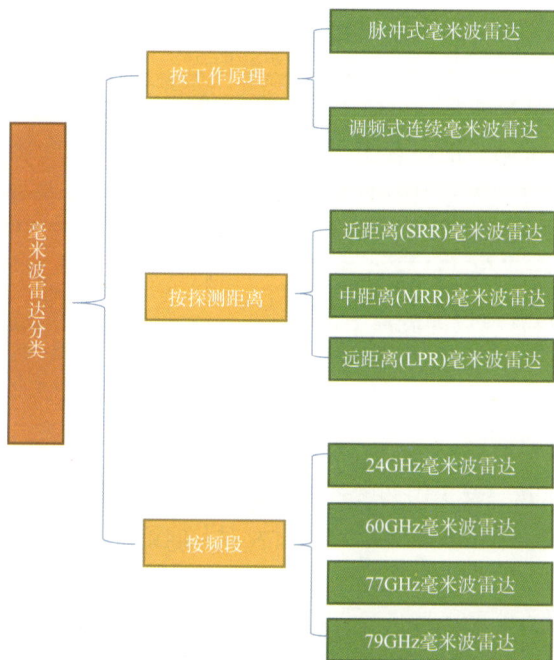

毫米波雷达
演示动画

图2-5 毫米波雷达分类

①按工作原理可分为脉冲式毫米波雷达和调频式连续毫米波雷达。脉冲式毫米波雷达通过发射脉冲信号与接收脉冲信号之间的时间差来计算目标距离,调频式连续毫米波雷达是利用多普勒效应测量得出不同距离目标的速度。目前,大多数车载毫米波雷达都采用调频式连续毫米波雷达。

②按探测距离可分为近距离(SRR)、中距离(MRR)以及远距离(LRR)毫米波雷达。近距离毫米波雷达一般探测距离小于60m,中距离毫米波雷达一般探测距离为100m左右,远距离毫米波雷达探测距离一般大于200m。

③按频段可分为24GHz、60HGz、77GHz以及79GHz毫米波雷达。主流可用频段为24GHz和77GHz,其中24GHz适合近距离探测,77GHz适合远距离探测,79GHz有可能是未来的发展趋势。77GHz毫米波雷达与24GHz毫米波雷达相比有探测距离更远、体积更小、所需要的工艺更高、检测精度更好、射频芯片不容易获取等特点,目前是智能汽车主要选用的产品(图2-6)。

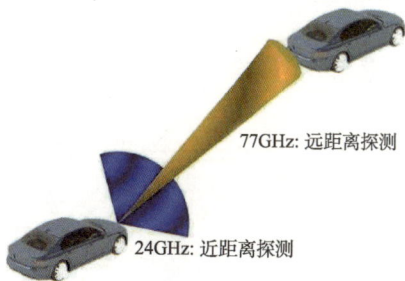

77GHz: 远距离探测

24GHz: 近距离探测

图2-6 不同频段毫米波雷达的应用

2）毫米波雷达的特点

（1）毫米波雷达的优点：

①探测距离远。可达200m以上。

②响应速度快。毫米波的传播速度与光速一样，并且其制作简单，配合高速信号处理系统，可以快速地测量出目标的距离、速度、角度等信息。

③探测性能好。毫米波波长较短，汽车在行驶中的前方目标一般都是由金属构成的，这会形成很强的电磁反射，其探测不受颜色与温度的影响。

④抗干扰能力强。毫米波雷达一般工作在高频段，而周围的噪声和干扰处于中低频区，基本上不会影响毫米波雷达的正常运行，因此毫米波雷达具有抗低频干扰的特性。

⑤适应能力强。毫米波具有很强的穿透力，在雨、雪、大雾等恶劣天气依然可以正常工作，而且不受颜色和温度的影响。

（2）毫米波雷达的缺点：

①覆盖区域成扇形，有盲点区域。

②无法识别交通信号。

③无法识别交通标志。

3）毫米波雷达的测量原理

目前，车载毫米波雷达主要采用调频式连续毫米波雷达。调频式连续毫米波雷达是利用多普勒效应测量得出目标的距离和速度，它通过发射源向给定目标发射微波信号，并分析发射信号频率和反射信号频率之间的差值，精确测量出目标相对于毫米波雷达的运动速度等信息。

雷达调频器通过天线发射微波信号，发射信号遇到目标后，经目标的反射会产生回波信号，发射信号与回波信号相比形状相同，时间上存在差值。当目标与毫米波雷达信号发射源之间存在相对运行时，发射信号与回波信号之间除存在时间差外，还会产生多普勒频率，如图2-7所示。

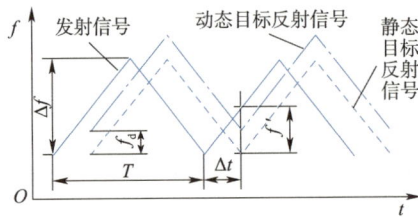

图2-7 调频式连续毫米波雷达测量原理

毫米波雷达测量的相对距离和相对速度分别为：

$$s = \frac{c\Delta t}{2} = \frac{cTf'}{4\Delta f} \tag{2-1}$$

$$u = \frac{cf_d}{2f_0} \tag{2-2}$$

式中：s——相对距离；

　　　c——光速；

　　　Δt——发射信号与回波信号的时间间隔；

  T——信号发射周期；

  f'——发射信号与反射信号的频率差；

  Δf——调频宽带；

  f_d——多普勒频率；

  f_0——发射信号的中心频率；

  u——相对速度。

4）毫米波雷达的布置

毫米波雷达的布置如图 2-8 所示，分别为正向毫米波雷达布置、侧向毫米波雷达布置以及布置高度。

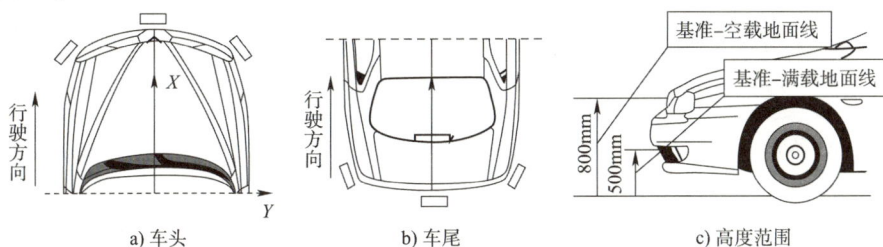

a) 车头   b) 车尾   c) 高度范围

图 2-8　毫米波雷达的布置

（1）正向毫米波雷达布置。

正向毫米波雷达一般布置在车辆中轴线，外露或隐藏在保险杠内部。雷达波束的中心平面要求与路面基本平行，考虑雷达系统误差、结构安装误差、车辆载荷变化后，需保证与路面夹角的最大偏差不超过 5°。

另外，在某些特殊情况下，正向毫米波雷达无法布置在车辆中轴线上时，允许正 Y 向最大偏置距离为 300mm，偏置距离过大会影响雷达的有效探测范围。

（2）侧向毫米波雷达布置。

侧向毫米波雷达在车辆四角呈左右对称布置，前侧向毫米波雷达与车辆行驶方向成 45° 夹角，后侧向毫米波雷达与车辆行驶方向呈 30° 夹角，雷达波束的中心平面与路面基本平行，角度最大偏差仍需控制在 5° 以内。

（3）毫米波雷达布置高度。

毫米波雷达在 Z 方向探测角度一般只有 ±5°，雷达安装高度太高会导致下盲区增大，太低又会导致雷达波束射向地面，地面反射带来杂波干扰，影响雷达的判断。因此，毫米波雷达的布置高度（地面到雷达模块中心点的距离），一般建议在 500（满载状态）～800mm（空载状态）之间。

毫米波雷达在布置时，还需要兼顾考虑其他因素，如雷达区域外造型的美观性、对行人保护的影响、设计安装结构的可行性、雷达调试的便利性、售后维修成本等。

5）毫米波雷达的应用

对于车辆安全来说，最主要的判断依据就是两车之间的相对距离和相对速度信息，特别是车辆在高速行驶中，如果两车的距离过近，容易导致追尾事故。凭借出色的测距测速能力，毫米波雷达被广泛地应用在智能网联汽车上（表 2-3）。

毫米波雷达在智能网联汽车上的应用范围 表 2-3

毫米波雷达类型		近距离雷达	中距离雷达	远距离雷达
探测距离(m)		<60	100 左右	>200
工作频段(GHz)		24	77	77
功能	自适应巡航系统	—	前方	前方
	自动紧急制动系统	—	前方	前方
	前向碰撞预警系统	—	前方	前方
	自动泊车辅助系统	侧方	侧方	—
	盲区监测系统	前方、后方	侧方	—
	变道辅助系统	后方	后方	—
	后方碰撞预警系统	后方	后方	—
	行人监测系统	前方	前方	—
	驻车开门辅助系统	侧方	—	—

  为了满足不同距离范围的探测需要,一辆汽车上会安装多个近距离、中距离和长距离毫米波雷达。其中24GHz雷达系统主要实现近距离探测(SRR,60m 以下),77GHz雷达系统主要实现中、长距离的探测(MRR,100m 左右;LRR,200m 以上)。不同的毫米波雷达在车辆前方、侧方和后方发挥不同的作用(图2-9)。例如自适应巡航控制需要3个毫米波雷达,车辆正中间1个77GHz 的 LRR,探测距离为 150~250m,角度约为 10°;车辆两侧各1个24GHz 的 SRR,角度都为 30°,探测距离为 50~70m。

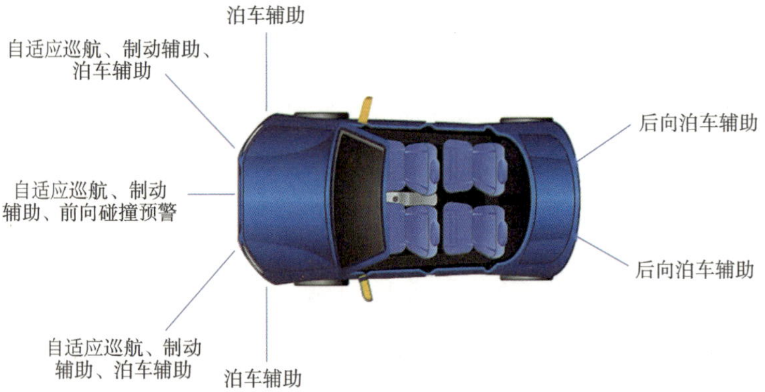

图 2-9　毫米波雷达的具体应用

摄像头

2. 视觉传感器

  视觉传感器也简称为摄像头,主要由光源、镜头、图像传感器、模数转换器、图像处理器、图像存储器等组成(图2-10),由此可以知道其与简单的摄像头是有本质的区别的,摄像头主要功能是获取足够的机器视觉系统要处理的原始图像,而更多的视觉传感器本质是一个智能图像采集与处理单元(图2-11),其是把光源、摄像机、图像处理器、标准的控制与通信接口等集成于一体。内部程序存储器可存储图像处理算法,并能使用计算

图 2-10　视觉传感器的组成

机,利用专用组态软件编制各种算法并下载到视觉传感器的程序存储器中,视觉传感器将计算机的灵活性、可编程逻辑控制器(PLC)的可靠性、分布式网络技术结合在一起,用这样的视觉传感器和 PLC 可以更容易地构成机器视觉系统。

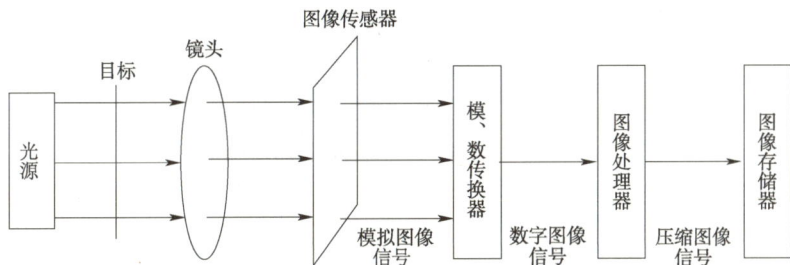

图 2-11　视觉传感器的信息采集单元

1)视觉传感器的分类

视觉传感器在智能网联汽车上的应用是以摄像头的形式出现的,主要用于自适应巡航控制系统、车道偏离预警系统、车道保持辅助系统、盲区监测系统、自动制动辅助系统中的障碍物检测和道路检测等。根据不同功能的需求,摄像头安装的位置也有不同,主要分为前视、后视、侧视以及内置摄像头。同时,根据摄像头的结构,将其一般分为单目摄像头、双目摄像头、三目摄像头和环视摄像头。

(1)单目摄像头。

如图 2-12 所示,单目摄像头一般安装在前风窗玻璃上部,用于探测汽车前方环境,识别道路、车辆、行人等。先通过图像匹配进行目标识别(各种车型、行人、物体等),再通过目标在图像中的大小去估算目标距离。这就要求对目标进行准确识别,然后建立并不断维护一个庞大的样本特征数据库,保证这个数据库包含待识别目标的全部特征数据。如果缺乏待识别目标的特征数据,就无法估算目标的距离,将导致目标信息的漏报。

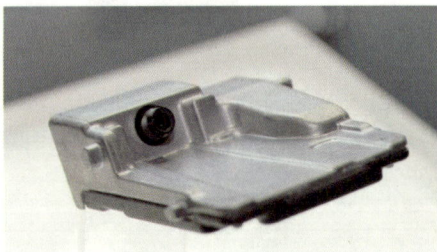

图 2-12　单目摄像头

单目摄像头的优点是成本低廉,能够识别具体障碍物的种类,识别准确率高;缺点是由于其识别原理导致其无法识别没有明显轮廓的障碍物,工作准确率与外部光线条件有关,并且受限于数据库,没有自学习功能。

(2)双目摄像头。

双目摄像头通过对两幅图像视差的计算,直接对前方景物(图像所拍摄到的范围)进行距离测量,而无须判断前方出现的是什么类型的障碍物。依靠两个平行布置的摄像头产生的视差,找到同一个物体所有的点,依赖精确的三角测距,就能够算出摄像头与前方障碍物的距离,实现更高的识别精度和更远的探测范围。使用这种方案,需要两个摄像头有较高的同步率和采样率,因此技术难点在于双目标定及双目定位。相比单目摄像头,双目摄像头没有识别率的限制,无须先识别,可直接进行测量;直接利用视差计算距离精度更高;无须维护样本数据库。但因为检测原理上的差异,双目摄像头在距离测算上比单目摄像头及毫米波雷达、激光雷达的硬件成本和计算量级大幅增加。

图 2-13 所示为博世的双目摄像头,两个摄像头之间的距离为 12cm,像素数为 1080 × 960,水平视角为 45°,垂直视角为 25°,最大探测距离为 50m,不仅可以用于自动制动系统,而且可以用于车道偏离预警系统和交通标志识别系统等。

图 2-13　双目摄像头

(3)三目摄像头。

如图 2-14 所示的三目摄像头感知范围更大,但同时需要标定三个摄像头,工作量大。

(4)环视摄像头。

环视摄像头一般至少包括四个摄像头,分别安装在汽车前、后、左、右侧,实现 360°环境感知,如图 2-15 所示。

图 2-14　三目摄像头　　　　图 2-15　环视摄像头

此外摄像头还有红外摄像头和普通摄像头之分。红外摄像头既适合白天工作,也适合夜晚工作。普通摄像头只适合白天工作,不适合夜晚工作。目前使用的主要是红外摄像头。

2)视觉传感器的特点

(1)视觉传感器的优点:

①视觉图像的信息量极为丰富,尤其是彩色图像,不仅包含有视野内目标的距离信息,而且有该目标的颜色、纹理、深度和形状等信息。

②在视野范围内可同时实现道路识别、车辆识别、行人识别、交通标志识别、交通信号灯识别等,信息获取量大。当多辆智能网联汽车同时工作时,不会出现相互干扰的现象。

③视觉信息获取的是实时的场景图像,提供的信息不依赖于先验知识(如 GPS 导航依赖地图信息),有较强的适应环境的能力。

④视觉传感器应用广泛,在智能网联汽车中可以前视、后视、侧视、内视、环视等。以前视为例,夜视、车道偏离预警、碰撞预警、交通标志识别等要求视觉传感器在各种天气、路况条件下,能够清晰识别车道线、车辆、障碍物、交通标志等。

(2)视觉传感器的缺点:

①受限于数据库。

②无法识别没有具体轮廓的障碍物。

③工作准确率与外部光线条件有关。

3）视觉传感器的要求

车载摄像头在工艺上的首要特性是快速，特别是在高速行驶时，系统必须能够记录关键驾驶状况，评估这种状况并实时启动相应措施。在 140km/h 的速度下，汽车每秒要移动约 40m。为避免两次图像信息获取间隔自动驾驶的距离过长，要求摄像头具有最慢不低于每秒 30 帧的影像捕捉率，在汽车制造商的规格中，甚至提出了每秒 60 帧和 120 帧的要求。

在功能上，要求车载摄像头在复杂的运动路况环境下能采集到稳定的数据。具体表现为以下几点。

（1）高动态。在较暗环境及明暗差异较大环境下仍能实现识别，要求摄像头具有高动态的特性。

（2）中低像素。为降低计算处理的负担，摄像头的像素并不需要非常高，目前 30 万 ~ 120 万像素已经能满足要求。

（3）角度要求。对于环视摄像头和后视摄像头，一般采用 135°以上的广角镜头；前视摄像头对视距要求更大，一般采用 55°左右的镜头。

（4）安全级别。相比工业级和生活级摄像头，车载摄像头在安全级别上要求更高，尤其是前视摄像头安全级别要求更高。

（5）温度要求。车载摄像头的温度范围为 − 40 ~ 80℃。

（6）防磁抗振。汽车起动时会产生极高的电磁，车载摄像头必须具备极高的防磁抗振的可靠性。

（7）使用寿命长。车载摄像头的使用寿命要在 10 年以上才能满足要求。

4）视觉传感器的环境感知流程

视觉传感器环境感知流程如图 2-16 所示，一般包括图像采集、图像预处理、图像特征提取、图像模式识别、结果传输等，根据具体识别对象和采用的识别方法不同，环境感知流程也会有所不同。

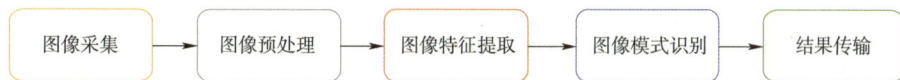

图像采集 → 图像预处理 → 图像特征提取 → 图像模式识别 → 结果传输

图 2-16 视觉传感器环境感知流程

（1）图像采集。

图像采集主要是通过摄像头采集图像，如果是模拟信号，要把模拟信号转换为数字信号，并把数字图像以一定格式表现出来，根据具体研究对象和应用场合，选择性价比高的摄像头。

（2）图像预处理。

图像预处理包含的内容较多，有图像压缩、图像增强与复原、图像分割等，要根据具体实际情况进行选择。

（3）图像特征提取。

为了完成图像中目标的识别，要在图像分割的基础上，提取需要的特征，并将这些特征计算、测量、分类,以便于计算机根据特征值进行图像分类和识别。

（4）图像模式识别。

图像模式识别的方法很多,从图像模式识别提取的特征对象来看,图像识别方法可分为基于形状特征的识别技术、基于色彩特征的识别技术以及基于纹理特征的识别技术等。

（5）结果传输。

通过环境感知系统识别的信息,传输到车辆其他控制系统或者传输到车辆周围的其他车辆,完成相应的控制功能。

5）视觉传感器的应用

视觉传感器具有车道识别线、障碍物识别、交通标志和地面标志识别、交通信号识别、可通行空间识别功能,其具体应用见表2-4。

车载智能识别系统

视觉传感器在智能网联汽车上的应用   表2-4

ADAS	使用摄像头	功能应用
车道偏离预警系统	前视	检测车辆即将偏离车道线时预警
盲区监测系统	侧视	将后视盲区的影像显示在后视镜或驾驶舱内
自动泊车辅助系统	后视	将车尾影像显示在驾驶舱内
全景泊车系统	前视、侧视、后视	将摄像头采集的影像组成周边全景图
驾驶人疲劳预警系统	内置	检测驾驶人是否疲劳、闭眼等,发出警报
行人碰撞预警系统	前视	检测车辆与前方行人可能发生碰撞预警
车道保持辅助系统	前视	检测到即将偏离车道线时,发出警报并纠正
交通标志识别系统	前视、后视	识别前方和道路两侧的交通标志
前向碰撞预警系统	前视	检测到与前车距离小于安全距离并预警

（1）车道线识别。车道线是视觉传感器能够感知的最基本信息,拥有车道线识别功能即可实现高速公路的车道保持功能。

（2）障碍物识别。障碍物种类很多,如汽车、行人、自行车、动物等,拥有障碍物信息,无人驾驶汽车即可完成车道内的跟车行驶。

（3）交通标志和地面标志识别。交通标志和地面标志作为道路特征与高精度地图进行匹配后辅助定位,也可以基于这些感知结果进行地图的更新。

（4）交通信号灯识别。交通信号灯状态的感知能力对于城区行驶的无人驾驶汽车十分重要。

（5）通行空间识别。可通行空间表示无人驾驶汽车可以正常行驶的区域。

激光雷达成像

3.激光雷达

激光雷达是激光探测及测距系统的简称,是一种以激光器作为发射光源,采用光电探测技术手段的主动遥感设备。激光雷达是工作在光波频段的雷达,它利用光波频段的电磁波先向目标发射探测信号,然后将其接收到的同波信号与发射信号相比较,从而获得目标的位置（距离、方位和高度）、运动状态（速度、姿态）等信息,实现对目标的探测、跟踪和识别（图2-17）。

1）激光雷达的特点

激光雷达通过发射激光束来探测目标位置、速度等特征量，具有测量精度高、方向性好等优点，具体如下：

（1）具有极高的分辨率。

激光雷达工作于光学波段，频率比微波高 2 ~ 3 个数量级以上，因此，与微波雷达相比，激光雷达具有极高的距离分辨率、角分辨率和速度分辨率。通常激光雷达的距离分辨率可达 0.1m，速度分辨率能达到 10m/s 以内，角度分辨率不低于 0.1mard，也就是说可以分辨 3km 距离内相距 0.3m 的两个目标，并可同时跟踪多个目标。

图 2-17　激光雷达

激光雷达数据

（2）抗干扰能力强。

自然界中存在诸多干扰电磁波的信号和物质，但是很少有能对激光产生干扰的信号，因此激光雷达具有较强的抗干扰能力。激光波长短，可发射发散角非常小（μrad 量级）的激光束，多路径效应小（不会形成定向发射，与微波或者毫米波产生多路径效应），可探测低空/超低空目标。相比于毫米波，激光雷达使用的激光波长在千纳米级别，有更好的指向性，不会拐弯，也不会随着距离的增大而扩散。相比于摄像头，激光雷达不会受到像素和光线的制约。

（3）获取的信息量丰富。

激光雷达可直接获取目标的距离、角度、反射强度、速度等信息，生成目标多维度图像。高频激光可在 1s 内获取约 150 万个位置点信息（称为点云），利用这些有距离信息的点云，可以精确地还原周围环境的三维特征。激光雷达的探测精度在厘米级以内，这就使得激光雷达能够准确识别出障碍物具体轮廓、距离，且不会漏判、误判前方出现的物体。

（4）可全天时工作。

激光主动探测，不依赖于外界光照条件或目标本身的辐射特性。它只需发射自己的激光束，通过探测发射激光束的回波信号来获取目标信息。

激光雷达与毫米波雷达相比最大的缺点是产品体积大，成本高。并且不易识别交通标志和交通信号灯。

2）激光雷达的分类及工作原理

按照技术框架，激光雷达可以分为整体旋转的机械式、收发模块静止的半固态式以及固态式激光雷达。在原理层面，激光雷达同样经历了从宏观机械运动到微观运动的转变，由宏观机械式地转动发射头向半固态微机电系统（MEMS）的微幅振镜、Flash 型的传感器阵列演进。

激光雷达工作原理

（1）机械式激光雷达。

机械式激光雷达（图 2-18）在竖直方向上排布多组激光线束，发射模块以一定频率发射激光，通过不断旋转发射头将激光从"线"变成"面"，实现动态扫描（图 2-19）。机械式激光雷达技术已经相对成熟，能够实现 360° 扫描，高线束也带来了更高的分辨率和测距距离。但其分离的收发组件导致生产过程要人工光路对准，且旋转部件体积和质量庞大，难以满足车规级的严苛要求，难以量产。

图2-18　机械式激光雷达外观图

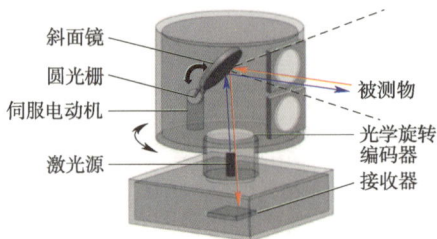

图2-19　机械式激光雷达原理图

（2）半固态式激光雷达。

半固态式激光雷达可分为转镜式和 MEMS 式。转镜式激光雷达（图2-20）保持原有的收发模块不动，让电动机带动转镜运动，在这个过程中反射激光，改变激光光束方向从而达到扫描探测效果（图2-21）。转镜式激光雷达最早是法雷奥 Scala 于 2017 年在奥迪 A8 上应用的，目前在蔚来 ET7 上搭载的 Innovsion 激光雷达也属于转镜式激光雷达。转镜依托于精度和成本优势最早达到车规级，但缺点在于电机驱动带来了一定的功耗、稳定性不足和光源能量分散等。

图2-20　转镜式激光雷达外观图

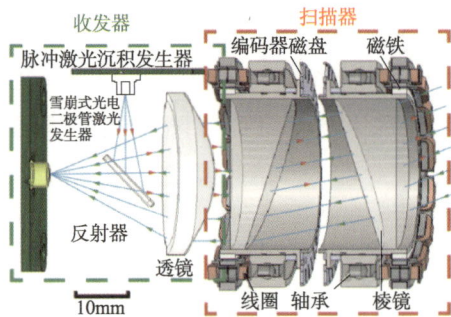

图2-21　转镜式激光雷达原理图

MEMS 式激光雷达（图2-22）是用微振镜替代传统机械式旋转装置，由微振镜通过一定谐波频率振荡反射激光形成较广的扫掠角度和较大扫掠范围，高速扫描形成点云图效果（图2-23）。在同样的点云密度时，硅基 MEMS 式激光雷达的激光发射器数量比机械式旋转激光雷达少很多，极大降低了成本且提高了系统可靠性，因此受到整车厂商青睐，未来短期内或占据主导地位。其缺点在于光学口径和扫描角度有限，从而限制了测距能力和视场角（FOV）。

图2-22　MEMS 式激光雷达外观图

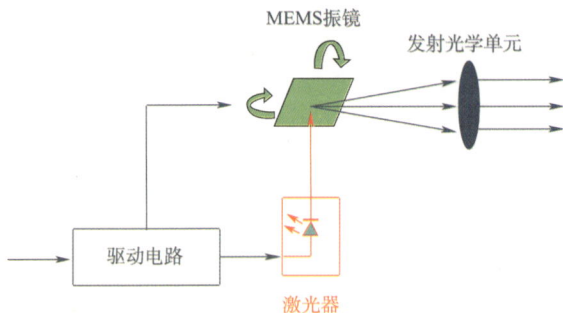

图2-23　MEMS 式激光雷达原理图

按照驱动方式的不同,MEMS 微振镜可以分为静电驱动、电磁驱动、压电驱动和电热驱动四种驱动方式。电热驱动是利用电能转换为热能,再转换为机械能实现驱动,其优点是驱动力和驱动位移较大,但是响应速度较慢。压电驱动是利用压电材料的压电效应实现驱动,具有驱动力大、响应速度快等优点,但是压电材料存在迟滞现象。电磁驱动是利用电磁或者永磁体实现驱动,具有较大的驱动力和驱动位移,缺点是可能会受到电磁干扰。静电驱动是利用带电导体间的静电作用力实现驱动,具有功耗低、速度快、兼容性好等优点,是目前使用广泛的驱动方式。

(3)固态激光雷达。

固态激光雷达不再依赖旋转的机械部件,而依靠电子部件来控制激光发射角度,无须机械旋转部件(如电机、轴承等部件),故尺寸较小,可安装于车体内,且扫描速度快,或将成为激光雷达最终方案。固态激光雷达目前主要包括光学相控阵(OPA)车载激光雷达和面阵闪光型(Flash)车载激光雷达。

OPA 激光雷达(图 2-24)的相控激光发射器是由若干发射接收单元组成的一个矩形阵列,通过改变阵列中不同单元发射光线的相位差,可以达到调节射出波角度和方向的目的;激光光源经过光分束器后进入光波导阵列,在波导上通过外加控制的方式改变光波的相位,利用波导间的光波相位差来实现光束扫描,其原理类似于多缝干涉(图 2-25)。光波导阵列中的每根波导都相当于一个光发射源,每个光发射源都相当于多缝干涉中的狭缝。光在空间中传播并干涉,其结果是光在某一方向上因干涉加强而集中,在其他方向上因干涉相消而减弱,从而改变光束的传播方向,实现扫描。

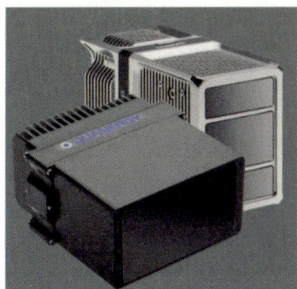

固态激光雷达

图 2-24　OPA 激光雷达外观图　　　图 2-25　OPA 激光雷达原理图

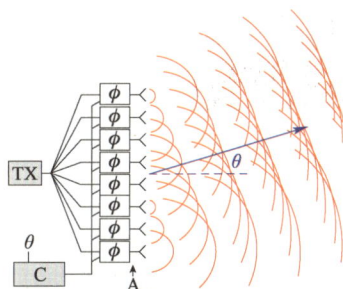

Flash 激光雷达(图 2-26)属于非扫描式激光雷达,采用类似相机的工作模式,感光元件与普通相机不同,每个像素点可以记录光子飞行时间信息(图 2-27)。运行时通过短时间内向各个方向发射密集的大覆盖面阵激光,利用微型传感器阵列采集不同方向反射回来的激光束快速记录整个场景。其优点是一次性实现全局成像来完成探测,无须考虑运动补偿;且Flash 激光雷达采用的是垂直腔面发射激光器,比其他激光器更小、更轻、更耐用、更快、更易于制造,并且功率效率更高。其缺点在于激光功率受限,探测距离近,且信噪较差,因此应用受到限制。

此外根据激光雷达线束数量的多少,激光雷达又可分为单线束激光雷达与多线束激光雷达。单线束激光雷达即 2D 激光雷达,多线束激光雷达分为 2.5D 和 3D 激光雷达。

(1)单线束激光雷达。单线束激光雷达扫描一次只产生一条扫描线,其所获得的数据为

2D 数据,只在平面上扫描,结构简单、测距速度快、系统稳定可靠。但无法区别有关目标物体的 3D 信息。

图 2-26　Flash 激光雷达外观图

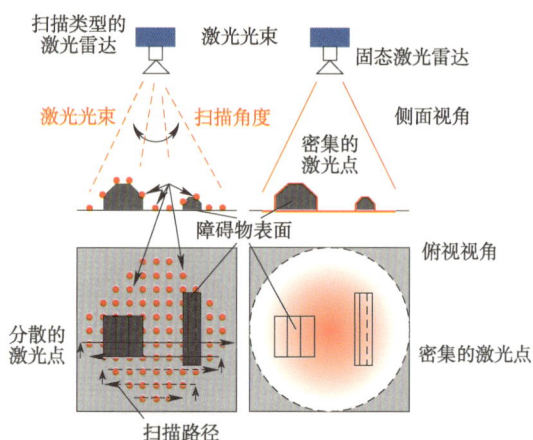

图 2-27　Flash 激光雷达原理图

单线束激光雷达无法完成复杂路面地形环境,重建行驶环境时容易出现数据失真和虚报等现象。

图 2-28　多线束激光雷达传感器

(2)多线束激光雷达。多线束激光雷达扫描一次可产生多条扫描线。目前市场上多线束激光雷达产品包括 4 线束、8 线束、16 线束、32 线束、64 线束等,其可细分为 2.5D 激光雷达及 3D 激光雷达(图 2-28)。

2.5D 激光雷达与 3D 激光雷达最大的区别在于激光雷达垂直视野的范围,前者垂直视野范围一般不超过 10°,而后者可达到 30°甚至 40°以上,这也就导致两者对于激光雷达在汽车上的安装位置要求有所不同。

3D 激光雷达可以获得环境的深度信息,准确发现障碍物,构建可行驶区域,在丰富的点云数据上可获得包括车道、路沿等道路要素,还可获得非结构化道路的障碍物和可行驶区域,行驶环境中行人和车辆,交通信号灯和交通标志等其他丰富信息。

3)激光雷达的组成

智能网联汽车激光雷达主要由激光发射、激光操纵(扫描系统)、激光接收、信息处理四大系统要素构成。四大系统相辅相成,从而短时间内获取大量的位置点信息,并根据这些信息实现三维建模。

(1)激光发射。

激光来自激光发射器,激励源周期性地驱动激光器,发射激光脉冲,激光调制器通过光束控制器控制发射激光的方向和线数,最后通过发射光学系统,将激光发射至目标物体。发射光学系统由扩散片、准直镜、分束器组成。由于激光器发射的原始激光本身为不均匀的点状光,其存在的"热点"会烧毁被照射的器件和物体,同时存在光斑形状不规则(例如一般是椭圆形或长条形)、发散角不同等缺点,并不能直接发射,而发射光学系统通过扩散片、准直镜、分束器的相互配合,可以将原始激光转化为均匀的光束。

（2）激光操纵。

激光雷达的扫描系统通过对光束的操纵,实现对所探测目标的扫描,并产生实时的平面图信息。扫描技术直接决定了激光雷达的扫描频率、扫描范围、采集数据量等关键技术参数。

（3）激光接收。

激光接收系统由接收光学系统和光电探测器两部分组成。激光器发射的激光照射到障碍物以后,通过障碍物的反射,反射光线会经由镜头组汇聚到接收器上,这里的镜头组即激光雷达接收光学系统,涉及的结构包括透镜、窄带滤光片、分束器等。

①透镜:接收光学系统利用凸透镜改变入射光的光路,使之汇聚到探测器以降低光的损耗。

②窄带滤光片:可以控制接收光束的波长,从而剔除和过滤掉散杂光,确保传感器接收到的光信号准确无误。

③分束镜:分光器利用光的衍射原理,实现光波能量的分路与合路,将接收的探测光分为多束光纤,射入光电探测器阵列。

光电探测器是一种利用光电效应将光信号转化为电信号,实现对光信号探测的装置,最常用的探测器有 PIN 光电二极管、雪崩光电二极管（APD）、单光子雪崩二极管（SPAD）和硅光电倍增管（SiPM）。

（4）信息处理。

激光雷达终端信息处理系统的任务是既要完成对各传动器件、激光器、扫描旗舰及各信号处理电路的同步协调与控制,又要对接收端送出的信号进行放大处理和数模转换,经由信息处理模块计算,获取目标表面形态、物理属性等特性,最终建立物体模型。

4）激光雷达的应用

激光雷达是 L4/L5 级别自动驾驶技术的核心传感器,和摄像头在自动驾驶中的作用比较相似,从某种角度上讲,激光雷达也可算是一种视觉传感器。国内外众多自动驾驶科技公司均采用激光雷达输出的点云数据作为主要决策依据,是目前被采用比例最大的设备,主要是被架设在车顶部位,能够用激光脉冲对周围环境进行距离检测,并结合软件绘制 3D 图,从而为自动驾驶汽车提供足够多的环境信息。表 2-5 是搭载各品牌激光雷达的量产车型。

搭载各品牌激光雷达的量产车型

表 2-5

激光雷达厂商	车　型	量产时间
镭神智能	东风 Sharing-Van	2020 年
华为	极狐 αS	2021 年
Lnnovusion	蔚来 ET7	2021 年
Lbeo	长城 WEY	2021 年
Lnnoviz	宝马 ix	2022 年
Luminar	沃尔沃 SPA2 平台	2022 年
Velodyne	福特 Otsosan	2022 年

4. 超声波传感器

声波按频率分类,频率低于 20Hz 的声波称为次声波;频率为 20Hz ~ 20kHz 的声波称为可听波,即人耳能分辨的声波;频率大于 20kHz 的声波称为超声波。超声波传感器工作频率在 20kHz 以上,多用于精准测距,基本原理是通过测量超声波脉冲和接收脉冲的时间差,结合空气中超声波传输速度计算相对距离。

超声波传感器是利用超声波的特性研制而成的传感器(图 2-29),是在超声波频率范围内将交变的电信号转换为声信号或将外界声场中的声信号转换为电信号的能量转换器件(图 2-30)。

图 2-29　超声波传感器

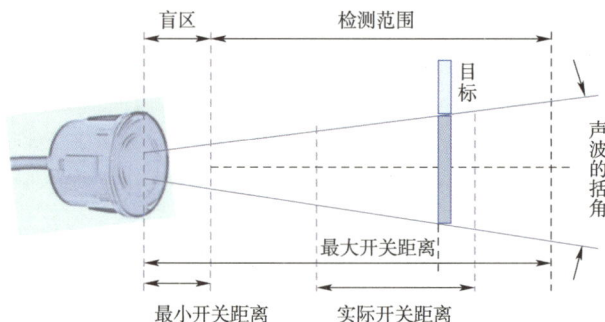

图 2-30　超声波传感器有效探测距离

1)超声波传感器的特点

超声波传感器的特点有:有效探测距离一般在 5 ~ 10m,但会有一个最小探测盲区,一般在几十毫米(图 2-30);对色彩、光照度不敏感,可适用于识别透明、半透明及漫反射差的物体;对外界光线和电磁场不敏感,可用于黑暗、有灰尘或烟雾、电磁干扰强等恶劣环境;结构简单,体积小,成本低,信息处理简单可靠,易于小型化与集成化,并且可以进行实时控制。

2)超声波传感器的类型

智能网联汽车上常见的超声波传感器有两种:第一种是安装在汽车前后保险杠上的,也就是用于探测汽车前后障碍物的传感器,测量距离一般为 0.15 ~ 2.5m,称为驻车辅助传感器(UPA),俗称倒车雷达;第二种是安装在汽车侧面的,用于测量停车位长度的超声波雷达,测量距离一般为 0.3 ~ 5.0m,称为泊车辅助传感器(APA)。汽车一般配置前后向共 8 个驻车辅助传感器(UPA),左右侧共 4 个泊车辅助传感器(APA),如图 2-31 所示。

3）超声波传感器的工作原理

超声波传感器的测距原理是发射头发出的超声波脉冲,经媒质(空气)传到障碍物表面,反射后通过媒质(空气)传到接收头,测出超声波脉冲从发射到接收所需的时间,根据媒质中的声速,求得从探头到障碍物表面之间的距离(图2-32)。设探头到障碍物表面的距离为 L,超声波在空气中的传播速度为 v(约为 340m/s),从发射到接收所需的传播时间为 t,当发射头和接收头之间的距离远小于探头到障碍物之间的距离时,则有 $L=\dfrac{vt}{2}$。

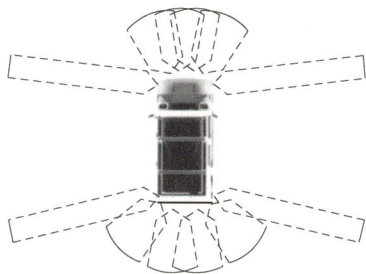

图 2-31　超声波传感器安装位置

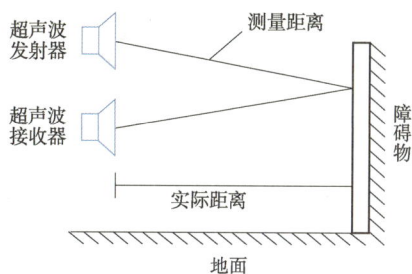

图 2-32　超声波传感器地面测距原理

由此可见,被测距离与传播时间之间具有确定的函数关系,只要能测出传播时间,就可求出被测距离。

4）超声波传感器的技术参数

超声波传感器的技术参数主要有测量距离、测量精度、探测角度、工作频率和工作温度等。

(1)测量距离。

超声波传感器的测量距离取决于其使用的波长和频率:波长越长,频率越小,测量距离越大。测量汽车前后障碍物的短距超声波传感器测量距离一般为 0.15 ~ 2.5m;安装在汽车侧面、用于测量侧方障碍物距离的长距超声波传感器测量距离一般为 0.3 ~ 5.0m。

(2)测量精度。

测量精度是指传感器测量值与真实值的偏差。超声波传感器测量精度主要受被测物体体积、表面形状、表面材料等影响。被测物体体积过小、表面形状凹凸不平、物体材料吸收声波等情况都会降低超声传感器测量精度。测量精度越高,感知信息越可靠。

(3)探测角度。

由于超声波传感器发射出去的超声波具有一定的指向性,波束的截面类似椭圆形,因此探测的范围有一定限度,探测角度分为水平视场角和垂直视场角。

(4)工作频率。

工作频率直接影响超声波的扩散和吸收损失、障碍物反射损失、背景噪声,并直接决定传感器的尺寸。一般工作频率选择 40kHz 左右,这样传感器方向性尖锐,且避开了噪声,提高了信噪比,虽然传播损失相对低频有所增加,但不会给发射和接收带来困难。

(5)工作温度。

由于超声波传感器应用广泛,有的应用场景要求温度很高。有的应用场景要求温度很低,因此超声波传感器必须满足工作温度的要求。

5)超声波传感器的测试

超声波传感器的测试分为产品测试和系统测试。产品测试主要测试超声波传感器的发射频率、最大测量距离、水平视场角、垂直视场角、测量精度等。

(1)发射频率:发射频率要求是 40kHz ±2kHz。

(2)最大测量距离:测量距离要满足产品使用要求。

(3)水平视场角:水平视场角在Ⅰ类障碍物的条件下,以超声波传感器探头中心为基准,距离为70cm 处,满足左右各55° ±5°的要求;在Ⅱ类障碍物的条件下,以超声波传感器探头中心为基准,距离为150cm 处,满足左右各55° ±5°的要求。Ⅰ类障碍物是指长度为1m、直径为60mm 的塑胶水管;Ⅱ类障碍物是指方形平面尺寸为10cm×10cm 的纸板。

(4)垂直视场角:垂直视场角在Ⅰ类障碍物的条件下,以超声波传感器探头中心为基准,距离为70cm 处,满足左右各30° ±5°的要求;在Ⅱ类障碍物的条件下,以超声波传感器探头中心为基准,距离为150cm 处,满足左右各30° ±5°的要求。

(5)测量精度:测量精度要求在 ±10 cm 以内。超声波传感器在智能网联汽车上的典型应用就是自动泊车辅助系统。

下面介绍自动泊车辅助系统的测试,仅供参考。最终测试方法和要求应以相关标准为准。

6)超声波传感器的应用

超声波传感器目前主要应用于自动泊车,而自动泊车功能需要经历两个阶段:识别库位和倒车入库。具体工作过程中的识别库位功能就是依赖安装在车辆侧方的 APA,如图 2-33 所示场景。

图 2-33　超声波传感器应用场景

以侧向泊车为例,当汽车缓缓驶过库位时,汽车右前方的 APA 传感器返回的探测距离与时间的关系大致如图 2-34 所示。

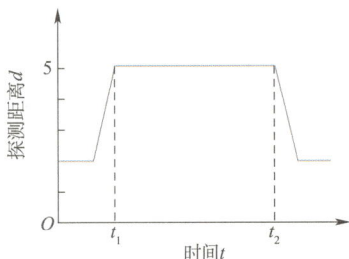

图 2-34　探测距离与时间的关系示意图

将 t_1 时刻到 t_2 时刻的车速做积分即可得到库位的近似长度,如果近似认为汽车为匀速行驶,直接用车速乘以(t_2 - t_1)即可。当检测的长度超过车辆泊入库位所需的最短长度时则认为当前空间有车位。同样后侧向的 APA 也会生成类似信号曲线,用以做库位的二次验证。这样车辆的自动泊车控制系统就得出有效的车位信息、车辆相对位置,从而决策泊车位置,进入倒车入库。倒车入库阶段,控制系统将根据侧向 APA 和前后向 UPA 来实时检测车辆位置信息,进行环境建模,生成车辆运动路径,控制车辆无碰撞地自动去到到停车位。

三 目标识别技术

1. 行人识别技术

行人是道路交通的主体和主要参与者,由于其行为具有非常大的随意性,再加上驾驶人在车内视野变窄以及长时间驾驶导致的视觉疲劳,因此使得行人在交通事故中很容易受到伤害。行人识别的目的是能够及时准确地识别出车辆前方的行人,并根据不同危险级别提供不同的预警提示,甚至是干涉车辆的行驶状况,如距离车辆越近的行人危险级别越高。在低级别的自动驾驶控制中,通过使提示音变得更加急促来进行警示,以保证驾驶人具有足够的反应时间;在高级别的自动驾驶控制中,控制系统将通过对动力系统、转向系统、制动系统等进行综合控制,实现对行人的避让,从而能够极大降低甚至避免撞人事故的发生。

行人识别可以通过视觉传感器、激光雷达、毫米波雷达来进行,但目前主要是采用安装在车辆前方的视觉传感器采集前方场景的图像信息,通过一系列复杂的算法分析处理这些图像信息,来实现对行人的识别(图2-35)。所以下文所述内容是以通过视觉方式来进行行人识别展开的。

图 2-35 行人识别

1)行人识别的类型

根据所采用的视觉传感器的不同,可以将基于视觉的行人识别方式分为可见光行人的识别和红外行人的识别。

(1)可见光行人的识别。

采用的视觉传感器为普通的光学摄像头,非常符合人的正常视觉习惯,而且硬件成本十分低廉。但是受到光照条件的限制,该方法只能应用在白天,在光照条件很差的阴雨天或夜间则无法使用。

(2)红外行人的识别。

采用红外摄像头靠感知物体发出的红外线(与温度成正比)进行成像,与可见光光照条件无关,对于夜间场景中的发热物体识别有明显的优势;行人属于恒温动物,温度一般会高于周围背景很多,在红外图像中表现为行人相对于背景明亮突出;由于红外成像不依赖于光照条件,因此对光照的明暗、物体的颜色变化以及纹理和阴影干扰不敏感。

2)行人识别系统的组成

行人识别系统由预处理、分类检测和决策报警三部分组成(图2-36)。

(1)预处理。

通过传感器获得行人图像信息,进行预处理,如降噪、增强等。

(2)分类检测。

采用图像分割、模型提取等一些图像处理技术,在图像中选取一些感兴趣的区域,即行人的候选区域,用分类等技术方法判断候选区域中是否包含行人。

（3）决策报警。

对可能发生碰撞的情况进行报警或其他避免碰撞的操作。

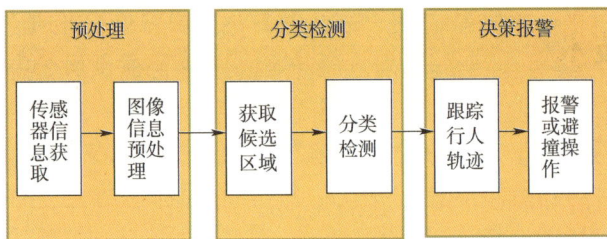

图 2-36　行人识别系统的组成

3）行人识别的难点

从国内外当前的研究进展来看，行人识别的理论研究和实际应用已经取得了令人瞩目的成果，但仍然没有研究出一种广泛使用在各种场景下的通用识别方法，这主要是由行人的特性所决定的。行人属于非刚体，所以行人的姿态、穿着和尺度大小，以及周围环境的复杂性、是否遮挡都会对行人的识别带来不同程度的困难，其难点主要表现在以下五个方面：

（1）复杂场景。

主要包括光照不均所造成的阴影目标以及雨雪大风天气等恶劣环境的影响。动态背景的影响包括波动的水流、摆动的树叶、涌动的喷泉以及转动的风扇等。识别行人时，当行人运动过慢、过快以及行人着装和周围环境相似时，都会容易造成将背景目标识别为背景，从而影响后续行人识别的准确度。另外，场景中多目标的相互遮挡以及行人尺度过小等都会给识别带来不同方面的困难。

（2）行人着装和姿态的多样化。

人属于非刚体，具有丰富的姿态特征，如坐下、站立、蹲下、骑车、躺下和拥抱等，针对不同姿态下的行人，识别算法都要具体分析，往往一个针对站立行人识别很有效的算法，可能就无法有效地识别出骑车的行人。有时候身材和着装的不同，使得行人的外观差异性也很大，如冬天和夏天，使得行人是否带围巾、眼镜、头盔和口罩，晴天和雨天，行人是否撑雨伞、穿雨衣等，一个人在不同年龄段的高矮胖瘦、衣服的颜色、穿裙子还是穿裤子都会影响到头部、躯干、手部及腿部的外观。

（3）行人的特征选取。

常见的行人特征包括颜色特征、轮廓特征、方向梯度直方图（HOG）特征、哈尔（Haar）小波特征、边缘（Edgelet）特征等，行人识别往往利用其中的一种特征或者融合其中的多个特征来联合识别行人，增加识别的准确度。但是具体需要选择哪种特征获得比较好的效果，不仅与选择的特征有关，还与采用的算法、场景的复杂性、行人运动的特性，甚至和摄像头获取视频序列的属性都有关，所以很难用某一种特征或通用的算法来解决行人识别问题。

（4）行人目标遮挡。

行人目标遮挡是行人识别中比较难解决的问题，行人遮挡不仅表现在行人被场景内的静态物体部分遮挡或全遮挡，还表现在行人目标间的互相遮挡以及全遮挡等。遮挡极易造成行人目标的丢失，造成误检或漏检，从而影响识别的准确性，给后续的行人跟踪、识别带来巨大挑战。为了减少行人目标遮挡带来的歧义,必须正确处理遮挡时所获取的特征与行人目标间的对应关系。

(5)行人识别窗口自适应调整问题。

在摄像头所获取的视频帧中,当行人目标与摄像头的距离发生变化时,往往导致视场内行人的尺寸也会发生相应的变化。在识别过程中,如何有效地调整行人识别窗口的大小,使之更符合行人尺寸大小,是保证行人识别算法鲁棒性的重要指标,同时也是使后续跟踪、识别算法提取更加准确信息的有力保障。

4)行人识别的方法

目前行人识别方法主要有基于特征分类的行人识别方法、基于模型的行人识别方法、基于运动特性的行人识别方法、基于形状模型的行人识别方法、基于模板匹配的行人识别方法以及基于统计分类的行人识别方法等。

(1)基于特征分类的行人识别方法。

基于特征分类的行人识别方法着重于提取行人特征,然后通过特征匹配来识别行人目标,是目前较为主流的行人识别方法,主要包括基于 HOG 特征的行人识别方法、基于 Haar 小波特征的行人识别方法、基于 Edgelet 特征的行人识别方法、基于形状轮廓模板特征的行人识别方法、基于部件特征的行人识别方法等。

(2)基于模型的行人识别方法。

基于模型的行人识别方法通过建立背景模型识别行人,常用的基于背景建模的行人识别方法有混合高斯法、核密度估计法和 Codebook 法。

(3)基于运动特性的行人识别方法。

基于运动特性的行人识别方法利用人体运动的周期性特性来确定图像中的行人,基于运动特性的行人识别方法中,比较典型的算法有背景差分法、帧回差分法和光流法。

(4)基于形状模型的行人识别方法。

基于形状模型的行人识别方法主要依靠行人形状特征来识别行人,避免了由于背景变化和摄像机运动带来的影响,适合于识别运动和静止的行人。

(5)基于模板匹配的行人识别方法。

通过定义行人形状模型,在图像的各个部位匹配该模型以找到目标,建立行人形状模型,主要有线性模型、轮廓模型以及立体模型等。

(6)基于统计分类的行人识别方法。

基于统计分类的行人识别是从样本中训练得到行人分类器,利用该分类器遍历图像各窗口进行判别,训练是离线进行的,不占用识别时间,分类器具有鲁棒性。

图2-37 行人识别结果

最终通过几种方法的融合要达到如图 2-37 所示的行人识别结果。

2.道路识别技术

道路识别就是把真实的道路通过激光雷达转换成汽车认识的道路,供自动驾驶汽车行驶;或通过视觉传感器识别出车道线,提供车辆在当前车道中的位置。道路识别必须具备实时性、鲁棒性、实用性这三个特点。实时性是指系统的数据处理必须与车辆的行驶速度同步进行,鲁棒性是指道路识别视觉系统对不同的道路环境和变化的气候条件具有良好的适应性,实用性是指道路识别视觉系统支持的车辆自动驾驶系统能够为普通用户所接受。

1)道路识别的方法

道路识别方法大体可以分为基于区域分割的识别方法、基于道路特征的识别方法和基于道路模型的识别方法。

(1)基于区域分割的识别方法。

基于区域分割的识别方法是把道路图像的像素分为道路和非道路两类,分割的依据分

图2-38 基于视觉传感器的车道线识别

别是颜色特征和纹理特征。基于颜色特征的区域分割方法的依据是道路图像中道路部分的像素与非道路部分的像素颜色存在显著差别(图2-38)。根据采集到的图像性质,颜色特征可以分为灰度特征和彩色特征两类。灰度特征来自灰度图像,可用的信息为亮度的大小。彩色特征除了亮度信息外,还包含色调和饱和度。基于颜色特征的车道检测本质是彩色图像分割问题,主要涉及颜色空间的选择和采用分割策略两个方面。当然,由于不同道路的彩色和纹理会有变化,道路的颜色也随时间变化而变化,基于区域的分割是一个很困难的问题。同时,路面区域分割方法大多计算量大,难以精确定位车道的边界。

(2)基于道路特征的识别方法。

基于道路特征的识别方法主要是结合道路图像的一些特征,如颜色、梯度、纹理等特征,从所获取的图像中识别出道路边界或车道标识线,适合于有明显边界特征的道路。基于特征的车道检测过程一般分为两个阶段:第一个阶段为特征提取,主要是利用图像预处理技术、边缘检测技术提取属于车道线的像素集合,并利用相位技术确定车道像素的方向;第二个阶段是特征聚合,即把车道线像素聚合为车道线,包括利用车道线宽度恒定的约束进行车道线局部聚合,再利用车道线平滑性约束以及平行车道线交于消隐点的约束进行车道线的长聚合。

基于道路特征的车道线识别算法中的特征主要可以分为灰度特征和彩色特征。基于灰度特征识别方法是根据车辆前方的序列灰度图像,利用道路边界和车道标识线完成识别;基于彩色特征的识别方法是利用获取的序列的彩色图像,根据道路及车道标识线的特殊色彩特征来完成对道路边界和车道标识线的识别。目前应用较多的是基于灰度特征的识别方法(图2-39)。基于道路特征的识别方法与道路形状无关,鲁棒性较好,但对阴影和水迹较为敏感,且计算量较大。

(3)基于道路模型的识别方法。

基于道路模型的识别方法主要基于不同的(2D或3D)道路图像模型,采用不同的检测技术(Hough变换、模板匹配技术、神经网络技术等)对道路边界或车道线进行识别(图2-40)。

图 2-39　基于道路特征的车道线识别

图 2-40　基于道路模型的车道线识别

在道路平坦的假设前提下,道路图像中的车道线可以认为在同一平面上,这时道路模型有直线模型、多项式曲线模型以及样条曲线模型等。目前最常用的道路几何模型是直线道路模型。为了更准确地描述道路形状,提出了曲线道路模型。常用的弯道模型有同心圆曲线模型、二次曲线模型、直线-抛物线模型、线性双曲线模型、广义曲线模型、回旋曲线模型、样条曲线模型、圆锥曲线模型和分段曲线模型等。

在道路不平坦的情况下,可以利用双目视觉系统获得立体道路图像,通过建立 3D 道路图像进行车道检测。基于 2D 道路图像模型的识别方法方便采用,且不需要精确地标定或知道车辆的自身参数,其不利之处是很难对车辆位置进行估计。基于 3D 道路图像模型的识别方法主要用于对距离分析要求不是很高的没有标识的道路识别,缺点是模型比较简单或噪声强度比较大时,识别精度比较低,模型比较复杂时,模型的更新比较困难。

由于道路模型在结构上有规律可循,从而可以利用少量信息求解出整个道路模型,进而对阴影、水迹等因素具有较高的抗干扰性。一般基于视觉的道路模型需要满足以下几个特点:

①精确度高。模型最基本的一个特点是要求精确地描述道路的实际特征。现实道路形状多样,为模型的建立增加了难度,所以如何根据实际的应用需求选择和求解模型是关键。

②鲁棒性高。模型的鲁棒性主要体现在对外界干扰因素的适应性上。当由于外界干扰造成局部特征信息的获取失败或失效时不会影响整体模型的求解。

③实时性好。基于视觉的导航系统中,实时性是一个重要因素,通常为了提高模型拟合的准确度,必须尽可能多地利用道路特征信息,并利用复杂的算法排除干扰,这将会大大增加运算。因此如何在保证模型有效性的情况下减少算法计算量,是影响模型是否高效的重要因素。

④灵活性好。为了适应显示道路形状多样性的特点,模型还需要具备构造和求解的灵活性。几乎不会因为道路相撞的变化,而造成模型求解方式的改变或失效。

基于模型的识别方法检测出来的道路较为完整,只需较少的参数就可以表示整个道路,所以基于模型的方法对阴影、水迹等外界影响有较强的抗干扰性,不过在道路类型比较复杂的情况下,很难建立准确的模型,降低了对任意类型道路检测的灵活性。

(4)基于道路特征与模型相结合的识别方法。

基于道路特征与模型相结合的识别方法的基本思想是:利用基于道路特征的识别方法

在对抗阴影、光照变化等方面的鲁棒性,对待处理图像进行分割,找出其中道路区域,再根据道路区域与非道路区域的分割结果找出道路边界,并使用道路边界拟合道路模型,从而达到综合利用基于道路特征的识别方法与基于道路模型的识别方法的目的(图2-41)。

图2-41 基于道路特征与模型相结合的车道线识别

基于道路特征与模型相结合的识别方法能否取得很好的识别效果,关键之处在于分割与拟合这两个过程。基于特征的分割过程能否准确地分割待处理图像的道路区域与非道路区域,将直接影响拟合的准确性;道路模型的拟合过程能否排除分割过程残留的噪声影响,能否适应复杂环境中道路形状的变化,将直接影响道路检测的最终结果。因此,能否找到一种鲁棒性强的分割方法以及一种能适应多种道路形状变化的道路模型,是算法成功的关键之处。

2)道路图像的特点

复杂的道路环境和复杂的气候变化都会影响道路识别,道路图像具有以下特点。

(1)阴影条件下的道路图像。

如图2-42所示道路图像经常出现阴影,道路识别一般要先对道路的阴影进行识别和去除。阴影识别特征一是基于物体的特性,二是基于阴影的特性。前者是通过目标的三维几何结构、已知场景和光源信息来确定阴影区域;后者通过分析阴影在色彩、亮度和几何结构等方面的特征来识别阴影。第一种方法局限性很大,获得场景、目标的三维结构信息并不是一件容易的事,而第二种方法则具有普遍性和实用性。

(2)强弱光照条件下的道路图像。

光照可分为强光照射和弱光照射。强光照射造成的路面反射会使道路其余部分的像素亮度变大,而弱光照射会使道路的像素变得暗淡,例如阴天,道路图像具有黑暗、车道线难辨别等特点(图2-43)。

图2-42 阴影条件下的道路图像

图2-43 阴天的道路图像

(3)雨天条件下的道路图像。

雨水对道路有覆盖作用,且雨水能反光(图2-44)。

（4）弯道处的道路图像。

弯道的道路图像与直线道路图像相比，在建模上会相对复杂，但是并不影响道路图像的识别（图2-45）。弯道图像的彩色信息与普通图像的彩色信息差别不大，所以依然可以利用基于模型的道路图像进行建模，提取弯道曲线的斜率，从而进一步识别图像。车辆行驶的重要信息均来自近区域，而近区域视野的车道线可近似看成直线模型。

图2-44　雨天的道路图像

图2-45　弯道的道路图像

3）道路识别的流程

利用视觉传感器进行道路识别的流程主要是：采集原始图像→图像灰度化→图像滤波→图像二值化→车道线提取，如图2-46所示。

a) 原始图像采集

b) 图像灰度化

c) 图像滤波

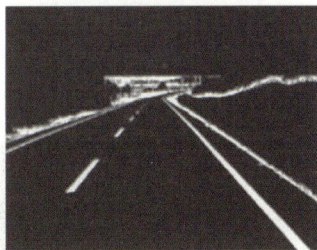

d) 图像二值化

e) 车道线提取

图2-46　道路识别的流程

3. 车辆识别技术

车辆识别可以采用超声波传感器、毫米波雷达、激光雷达、视觉传感器等实现。超声波传感器原理简单,成本最低,但其测距精准性受室外温度影响大,衰减快,因此目前只适合短距离测距和静态车辆识别,主要用在泊车系统上,而不能在运动车辆识别中使用。因此实际应用中,主要的技术路线是采用毫米波雷达和视觉传感器或者是二者组合使用,目前也开始采用激光雷达技术。

1)传感器在车辆识别中的应用

由于高频率的毫米波雷达探测距离较远,因此在智能网联汽车中主要用于识别对安全性要求较高的车辆,如自适应巡航控制系统、前方碰撞预警系统、自动制动辅助系统等,多数使用毫米波雷达识别前方的车辆。

采用视觉传感器进行车辆距离测量的方法较为复杂,图片数据量较大,需要采用以太网等数据传输方案,目前常用的视觉传感器有单目摄像头和双目摄像头两种。单目摄像头在距离测量过程中采用摄像机的焦距和事先确定的参数来估算车距,而双目摄像头测距是利用视差的原理,通过对两幅图像进行计算机分析和处理,确定物体的三维坐标,可采用"公垂线-中点法"计算与车辆之间的距离。鉴于视觉技术采集的信息量丰富,以及目前图像处理技术的巨大进步和计算能力已经能够保证图像处理实时性要求,价格低廉的视觉传感器方案也成为一种合适的选择。

为了提高可靠性,现在也采用毫米波雷达和视觉传感器相融合的方式识别车辆。例如,丰田预碰撞安全系统同时使用两个传感器,将毫米波雷达和单目摄像头两大功能合二为一(图2-47)。摄像头可以清晰直观地识别车辆,尤其是在白天、晴天和普通距离时候。毫米波雷达可以精确识别车辆的位置和速度,还可对远处车辆进行高精度识别,更大优势在于弥补摄像头的不足,在阴天、雨天和雾天,当摄像头敏感度下降时表现出色,夜间行车则可以侦测到前照灯照射之外的目标。在丰田技术精密协调之下,摄像头和毫米波雷达相融合,取长补短,覆盖从低速到高速、从白天到黑夜、从晴天到雨天的全路状况,时时刻刻监测危险目标,保障智能网联汽车的安全行驶。

图2-47　基于毫米波雷达和视觉传感器融合识别车辆

2)前方车辆的识别

前方车辆识别是判断安全车距的前提,车辆识别的准确与否不仅决定了测距的准确性,而且决定了是否能够及时发现一些潜在的交通事故。

车辆识别算法用于确定图像序列中是否存在车辆,并获得其基本信息,如大小、位置等。摄像头跟随车辆在道路上运动时,所获取道路图像中车辆的大小、位置和亮度等是在不断变化的。根据车辆识别的初始结果,对车辆大小、位置和亮度的变化进行跟踪(图 2-48)。由于车辆识别时需要对所有图像进行搜索,因此算法的耗时较长。而跟踪算法可以在一定的时间和空间条件约束下进行目标搜索,还可以借助一些先验知识,因此计算量较长,一般可以满足预警系统的实时性要求。

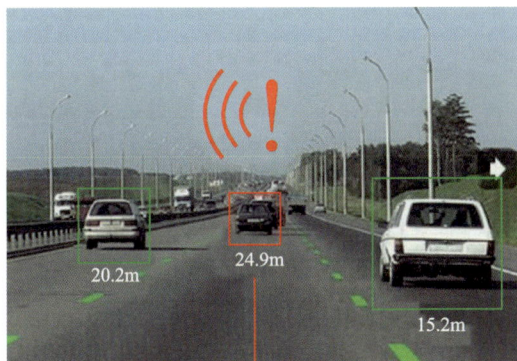

图 2-48　运动车辆识别技术

目前用于识别前方运动车辆的方法主要有基于特征的识别方法、基于机器学习的识别方法、基于光流场的识别方法和基于模型的识别方法等。

(1)基于特征的识别方法。

基于特征的识别方法是在车辆识别中最常使用的方法,又称为基于先验知识的识别方法。对于行驶在前方的车辆,其颜色、轮廓、对称性等特征都可以用来将车辆与周围背景区别开来。因此,基于特征的车辆识别方法就以这些车辆的外形特征为基础,从图像中识别前方行驶的车辆。当前常用的基于特征的方法有使用阴影特征的方法、使用边缘特征的方法、使用对称特征的方法、使用位置特征的方法和使用车辆尾灯特征的方法等。

(2)基于机器学习的识别方法。

基于机器学习的识别方法是对图像中车辆区域与非车辆区域的定位与判断的问题,一般需要从正样本集和负样本集提取目标特征,再训练出识别车辆区域与非车辆区域的决策边界,最后使用分类器判断目标。通常的识别过程是对原始图像进行不同比例的缩放,得到一系列缩放图像,然后在这些缩放图像中全局搜索所有与训练样本尺度相同的区域,再由分类器判断这些区域是否为目标区域,最后确定目标区域并获取目标区域的信息。

(3)基于光流场的识别方法。

光流场是指图像中所有像素点构成的一种二维瞬时速度场,其中的二维速度矢量是景物中可见点的三维速度矢量在成像表面的投影。通常光流场是摄像头、运动目标或二者在同时运动的过程中产生的。在存在独立运动目标的场景中,通过分析光流可以识别目标数量、目标运动速度、目标相对距离以及目标表面结构等。

(4)基于模型的识别方法。

基于模型的识别方法是根据前方运动车辆的参数来建立二维或三维模型,然后利用指定的搜索算法来匹配查找前方车辆。这种方法对建立的模型依赖度高,但是车辆外部形状各异,难以通过仅建立一种或者少数几种模型的方法来对车辆实施有效的识别,如果为每种车辆外形都建立精确的模型,又将大幅增加识别过程中的计算量。

多传感器融合技术是未来车辆识别技术的发展方向。目前,在车辆识别中主要有两种融合技术:视觉和激光雷达传感器的融合技术、视觉和毫米波雷达传感器的融合技术。

4. 交通标志识别技术

1) 交通标志的类型

道路交通标志作为重要的道路交通安全附属设施,可向驾驶人提供各种引导和约束信息。驾驶人实时地正确获取交通标志信息,可保障行车安全。

交通标志识别

鉴于地区和文化差异,目前世界各国执行的交通标志标准有所不同。目前,我国道路交通标志的执行标准是《道路交通标志和标线 第 2 部分:道路交通标志》(GB 5768.2—2022)。标准中明确我国的交通标志分为主标志和辅助标志两大类,主标志又可分为警告标志、禁令标志、指示标志、指路标志、旅游区标志、作业区标志、告示标志。为了引起行人和车辆驾驶人的注意,交通标志都具有鲜明的颜色特征。我国警示标志、禁令标志和指令标志共计131种,这些交通标志由5种主要颜色(红、黄、蓝、黑、白)组成。

交通标志的颜色与形状之间也有着一定的关系。禁令标志的颜色以红色为主,形状有倒三角形、正八边形和圆形;指示标志以蓝色为主,形状为圆形和矩形;警告标志以黄色为主,形状为正三角形。在交通标志的识别过程中,应该充分利用这些颜色信息和形状信息以及颜色与形状信息间的对应关系(图2-49)。

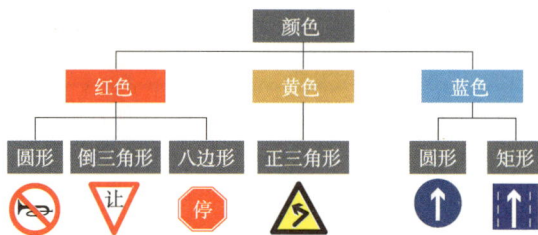

图2-49 交通标志颜色与形状的关系

交通标志具有鲜明的颜色特征,因此要实现对交通标志图像的有效分割,颜色是一个重要信息,选择合适的颜色空间对其加以分析和提取将有助于系统识别的实时性和准确性。

2) 交通标志识别方法

交通标志的识别方法主要有基于颜色信息的交通标志识别方法、基于形状特征的交通标志识别方法、基于显著性的交通标志识别方法、基于特征提取和机器学习的交通标志识别方法等。

(1) 基于颜色信息的交通标志识别方法。

颜色分割就是利用交通标志特有的颜色特征,将交通标志与背景分离。颜色特征具有旋转不变性,即颜色信息不会随着图像的旋转、倾斜而发生变化,与几何、纹理等特征相比,基于颜色特征设计的交通标志识别算法对图像旋转、倾斜的情况具有较好的鲁棒性。目前,大部分的文献中所采用的颜色模型包括 RGB 模型、HSI 模型、HSV 模型及 XYZ 模型等。

(2) 基于形状特征的交通标志识别方法。

除颜色特征外,形状特征也是交通标志的显著特征。我国交通警告标志、指示标志、禁令标志基本都有规则的形状,即圆形、矩形、正三角形、倒三角形、正八边形。颜色检测和形状检测是交通标志识别中的重要内容。识别方法通常都以颜色分割做初步检测,排除大部分的背景干扰;再提取二值图像各连通域的轮廓,进行形状特征的分析,进而确定交通标志候选区域并完成定位。

(3)基于显著性的交通标志识别方法。

显著性作为从人类生物视觉中引入的概念,用来度量场景中最显眼的特征,最容易吸引人优先看到的区域。由于交通标志被设计为具有显眼的颜色和特定的形状,在一定程度上满足显著性的要求,可以采用显著性模型来识别交通标志。

(4)基于特征提取和机器学习的交通标志识别方法。

无论是基于颜色信息和形状特征的识别方法,还是基于显著性的识别方法,由于其包含信息的局限性,在背景复杂或出现与目标物十分相似的干扰物时,都不能很好地去除干扰,因此,可以通过合适的特征描述符更充分地表示交通标志,再通过机器学习方法区分标志和障碍物。

基于特征提取和机器学习的交通标志识别一般使用滑动窗口的方式或使用之前处理得到的感兴趣块进行验证的方式。前者对全图或交通标志可能出现的感兴趣区域进行操作,以多尺度的窗口滑动扫描目标区域,对得到的每一个窗口均用训练好的分类器判断是否是标志。后者则认为经过之前的处理,如颜色、形状分析等,得到的感兴趣块已经是一整个标志或干扰物,只需对其整体进行分类即可。

3)交通标志识别的流程

利用视觉传感器进行交通标志识别的流程主要是:原始图像采集→图像预处理→图像分割检测→图像特征提取→交通标志识别,如图 2-50 所示。

目前在实现车路协同的区域都可以直接通过 OBU(车载单元)接收 RSU(路侧单元)的信息就可获取这些交通标志的信息。

5. 交通信号灯识别技术

1)交通信号灯的介绍

不同国家和地区采用的交通信号灯式样各不相同,在我国交通信号灯的设置必须遵循《道路交通信号灯》(GB 14887—2011)和《道路交通信号灯设置与安装规范》(GB 14886—2016)两个标准。从颜色来看,交通信号灯的颜色有红色、黄色、绿色三种,而且这三种颜色在交通信号灯中出现的位置都有一定的顺序关系。从功能来看,交通信号灯有机动车信号灯、非机动车信号灯、左转非机动车信号灯、人行横道信号灯、车道信号灯、方向指示信号灯、闪光警告信号灯、道口信号灯、掉头信号灯等。其中,机动车信号灯、闪光警告信号灯、道口信号灯的光信号无图案;非机动车信号灯、左转非机动车信号灯、人行横道信号灯、车道信号灯、方向指示信号灯、掉头信号灯的光信号为各种图案。从安装方式来看,交通信号灯的安装方式有横放安装和竖放安装两种,一般安装在道路上方。

2)交通信号灯的识别系统

交通信号灯识别系统包括检测和识别两个基本环节。首先是定位交通信号灯,通过摄像机从复杂的城市道路交通环境中获取图像,根据交通信号灯的颜色、几何特征等信息准确定位其位置,获取候选区域;然后是识别交通信号灯,在识别算法中已经获取交通信号灯的候选区域,通过对其分析及特征提取,运用分类算法,实现对其分类识别。

a) 原始图像采集　　　　　b) 图像预处理

c) 图像分割检测　　　　　d) 图像特征提取

e) 交通标志识别

图 2-50　交通标志识别的流程

交通信号灯有各种识别系统。交通信号灯识别系统主要由图像采集模块、图像预处理模块、检测模块、识别模块、跟踪模块和通信模块组成,如图 2-51 所示。

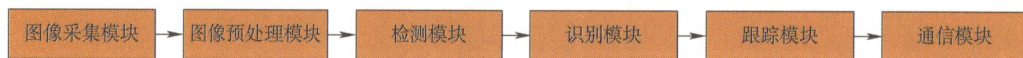

图像采集模块 → 图像预处理模块 → 检测模块 → 识别模块 → 跟踪模块 → 通信模块

图 2-51　交通信号灯识别系统的组成

(1)图像采集模块。

摄像机成像质量的好坏影响后续识别和跟踪的效果。一般采用彩色摄像机,其中摄像机的镜头焦距、曝光时间、增益、白平衡等参数的选择都对摄像机成像效果和后续处理有重要影响。

(2)图像预处理模块。

图像预处理模块包括彩色空间选择和转换、彩色空间各分量的统计分析、基于统计分析的彩色图像分割、噪声去除、基于区域生长聚类的区域标记,通过图像预处理可得到交通信号灯的候选区域。

(3)识别模块。

识别模块包括离线训练和在线识别两部分。离线训练通过交通信号灯的样本和背景样本的统计学习得到分类器,利用得到的分类器完成交通信号灯的识别。

(4)识别模块。

通过识别模块在图像中的识别定位,结合图像预处理得出的信号灯色彩结果、交通信号灯发光单元面积的大小和位置先验知识,完成交通信号灯的识别。

(5)跟踪模块。

通过识别模块得到的结果可以得到跟踪目标,利用基于彩色的跟踪算法可以对目标进行跟踪,有效提高目标识别的实时性和稳定性。运动目标跟踪方法可分为四类,分别是基于区域的跟踪方法、基于特征的跟踪方法、基于主动轮廓线的跟踪方法和基于模型的跟踪方法。

(6)通信模块。

通信模块是联系环境感知模块、规划决策模块与车辆底层控制模块的桥梁,通过制定的通信协议完成各系统的通信,实现信息共享。

3)交通信号灯识别的方法

交通信号灯识别的方法主要有基于颜色特征的识别方法和基于形状特征的识别方法。

(1)基于颜色特征的识别方法。

基于颜色特征的交通信号灯识别方法主要是选取某个色彩空间,对交通信号灯的红、黄、绿三种颜色进行描述。根据色彩空间的不同,主要有基于 RGB 颜色空间的识别方法、基于 HSI 颜色空间的识别方法、基于 HSV 颜色空间的识别方法。

(2)基于形状特征识别的方法。

基于形状特征的识别方法主要是利用交通信号灯和它的相关支撑物之间的几何信息,也可以将交通信号灯的颜色特征和形状特征结合起来,以减少单独利用某一特征所带来的不利影响(图 2-52)。

图 2-52 交通信号灯识别的方法

4)交通信号灯识别的流程

利用视觉传感器进行交通信号灯识别的流程主要是:原始图像采集→图像灰度化→直

方图均衡化→图像二值化→交通信号灯识别,如图 2-53 所示。

a) 原始图像采集

b) 图像灰度化

c) 直方图均衡化

d) 图像二值化

e) 交通信号灯识别

图 2-53 交通信号灯识别的方法

同样地,目前在实现车路协同的区域都可以直接通过 OBU(车载单元)接收 RSU(路侧单元)的信息,就可获取这些交通信号灯的信息,或者通过网联通信如导航信息提前获取信号灯的信息。

四 多传感器融合技术

多传感器融合于 1973 年在美国国防部资助开发的声纳信号处理系统中被首次提出,又称多传感器信息融合(Multi-sensor Information Fusion),有时也称作多传感器数据融合

（Multi-sensor Data Fusion），它是将多个传感器获取的数据、信息集中在一起综合分析，以便更加准确可靠地描述外界环境，从而提高系统决策的正确性。其主要优势在于：充分利用不同时间与空间的多传感器数据资源，采用计算机技术按时间序列获得多传感器的观测数据，在一定准则下进行分析、综合、支配和使用。获得对被测对象的一致性解释与描述，进而实现相应的决策和估计，使系统获得比各组成部分更为充分的信息。

1. 多传感器融合的基本原理与特点

1）多传感器融合的基本原理

多传感器融合的基本原理类似于人类大脑对环境信息的综合处理过程。人类对外界环境的感知是通过将眼睛、耳朵、鼻子和四肢等感官所探测的信息传输至大脑，并与先验知识进行综合分析，实现对其周围的环境和正在发生的事件做出快速准确的评估；而多传感器融合技术是通过各种传感器对环境信息进行感知，并传输信息至信息融合中心，与数据库信息进行综合分析，实现对周围的环境和正在发生的事件做出快速准确的评估。

2）多传感器融合的特点

多传感器融合系统具有四个显著的特点：

（1）信息的冗余性。

对于环境的某个特征，可以通过多个传感器（或者单个传感器的多个不同时刻）得到它的多份信息，这些信息是冗余的，并且具有不同的可靠性，通过融合处理，可以从中提取出更加准确和可靠的信息。此外，信息的冗余性可以提高系统的稳定性，从而能够避免因单个传感器失效而对整个系统所造成的影响。

（2）信息的互补性。

不同种类的传感器可以为系统提供不同性质的信息，这些信息所描述的对象是不同的环境特征，它们彼此之间具有互补性。如果定义一个由所有特征构成的坐标空间，那么每个传感器所提供的信息只属于整个空间的一个子空间，和其他传感器形成的空间相互独立。

（3）信息处理的及时性。

各传感器的处理过程相互独立，整个处理过程可以采用并行导热处理机制，从而使系统具有更快的处理速度，提供更加及时的处理结果。

（4）信息处理的低成本性。

多个传感器可以花费更少的代价来得到相当于单传感器所能得到的信息量。另一方面，如果不将单个传感器所提供的信息用来实现其他功能，单个传感器的成本和多传感器的成本之和是相当的。

2. 多传感器融合体系

在信息融合处理过程中，根据对原始数据处理方法的不同，信息融合系统的体系结构主要有三种：集中式、分布式和混合式。

（1）集中式。

集中式将各传感器获得的原始数据直接送至中央处理器进行融合处理，可以实现实时融合，其数据处理的精度高、算法灵活，缺点是对处理器要求高、可靠性较低、数据量大，故难于实现。

（2）分布式。

分布式是每个传感器对获得的原始数据先进行局部处理，包括对原始数据的预处理、分类及提取特征信息，并通过各自的决策准则分别做出决策，然后将结果送入融合中心进行融合，以获得最终的决策。分布式对通信带宽需求低、计算速度快、可靠性和延续性好，但跟踪精度没有集中式高。

（3）混合式。

大多情况是把上述二者进行不同的组合，形成一种混合式结构。它保留了上述两类系统的优点，但在通信和计算上要付出较昂贵的代价。但是，此类系统也有上述两类系统难以比拟的优势，在实际场合往往采用此类结构。

3. 多传感器融合的方法

在以目标身份估计为目的的体系结构下，根据多传感器信息融合技术抽象程度的不同，可以将其划分为3个层次：像素级融合、特征级融合、决策级融合，一般情况下，具体应用方案根据系统特点进行合理选择。

（1）像素级融合。

像素级融合又称为数据级融合，它将同类别的传感器采集的原始数据进行融合，最大限度地保留了各预处理阶段的细微信息。但是，由于融合进行在数据的最底层，计算量大且容易受不稳定性、不确定性因素的影响。同时，数据融合精确到像素级的准确度，使得无法处理异构数据（图2-54）。

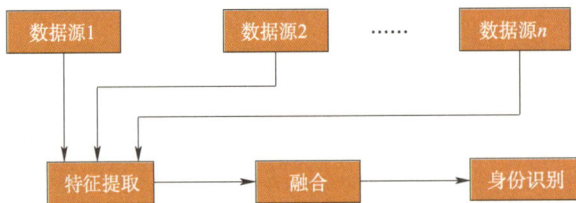

图2-54　像素级融合

（2）特征级融合。

特征级融合是通过各传感器的原始数据结合决策推理算法，对信息进行分类、汇集和综合，提取出具有充分表示量和统计量的属性特征（图2-55）。根据融合内容，特征级融合又可以分为目标状态信息融合和目标特性融合两大类。其中，前者的特点是先进行数据配准，以实现对状态和参数相关估计，更加适用于目标跟踪；后者是借用传统模式识别技术，在特征预处理的前提下进行分类组合。

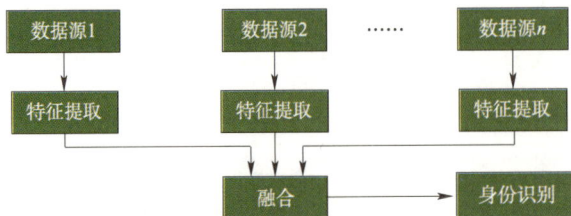

图2-55　特征级融合

（3）决策级融合。

决策级融合的特点是高层次,需要处理不同类型的传感器对同一观测目标的原始数据,并完成特征提取、分类判别,生成初步结论,然后根据决策对象的具体需求,进行相关处理和高级决策判决,获得简明的综合推断结果(图2-56)。决策级融合具有实时性好、容错性高的优点,面对一个或者部分传感器失效时,仍能给出合理决策。

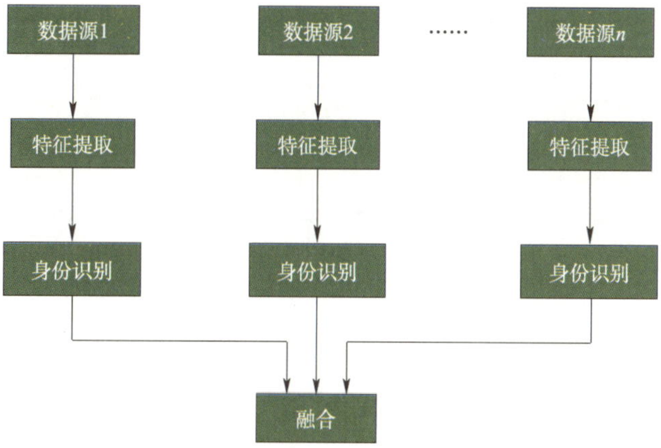

图 2-56 决策级融合

4. 多传感器融合技术的应用

智能网联汽车所需的传感器中,摄像头和激光雷达有很强的互补性。激光雷达获取的深度数据精度高,不容易受外界环境光照情况影响。摄像头采集的图像分辨率高,更擅长辨别色彩。

因此,很多智能网联汽车采用了"激光雷达 + 摄像头"的融合方案,例如 Waymo 即采用了多颗低线束激光雷达融合摄像头的技术方案,如图 2-57 所示。

此外,很多企业也提出了基于"激光雷达 + 摄像头 + 毫米波雷达"的融合方案。如图 2-58 所示,为 Roadstar. ai 提出的传感器融合方案。在这个机顶盒上包含了 5 个低线束激光雷达、6 个摄像头、3 个毫米波雷达和 1 套 GPS&IMU 系统,所有的传感器都会在这个机顶盒中做处理,包含异构多传感器同步技术。处理好的数据会通过一根线输入控制 ECU 当中,ECU 接入这个数据后进行检测、决策、定位算法,最终会通过控制单元来控制车辆。

图 2-57 Waymo 智能汽车

图 2-58 Roadstar. ai 传感器融合方案

技能实训

实训项目	智能网联汽车环境感知技术认知			
课程名称		日期		成绩	
学生姓名		学号		班级	
任务载体	智能网联小型客车一辆			
任务目标	(1)辨识智能网联小型客车中环境感知传感器; (2)分析智能网联小型客车中对各目标识别的实现技术; (3)说明智能网联小型客车中采用的多传感器融合方法			

项 目	步 骤	操 作 记 录			
1.资料准备	(1)查阅智能网联小型客车所配备的产品说明书				
	(2)列出智能网联小型客车所配备的环境感知传感器				
2.实训内容	(1)在智能网联小型客车上找出其所配备的环境感知传感器				
	(2)写出这些环境感知传感器的名称、功能、数量和安装位置	名称	功能	数量	安装位置
3.总结分析	(1)根据所学习的理论知识,结合实车分析智能网联小型客车中对各目标识别的实现技术,并列举出来				
	(2)结合实车说明智能网联小型客车中采用的多传感器融合方法,并进行相应的记录				
	(3)说明智能网联小型客车在环境感知技术中还需要提升的内容,并提出相应的方案				

续上表

项 目	步 骤	操作记录		
小组互评 第____组	组员学号			
	组员姓名			
	互评分			
教师考核				

思考与练习

一、判断题

1. 智能网联汽车是集感知、决策和控制等功能于一体的自主交通工具。 （　　）

2. 毫米波雷达主要用于自适应巡航控制系统、自动制动系统、盲区监测系统、行人识别等。 （　　）

3. 环视摄像头一般由两个摄像头组成,分别安装在汽车前后。 （　　）

4. 半固态式激光雷达可分为转镜式和机械旋转式。 （　　）

5. 多线束激光雷达可以获得极高的速度、距离和角度分辨率,形成精确的三维地图,抗干扰能力强,是智能网联汽车发展的最佳技术路线,不容易受到恶劣天气和烟雾环境的影响。 （　　）

6. 毫米波是指波长在 1~10mm 的电磁波,对应的频率范围为 30~300GHz。 （　　）

7. 毫米波雷达在布置时,还需要考虑造型的美观性、对行人保护的影响、设计安装结构的可行性、雷达调试的便利性、售后维修成本等。 （　　）

8. 视觉传感器又称摄像头,主要由光源、镜头、图像传感器、模数转换器、图像处理器、图像存储器等组成。 （　　）

9. 单目摄像头的优点是成本低廉,但在识别具体障碍物的种类时有时欠缺。 （　　）

二、选择题

1. 汽车环境感知对象主要包括(　　)、周边物体识别、驾驶状态检测、驾驶环境检测等。

　　A. 行驶路径识别　　B. 交通标线识别　　　C. 车道边缘识别　　　D. 行人识别

2. 行人识别不可以通过(　　)来进行。

　　A. 摄像头　　　　　B. 超声波雷达　　　　C. 激光雷达　　　　　D. 毫米波雷达

3. 道路识别不需具备的特点是(　　)。

　　A. 实时性　　　　　B. 鲁棒性　　　　　　C. 准确性　　　　　　D. 实用性

4. 毫米波雷达主要有用于中短测距的(　　)GHz 雷达和长测距的 77GHz 雷达两种。

　　A. 4　　　　　　　 B. 8　　　　　　　　 C. 24　　　　　　　　D. 36

5. 短距离毫米波雷达一般探测距离小于(　　)m;中距离毫米波雷达一般探测距离为 100m 左右;远距离毫米波雷达探测距离一般大于 200m。

　　A. 20　　　　　　　B. 40　　　　　　　　C. 60　　　　　　　　D. 80

6. 77GHz 毫米波雷达与 24GHz 毫米波雷达相比,下列(　　)说法是错误的。

　　A. 探测距离更远　　B. 体积更大　　　　　C. 工艺更高　　　　　D. 检测精度更好

7. 视觉传感器环境感知流程包括图像采集、图像预处理、图像特征提取、图像模式识别、( )等。

  A. 图像分解   B. 图像读取   C. 图像转换   D. 结果传输

8. 激光雷达是( )级别自动驾驶技术的核心传感器,和摄像头在自动驾驶中的作用比较相似。

  A. L3   B. L4   C. L5   D. L4/L5

9. 超声波雷达的发射频率要求是( )kHz±2kHz。

  A. 10   B. 20   C. 40   D. 80

三、简答题

1. 简述环境感知系统的组成。

2. 环境感知传感器的类别与功能有哪些?

3. 简述行人识别系统的组成及方法。

4. 激光雷达的有哪些特点?

5. 视觉传感器在自动驾驶中的功能有哪些?

6. 如何将多传感器进行融合?

模块三 车联网技术

一 车联网技术概述

车联网的概念源于物联网,即车辆物联网,一般又称为 V2X(Vehicle to Everything)或 C2X(Car to Everything),其中又包括了基于车与车、车与道路基础设施、车与行人(Vehicle to Pedestrians,V2P)以及车与后台数据中心或者车与云端(Vehicle to Cloud,V2C)的应用。因此,车联网不仅是指将车连接起来的通信网络,还包括了基于车与其他实体之间交互(V2X 通信)的各种应用。在美国,它被称为 Connected Vehicles,简称 CV,是指车与车之间要进行互联。对应的还有 Connected Corridors,又称路联网。道路之间也需要通过网络互相沟通,车路协同(Vehicle Infrastructure Integration,VI),指道路和车辆之间需要协同工作。由此可见,车路协同是车联网中的一个有机组成部分。因此,广义的车联网既包括车与车、车与路、车与人、车与后台中心的连接,还包括路与路、路与人、路与后台中心之间的连接,它通过各种通信技术将人、车、路、中心有机地互联起来。而狭义的车联网是指车车/车路之间的互联,它采用一种专用的中短程通信技术,在车辆之间以及车辆和路侧单元之间建立一种自组织的网络,实现节点之间的直接通信。

1. 车联网及其网络体系

根据世界电动车协会的定义,车联网(汽车移动互联网)是利用先进传感技术、网络技术、计算技术、控制技术、智能技术,对道路交通进行全面感知,对每辆汽车进行交通全程控制,对每条道路进行交通全时空控制,实现道路交通"零堵塞""零伤亡"和"极限通行能力"的专门控制网络。而根据我国车联网产业技术创新战略联盟的定义,车联网是以车内网、车际网和车云网为基础,按照约定的通信协议和数据交互标准,在车与车、车与基础设施、车与行人、车与云端之间,进行无线通信和信息交换的大网络。

由此可知,车联网的网络体系主要包括三种网络:以车内总线通信为基础的车内网络,常称车载网络;以短距离无线通信为基础的车载自组织网络;以远距离通信为基础的车载移动互联网。因此,智能网联汽车的网络体系是融合车载网络(车内网)、车载自组织网络(车际网)和车载移动互联网的一体化网络系统(图 3-1)。

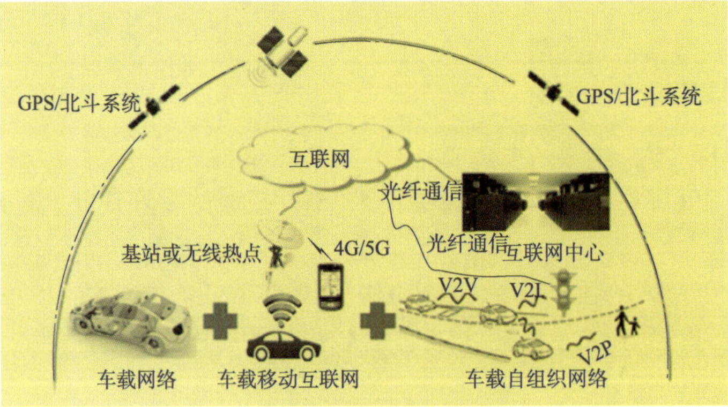

图 3-1 智能网联汽车网络体系构成

2. 车联网体系架构

(1)云管端架构。

"云—管—端"是智能网联汽车端到端综合解决方案。简单来说,"云"是云服务,包括云计算和大数据,它能够基于大量收集的数据实时进行智能处理和协同规划,进而开展队列控制等操作;端是智能终端,包括汽车、手机(代表行人)和路侧单元各种交通参与实体,也是执行云端指令的实体;而"管"则是连接"云"和"端"之间的各种管道,包括上、下行通信管道和直通管道,它将各种交通实体连接起来,并保证数据交互的顺畅。由于云端需要处理的数据量极大,对传输的时延和可靠性要求极高,所以目前更多地强调车车/车路之间的实时互联和分布式处理,以简化网络架构的设计和降低算法处理的复杂性。

（2）人车路网子系统。

车联网下的系统构架划分为四个大的子系统:中心子系统、路边子系统、车辆子系统和出行者子系统(图3-2)。子系统之间采用不同的通信技术完成信息交互,包括车车通信、车路通信、点对点通信和广域无线通信,子系统和子系统之间通过标准接口来交换信息。

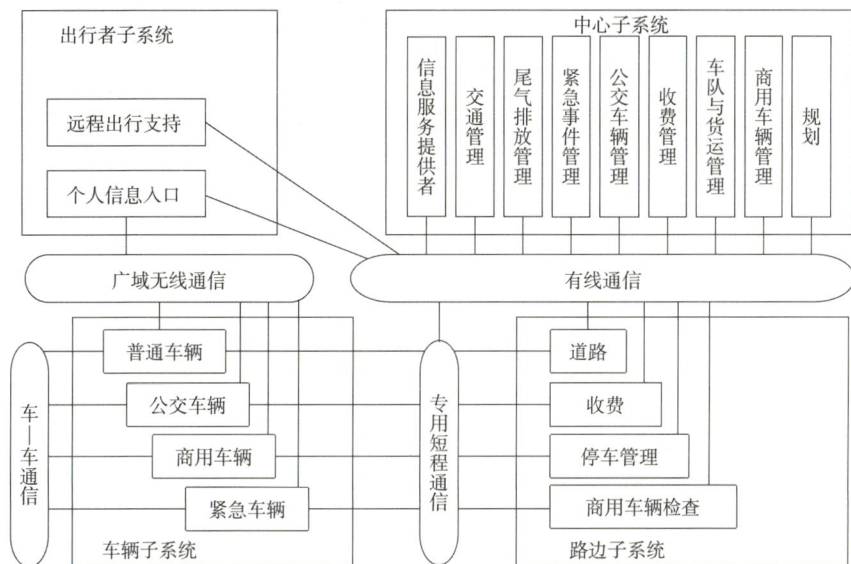

图3-2 车联网系统构架示意图

3.智能网联汽车的通信类型

智能网联汽车是融合网络通信技术,实现车与 X(车、路、行人、云端等)智能信息交换、共享,从而具备复杂环境感知、智能决策、协同控制等功能,可实现车辆"安全、高效、舒适、节能"行驶,并最终可实现替代人来操作的新一代汽车。因此,没有车联网技术,只可能实现低级别的智能汽车,而有了车联网通信技术,才能降低智能汽车的制造成本,提升智能决策等控制功能,真正实现高效安全的无人自动驾驶。智能网联汽车的通信类型可根据通信对象划分为四种,即车与车通信、车与基础设施通信、车与行人通信、车与应用平台通信。

（1）车与车通信(V2V)。

车与车通信主要是指通过车载单元进行行进车辆间的通信。车载单元可实时获取周围车辆的车速、车辆位置、行车状态警告等信息,车与车之间也可以构成一个互动的平台,实时交换各种文字、图片、音乐和视频等信息。车与车通信主要应用于减缓和避免交通事故、车辆监督管理、生活娱乐等,以及基于公共网络的车与车通信,还应用于车与车之间的语音、视频通话等(图3-3)。

（2）车与基础设施通信(V2I)。

车与基础设施通信是指车辆区域设备与道路区域设备(如交通信号灯、交通摄像头、路侧单元等)进行通信,道路区域设备获取附近区域的车辆信息并发布实时的各种信息。车与基础设施通信主要应用于实时信息服务、车辆监控管理、不停车收费等(图3-4)。

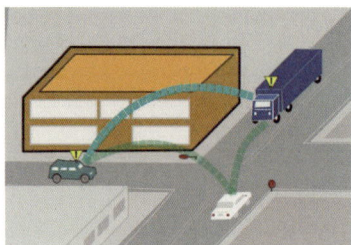

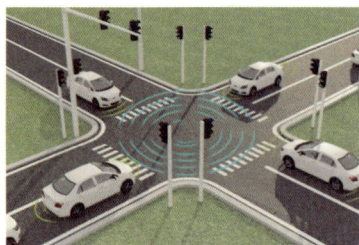

图 3-3　车与车通信　　　　图 3-4　车与基础设施通信

（3）车与行人通信（V2P）。

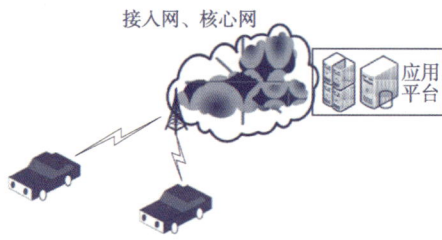

车与行人通信是指人使用用户区域的设备，如智能手机、笔记本电脑、多功能读卡器等与车辆区域的设备进行通信。车与行人通信主要应用于防止车与行人相撞、智能钥匙、信息服务、车辆信息管理等（图 3-5）。

（4）车与应用平台通信（V2N）。

车与应用平台通信是指车载单元通过接入网、核心网与远程的应用平台建立连接，应用平台与车辆之间进行数据交互，并对获取的数据进行储存和处理，提供远程车辆交通、娱乐、商务服务和车辆管理等应用（图 3-6）。

图 3-5　车与行人通信　　　　图 3-6　车与应用平台通信

车载网络（车内网）技术

美国汽车工程师学会提出将车载网络划分为五种类型，分别为：A 类低速网络、B 类中速网络、C 类高速网络、D 类多媒体网络和 E 类安全应用网络。不同类型的车载网络需要通过网关进行信号的解析交换，使不同的网络类型能够相互协调，保证汽车各系统正常运转。目前在智能网联汽车上常用的车载网络有 CAN、LIN、FlexRay、MOST 和以太网等。

1. CAN 网络

CAN 是一种总线型、串行通信、广播式网络，节点间通过双绞线连接。它不仅能简化车辆各电子控制单元的设计和安装，还减轻布线的质量和降低了对空间的要求。它的数据信息传输速率最大为 1Mbit/s，属于中速网络，通信距离（无须中继）最远可达 10km。

1）CAN 工作基本原理

（1）当一个节点要向其他节点发送数据时，该节点的 CPU 将要发送的数据和自己的标识符传送给本节点的 CAN 芯片，并处于准备状态。

（2）当节点收到总线分配时，转为发送报文状态。CAN 芯片将数据根据协议组织成一定的报文格式发出。

（3）网上的其他节点处于接收状态。每个处于接收状态的节点对接收到的报文进行检测，判断这些报文是否是发给自己的，以确定是否接收它。

2）CAN 的特点

CAN 采用双绞线作为传输介质，媒体访问方式为位仲裁，是一种多主总线。CAN 网络为事件触发的实时通信网络，其总线仲裁方式采用基于优先级的载波侦听多址访问冲突检测（Carrier Sense Multiple Access with Collision Detection，CSMA/CD）法。CAN 总线网络具有以下特点。

（1）多主控制。

是指在总线空闲时，所有的单元都可开始发送消息；最先访问总线的单元可获得发送权（CSMA/CA 方式，即带有冲突避免的载波侦听多路访问方式）；多个单元同时开始发送时，优先级 ID（标识符）消息的单元可获得发送权。

（2）消息的发送。

在 CAN 协议中，所有的消息都以固定的格式发送。总线空闲时，所有与总线相连的单元都可以开始发送新消息。两个以上的单元同时开始发送消息时，根据 ID 决定优先级。ID 并不是表示发送的目的地址，而是表示访问总线消息的优先级。两个以上的单元同时开始发送消息时，对各消息 ID 的每个位进行逐个仲裁比较。仲裁获胜（被判定为优先级最高）的单元可继续发送消息，仲裁失利的单元则立刻停止发送工作而进行接收工作。

（3）系统的柔软性。

与总线相连的单元没有类似于"地址"的信息。因此，在总线上增加单元时，连接在总线上的其他单元的软硬件及应用层都不需要改变。

（4）高速度和远距离。

当通信距离小于 40m 时，CAN 总线的传输速率可以达到 1Mbit/s。通信速度与其通信距离成反比，当通信距离达到 10km 时，其传输速率可以达到约 5kbit/s。

（5）远程数据请求。

可通过发送"遥控帧"请求其他单元发送数据。

（6）错误检测、通知和恢复功能。

错误检测功能是指所有的单元都可以检测错误；错误通知功能是指正在发送消息的单元一旦检测出错误，会强制结束当前的发送，并立即同时通知其他所有单元；错误恢复功能是指强制结束发送的单元会不断反复地重新发送此消息，直到成功发送为止。

（7）故障封闭。

CAN 总线可以判断出错误的类型，即是总线上暂时的数据错误（如外部噪声等）还是持续的数据错误（如单元内部故障、驱动器故障、断线等）。根据此功能，当总线上发生持续的数据错误时，可将引起此故障的单元从总线上隔离出去。

（8）连接。

CAN 总线可以同时连接多个单元，可连接的单元总数理论上是没有限制的，但实际上可连接的单元总数受总线上的时延及电气负载的限制。降低传输速率,可连接的单元总数增加;提高传输速率,则可连接的单元总数减少。

总之,CAN 总线具有实时性强、可靠性高、传输速率快、结构简单、互操作性好、错误处理机制完善、灵活性高和价格低廉等特点,在车载网络上已经得到广泛的应用。

3)CAN 在汽车上的应用

CAN 的最大传输速率可达 1Mbit/s,目前,汽车上的网络连接方式需采用两条 CAN 总线。如图 3-7 所示,一条为用于驱动系统的高速 CAN 总线,速率达到 500kbit/s;另一条为用于车身系统的低速 CAN 总线,速率为 100kbit/s。高速 CAN 总线主要连接发动机管理系统、自动变速器控制系统、驱动电机控制系统、动力蓄电池管理系统、制动防抱死系统、车身稳定控制系统等对通信实时性有较高要求的系统。低速 CAN 总线主要连接灯光、电动车窗、自动空调及信息显示系统等,多为低速电动机和开关量器件,对实时性要求低而数量众多。不同速度的 CAN 总线之间通过网关连接。采集汽车 CAN 总线上的信号时,需要确定所采集的信号处于哪个 CAN 总线网络,以便于设置合适的 CAN 通道波特率。

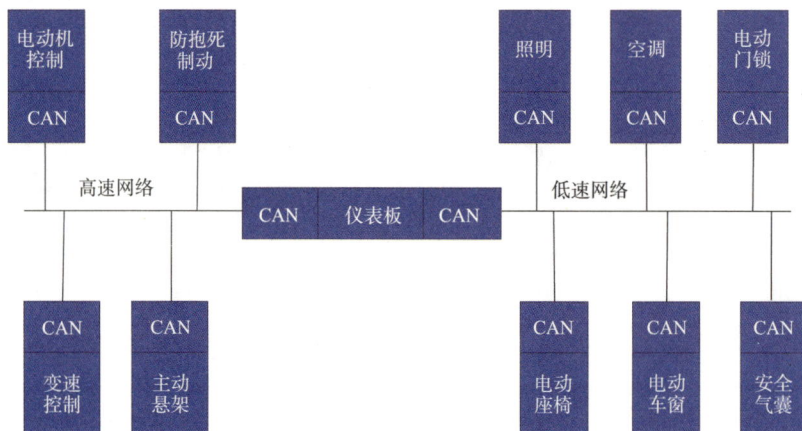

图 3-7　CAN 总线在电动汽车上的应用

2. LIN 网络

LIN 是专门为汽车开发的一种低成本串行通信网络,属于低速网络,用于实现汽车中的分布式电子系统控制。LIN 总线的数据传输速率为 20kbit/s,媒体访问方式为单主多从,是一种辅助总线,辅助 CAN 总线工作。在不需要 CAN 总线的带宽和多功能的场合,使用 LIN 总线可大大降低成本。

1)LIN 网络特点

(1)LIN 网络的通信基于 SCI 数据格式,媒体访问采用单主节点、多从节点的方式,数据优先级由主节点决定,灵活性好。

(2)一条 LIN 总线最多可以连接 16 个节点,共有 64 个标识符。

(3)LIN 网络采用低成本的单线连接,传输速率最高可达 20kbit/s。

(4)不需要进行仲裁,同时在从节点中无须使用石英或陶瓷振荡器,只采用片内振荡器就可以实现自同步,从而降低了硬件成本。

（5）大多数的微控制单元（Micro Controller Unit，MCU）均具备 LIN 网络所需的硬件，并且实现费用较低。

（6）网络通信具有可预期性，信号传播时间可预先计算。

（7）通过主机节点可将 LIN 网络与上层网络（CAN 总线网络）相连接，实现 LIN 的子总线辅助通信功能，从而优化网络结构，提高网络效率和可靠性。

（8）通信距离最大不超过 40m。

LIN 网络规范中，除定义了基本协议和物理层外，还定义了开发工具和应用软件接口。因此，从硬件、软件及电磁兼容性方面来看，LIN 保证了网络节点的互换性。这极大地提高了开发速度，同时保证了网络的可靠性。

2）LIN 网络的结构

LIN 网络采用单主机多从机模式，一个 LIN 网络包括一个主节点和若干从节点。由于过多的网络节点将导致网络阻抗过低，因此，一般情况下网络节点总数不宜超过 16 个。如图 3-8 所示，所有的网络节点都包含一个从任务，提供通过 LIN 传输的数据，主节点除了包含从任务外还包含一个主任务，负责启动网络中的通信。

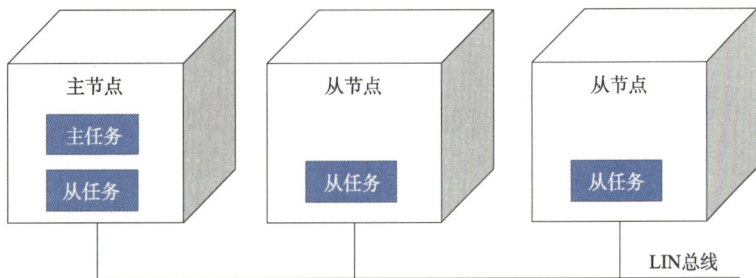

图 3-8　LIN 总线网络的结构

3）LIN 在汽车上的应用

由于一个 LIN 网络通常由一个主节点、一个或多个从节点组成，因此，LIN 网络为主从式控制结构。各个 LIN 主节点是车身 CAN 总线上的节点，通过 CAN 总线连接成为低速车身 CAN 总线网络，并兼起 CAN/LIN 网关的作用。引入带 CAN/LIN 网关的混合网络，有效地降低了主干网的总线负载率。LIN 网络主要应用于车门、转向盘、座椅、空调系统、防盗系统等。LIN 网络将模拟信号用数字信号代替，满足对汽车低速网络的需求，结构简单，维修方便。

3. FlexRay

FlexRay 是一种用于汽车的高速可确定性的、具备故障容错的网络系统。汽车中的控制器、传感器和执行器之间的数据交换主要是通过 CAN 总线网络进行的。然而新的 X-by-wire 系统设计思想的出现，导致汽车系统对信息传送速度，尤其是故障容错与时间确定性的需求不断增加。FlexRay 基于差分信号传输，总线由两条组成，通常使用双绞线，其结构如图 3-9 所示。

FlexRay 总线数据收发采取时间触发和事件触发的方式。利用时间触发通信时，可尽可能保持传输的同步与可预测，这对需要高速线控控制是非常重要。

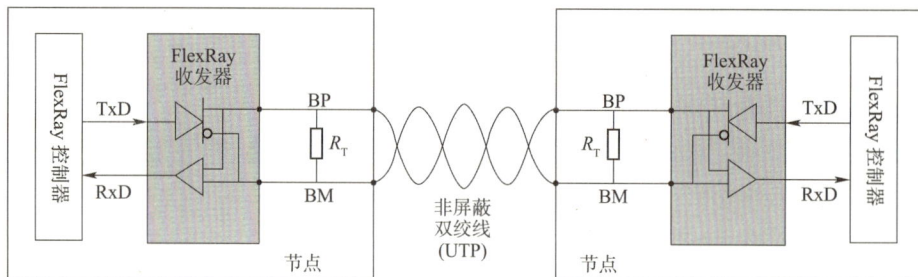

图 3-9　FlexRay 结构

1）FlexRay 的特点

（1）数据传输速率高。

FlexRay 的最大传输速率可达到 10Mbit/s，双通道总数据传输速率可达到 20Mbit/s。因此，应用在车载网络上，FlexRay 的带宽可以是 CAN 的 20 倍。

（2）可靠性好。

FlexRay 能够提供很多 CAN 所不具有的可靠性特点，尤其是 FlexRay 具备的冗余通信能力。具有冗余数据传输能力的总线系统使用两条相互独立的通道，每条通道都由一组双线导线组成。一条通道失灵时，该通道应传输的信息可在另一条没有发生故障的通道上传输。此外，总线监护器的存在进一步提高了通信的可靠性。

（3）确定性。

FlexRay 是一种时间触发式总线系统，它也可以通过事件触发方式进行部分数据传输。在时间控制区域内，时隙分配给确定的信息。一个时隙是指一个规定的时间段，该时间段对特定信息开放。对时间要求不高的其他信息则在事件控制区域内传输。确定性数据传输用于确保时间触发区域内的每条信息都能实现实时传输，即每条信息都能在规定时间内进行传输。

（4）灵活性。

灵活性是 FlexRay 总线的突出特点，具体反映在以下方面：支持多种方式的网络拓扑结构，如点对点连接、串级连接、主动星形连接、混合型连接等；信息长度可配置，可根据实际控制应用需求，为其设定相应的数据载荷长度；双通道拓扑既可用于增加带宽，也可用于传输冗余的信息；周期内静态、动态信息传输部分的时间都可随具体应用而改变。为了满足不同的通信需求，FlexRay 在每个通信周期内都提供静态和动态通信信段。静态通信信段可以提供有界延迟，而动态通信信段则有助于满足在系统运行时间内出现的不同带宽需求。FlexRay 帧的固定长度静态段用固定时间触发的方法来传输信息，而动态段则使用灵活时间触发的方法来传输信息。

2）FlexRay 在汽车上的应用

FlexRay 由于具有速度快、效率高、容错性强、灵活等特点，可用于汽车动力和底盘系统的控制数据传输。

（1）替代 CAN。

在数据传输速率的要求超过 CAN 的应用时会采用两条或多条 CAN 总线来实现，

FlexRay 将是替代这种多总线解决方案的理想选择。

（2）用作"数据主干网"。

FlexRay 具有很高的数据传输速率,并且支持多种拓扑结构,非常适合于汽车主干网络,用于连接多个独立网络。

（3）用于分布式测控系统。

分布式测控系统用户要求确切知道消息到达的时间,并且消息周期偏差非常小,这使FlexRay 成为首选,如动力系统、底盘系统的一体化控制。

（4）用于高安全性要求的系统。

FlexRay 本身不能确保系统安全,但它具备大量功能以支持面向安全的系统设计。

4. MOST

MOST 是使用光纤或双绞线作为传输介质的环形总线系统,可以同时传输音频/视频流数据、异步数据和控制数据,支持高达 150Mbit/s 的传输速率(图 3-10)。

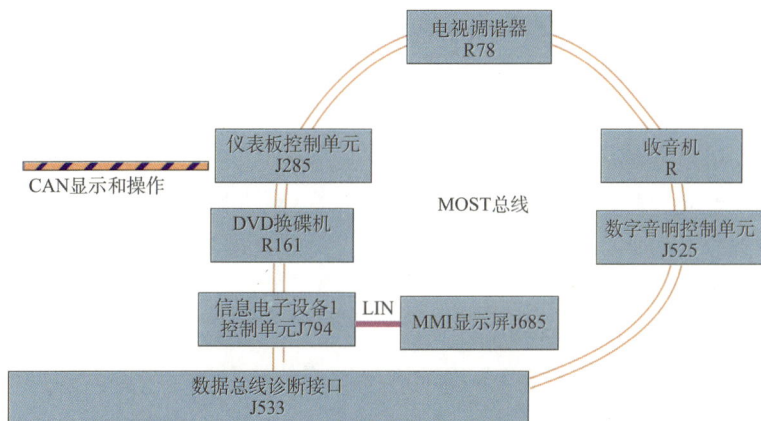

图 3-10 MOST 结构

MOST 标准已经发展到第三代。第一代标准 MOST25,最高可支持 24.6Mbit/s 的传输速率,以塑料光纤作为传输介质;第二代标准 MOST50,传输速率是 MOST25 的两倍,除了采用塑料光纤作为传输介质外,还可采用非屏蔽双绞线作为传输介质;第三代标准 MOST150,不仅最高可支持 147.5Mbit/s 的传输速率,而且解决了与以太网的连接等问题。MOST 150 是MOST 技术发展的趋势。

1）MOST 的特点

（1）保证低成本的条件下,最高可以达到 147.5Mbit/s 的数据传输速率。

（2）无论是否有主控计算机都可以工作。

（3）支持声音和压缩图像的实时处理。

（4）支持数据的同步传输和异步传输。

（5）发送器/接收器嵌有虚拟网络管理系统。

（6）支持多种网络连接方式,提供 MOST 设备标准及方便、简洁的应用系统界面。

（7）采用 MOST 不仅可以减轻连接各部件的线束的质量、降低噪声,而且可以减轻系统开发技术人员的负担,最终在用户处实现各种设备的集中控制。

(8)光纤网络不会受到电磁辐射干扰与搭铁环的影响。

2)MOST 在汽车上的应用

MOST 可以实现实时传输声音和视频,以满足高端汽车娱乐装置的需求,主要用于车载电视、车载电话、车载 CD、车载网络、车载导航等系统的控制中,也可以用在车载摄像头等行车系统中。

5. 汽车以太网

汽车以太网是一种物理网络,用于使用有线网络连接汽车内的组件,满足市场对电磁干扰/射频干扰(EMI/RFI)的需求,包括对网络发射的要求。以太网是由美国 Xerox 公司创建并由 Xerox、Intel 和 DEC 公司联合开发的基带局域网规范,是现有局域网采用的最通用的通信协议标准。以太网包括标准以太网(10Mbit/s)、快速以太网(100Mbit/s)、千兆以太网(1000Mbit/s)和万兆以太网(10Gbit/s)。

1)以太网的特点

(1)数据传输速率高。以太网的最大传输速率能达到 10Gbit/s,并且还在提高,比任何一种现场总线都快。

(2)应用广泛。基于传输控制协议/互联协议(Transmission Control Protocol/Internet Protocol,TCP/IP)的以太网是一种标准的开放式网络,不同厂商的设备很容易互联。这种特性非常适合于解决不同厂商设备的兼容和互操作问题。以太网是目前应用最广泛的局域网,遵循国际标准规范 IEEE802.3,受到广泛的技术支持。大多数的编程语言支持以太网的应用开发,如 Java、C++、VB 等。

(3)容易与信息网络集成,有利于资源共享。由于具有相同的通信协议,以太网能实现与互联网的无缝连接,方便车载网络与地面网络的通信。车载网络与互联网的接入极大地解除了为获取车辆信息而存在的地理位置上的束缚。这一性能是目前其他任何一种现场总线都无法比拟的。

(4)支持多种传输介质和拓扑结构。以太网支持多种传输介质,包括同轴电缆、双绞线、光缆、无线等,使用户可根据带宽、距离、价格等因素做多种选择。以太网支持总线型和星形等拓扑结构,可扩展性强,同时可采用多种冗余连接方式,提高网络的性能。

(5)软硬件资源丰富。由于以太网已应用多年,人们对以太网的设计、应用等方面有很多的经验,对其技术也十分熟悉。大量的软件资源和设计经验可以显著降低系统的开发成本,从而可以显著降低系统的整体成本,并大大加快系统的开发和推广速度。

(6)可持续发展潜力大。由于以太网的广泛应用,它的发展一直受到广泛的重视和大量的技术投入。车载网络采用以太网,可以避免其发展游离于计算机网络技术的发展主流之外,从而使车载网络与信息网络技术互相促进、共同发展。

2)以太网在汽车上的应用

首先,由于汽车中的电子设备越来越复杂,传感器、控制器和接口的带宽要求也越来越高,汽车中不同的控制单元和域之间需要越来越多的通信,随着线束的复杂性、成本和质量的增加,线束已成为汽车中第三昂贵、第三重的部件。其次,通信使用多种不同的专有标准,每个组件通常使用专用电线/电缆,通过采用单一标准,来自所有不同组件的所有通信都可以在同一个交换式以太网网络上共存,从中央交换机到车内的每个位置都有一对。为了解决这些问题,以太网在汽车上开始使用,未来它优越的性能必会得到汽车业界的重视,将成为重要的车载网络。

图 3-11 所示为博通、飞思卡尔和 OmniVision 推出的三方共同开发的 360° 全景泊车辅助系统,是世界上第一款基于以太网的泊车辅助系统。

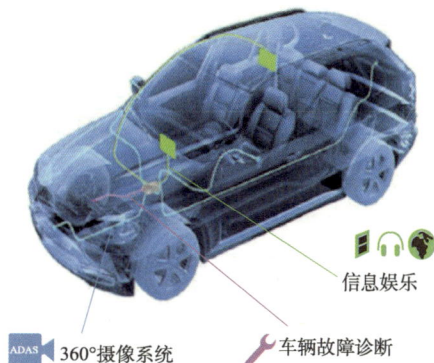

图 3-11 基于以太网的泊车辅助系统

智能网联汽车的高级辅助驾驶系统、信息娱乐系统等引发了新的需求(图 3-12),需要更加开放、高速,且易于与其他电子系统或者设备集成的车载网络,同时有助于减少功耗、线束质量和部署成本。显然,车载以太网在智能网联汽车的广泛应用就已经成为必然的趋势。

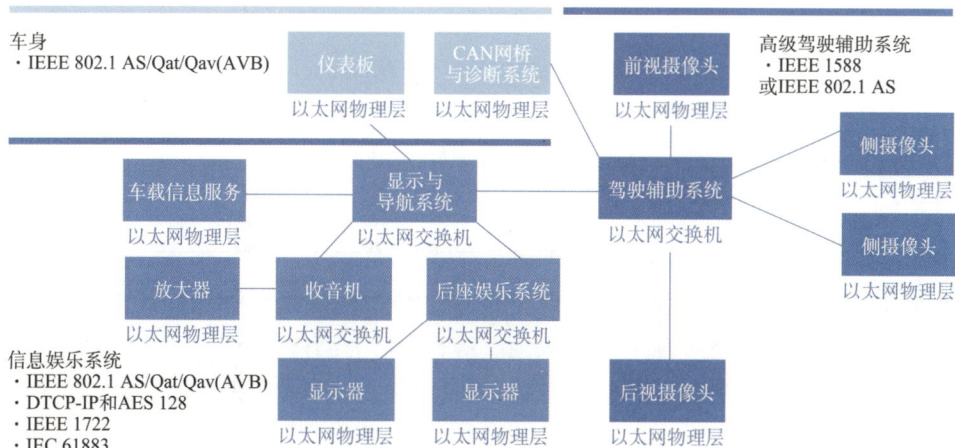

图 3-12 智能网联汽车车载网络

三 车载自组织网络(车际网)技术

无线自组织网络是一种不同于传统无线通信网络的技术,它是由一组具有无线通信能力移动终端节点组成的、具有任意和临时性网络拓扑的动态自组织网络系统,其中每个终端节点既可作为主机又可作为路由器使用。作为主机,终端具有运行各种面向用户的应用程序的能力;作为路由器,终端可以运行相应的路由协议,根据路由策略和路由表完成数据的分组转发和路由维护工作。

车载自组织网络是指在交通环境中,以汽车、路侧单元及行人为节点而构成的开放式移动自组织网络,可以进行 V2V、V2I、V2P 信息传输,以实现事故预警、辅助驾驶、道路交通信息查询、车间通信和互联网接入服务等应用。它是智能交通系统未来发展的通信基础,也是智能网联汽车安全行驶的保障。

1. 车载自组织网络的类型

车载自组织网络的类型如图 3-13 所示,主要有以下几种。

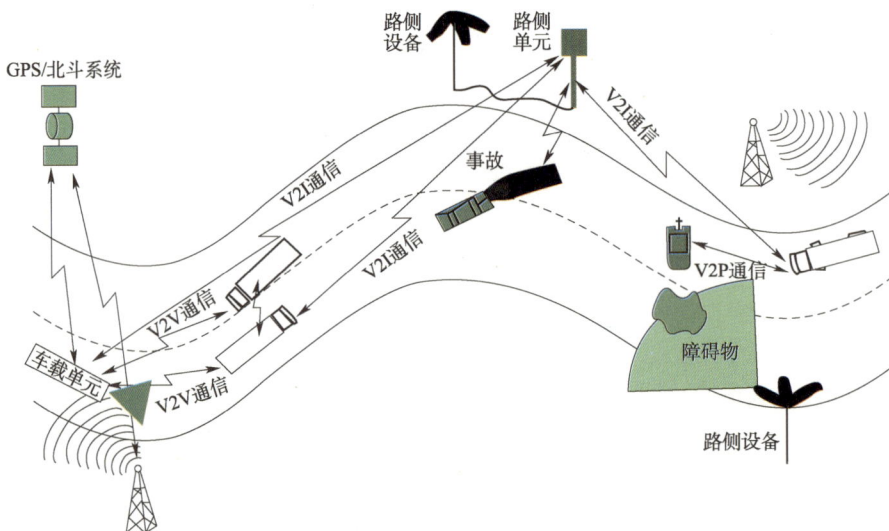

图 3-13　车载自组织网络的类型

(1)车间自组织型:车辆之间形成自组织网络,不需借助路侧单元,这种通信模式被称为 V2V 通信模式,也是传统移动自组织网络的通信模式。V2V 是通过 GPS 定位辅助建立无线多跳连接,从而能够进行暂时的数据通信,提供行车信息、行车安全等服务。

(2)无线局域网/蜂窝网络型:在这种通信模式下,车辆节点间不能直接通信,必须通过接入路侧单元互相通信,这种通信模式也被称为 V2I 通信模式,相比车间自组织型,路侧单元建设成本较高。V2I 能够通过接入互联网获得更丰富的信息与服务。

(3)混合型:混合型是前两种通信模式的混合模式,车辆可以根据实际情况选择不同的通信方式。

2. 车载自组织网络的特征

车载自组织网络的特征主要包括节点速度、运动模式、节点密度、节点异构性和可预测的运动性等。

1)节点速度

在移动的车载自组织网络中最重要的特征是节点速度。汽车和道路两侧的路侧单元都可能成为节点,节点的可能速度为 0~200km/h。对于静态的路侧单元或汽车处于堵车路段时,其速度为零。在高速公路上,汽车的最高速度可能会达到 200km/h 左右。这两种极端情况对于车载自组织网络中的通信系统构成了特殊的挑战。当节点速度非常高时,由于几百米的通信半径相对较小,会造成共同的无线通信窗口非常短暂。例如,如果两辆车以90km/h的速度朝相反的方向行驶,假定理论上无线通信范围为300m,通信只能持续12s。不过,同方向行驶的汽车,如果相对速度较小或中等,则这些同向汽车间的拓扑变化相对较少。如果同向行驶汽车的相对速度很大,那么收发机就需要考虑诸如多普勒效应等物理现象。链路层难以预测连接的中断,容易导致频繁的链路故障。对于路由或多跳信息传播,汽车间短暂的相遇及一般的汽车运动导致拓扑高度不稳定,使基于拓扑的路由在实际中毫无用处。节点速度很大时对应用程序的影响也很大,如由于速度太快,导致即时环境变化太快,因此,对环境感知的应用也变得困难。在极端情况下,即节点几乎不移动,网络拓扑相对稳定。然而,汽车的缓慢移动意味着车辆密度很大,这会导致高干扰、介质接入等诸多问题。

2)运动模式

汽车是在预定义的道路上行驶的,一般情况下有两个行驶方向。只有在十字路口时,汽车的行驶方向才具有不确定性。道路可分为高密度城市道路、高速公路和乡村道路三种类型:

(1)高密度城市道路。在城市中,道路密度相对较高,有大街也有小巷,许多十字路口将道路分割成段,道路两边的建筑物也会影响到无线通信,汽车的运动速度较快。

(2)高速公路。高速公路一般是多车道的,路段也很长,并且存在出口和匝道。汽车的运动速度较快,行驶方向能够较长时间保持不变。

(3)乡村道路。乡村道路通常很长,十字路口比城市环境要少得多。在这种环境下,由于路面车辆过少,一般很难形成连通的网络。道路的方向变化频率明显高于高速公路。

这些运动场景造成了很多挑战,尤其是路由问题。城市道路上交通流非常无序,与此相反,高速公路上的车流却形成了另外一个极端,几乎整个运动是处于一维情况。

3)节点密度

除了节点速度和运动模式外,节点密度是车载自组织网络节点移动性的第三个关键属性。在共同的无线通信范围内,可能存在零到几十、甚至上百辆的汽车。假设在某四车道的高速公路上遇到交通阻塞,并且每20m存在一辆装备汽车,通信半径假定为300m,则在理论上其通信范围内有120辆汽车。当节点密度非常小时,几乎不可能完成瞬时消息转发。在这种情况下,需要更复杂的消息传播机制,可以先存储信息,并在汽车相遇时转发信息。这样可能导致一些信息被同一辆汽车重复多次。当节点密度很大时,情况则不同。消息只可能被选定的节点重复,否则会导致重载信道。节点密度与时间也相关。在白天,高速公路和城市道路节点密度较高,足以实现瞬时转发,有足够的时间使路由处理分段网络;但在夜间,无论哪种类型的道路,汽车都很少。

4)节点异构性

在车载自组织网络中,节点有许多不同种类。首先是汽车和路侧单元的区别。而汽车可以进一步分为城市公交、私家车、出租汽车、救护车、道路建设和维修车辆等,并不是每辆车都要安装所有的应用。例如,救护车需要安装能够在其行驶路线上发出警告的应用。对于路侧单元也类似,基于自身的能力,路侧单元节点可以简单地向网络发送数据,或者拥有自组织网络的完整功能。此外,路侧单元节点可以提供对背景网络的访问,如向交通管理中心报告道路状况。路侧单元与汽车节点不同,其性能较强。对于各种应用,它们不像汽车节点拥有相同的传感器,也不处理传递给驾驶人的消息,或者对汽车采取措施。路侧单元节点是静态的,与个人或公司无关,不需要太多的信息保护。

5)可预测的运动性

尽管汽车节点的运行规律比较复杂,但汽车的运动趋势在一定程度上仍然是可以预测的。在高速公路场景中,根据汽车所处的车道、实时的道路状况及汽车自身的速度和方向就可以推测汽车在随后短时间内的运动趋势。在城市道路,不同类型的汽车具有不同的运动趋势。公交车的平均行驶速度缓慢且具有间隔性静止状态,因此根据公交车节点的速度大小和道路特点就可以推测出短时间内的运动趋势。

3. 车载自组织网络的应用场景

1)碰撞预警

如图 3-14 所示,汽车 0 与汽车 4 相撞,汽车 0 因此发送一个协作转发碰撞预警信息。汽车 1 能够通过直接连接接收到碰撞预警信息,从而汽车 1 可以及时地制动避免碰撞。但是,如果没有间接连接,即不能多跳转发信息,汽车 2、汽车 3 与它们前面汽车的距离小于安全距离时,汽车 2 和汽车 3 不可避免地要发生碰撞。如果有间接连接,汽车 2 和汽车 3 也能收到碰撞预警信息,则可以避免碰撞。

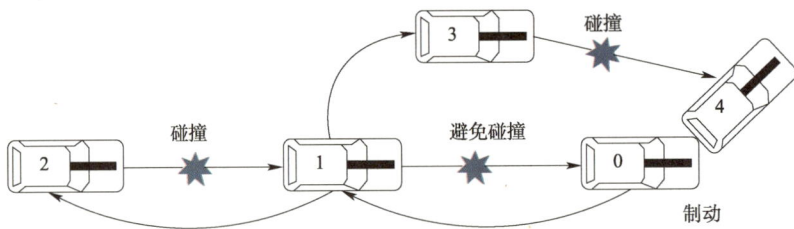

图 3-14 碰撞预警演示

2)避免交通拥堵

如图 3-15 所示,汽车 1 收到了汽车 0 发送节点发送的前方交通拥堵消息,然后汽车 1 存储该消息,直到汽车 2~5 能够与汽车 1 通信时,汽车 1 将消息转发给汽车 2~汽车 5。这样,汽车 2~汽车 5 也同样知道了前方拥堵的情况,这些汽车可以选择辅助道路行驶,从而避免交通堵塞。

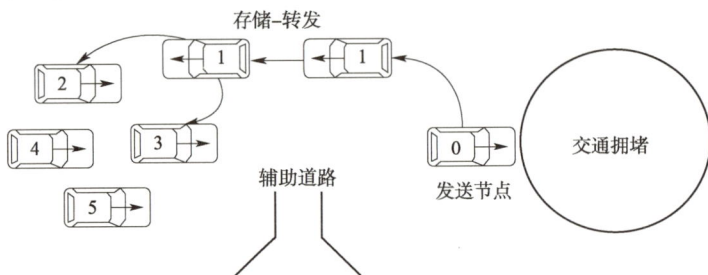

图 3-15 交通拥堵避免演示

3）紧急制动警告

如图 3-16 所示，当前方汽车紧急制动时，紧急制动警告将会提醒驾驶人。当制动汽车被其他汽车遮挡而不能被本车觉察时，紧急制动警告将会非常有用。通过系统开启汽车的后制动灯，紧急制动警告利用车载自组织网络系统的非视距特点来防止追尾事故。

图 3-16 紧急制动演示

4）并线警告

如图 3-17 所示，当汽车换道可能存在危险时，并线警告将提醒有意换道的驾驶人。并线警告使用 V2V 通信和周边汽车的路径预测，利用链路的通信范围来预测驾驶人完成换道可能产生的碰撞。路径预测用于确定 3～5s 内，驾驶人要到达的车道区域是否被占用。如果该车道已被占用，则并线警告将会提醒驾驶人潜在的危险。

图 3-17 两侧盲区警示

5）交叉路口违规警告

如图 3-18 所示，当驾驶人即将闯红灯时，交叉路口违规警告系统对其发出警告。交叉路口违规警告系统使用 V2I 通信方式，对汽车进行预测，其通信链路的主要优势是获取动态信息，如红绿灯阶段和红绿灯时间。部署了交通信号灯控制器的路侧单元会广播交通信号灯信息，包括位置、红绿灯阶段、红绿灯时间、交叉路口几何形状等。靠近交叉路口的汽车将预期路径与交通信号灯信息进行比较，以确定是否会发生交通信号违规。如果汽车将要发生违规行为，则交叉路口违规警告系统将提醒驾驶人，同时汽车也会发送消息至红绿灯和周围汽车，以表明警告已经发出。

图3-18 交叉路口违规警告

四 车载移动互联网技术

如图3-19所示,车载移动互联网是以车为移动终端,通过远距离无线通信技术构建的车与互联网之间的网络,实现车辆与服务信息在车载移动互联网上的传输。

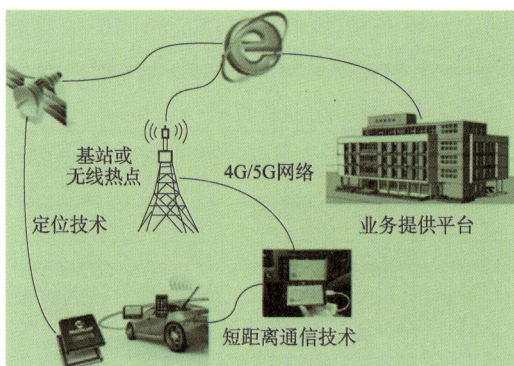

图3-19 车载移动互联网结构

1. 移动互联网的特点

(1)终端移动性。用户可以在移动状态下接入和使用互联网服务,移动的终端便于用户随身携带和随时使用。

(2)业务及时性。用户使用移动互联网能够随时随地获取自身或其他终端的信息,及时获取所需的服务和数据。

(3)服务便利性。由于移动终端的限制,移动互联网服务要求操作简便,响应时间短。

(4)业务/终端/网络的强关联性。移动互联网服务需要同时具备移动终端、接入网络和运营商提供的业务3项基本条件。

(5)终端和网络的局限性。在网络能力方面,受到无线网络传输环境、技术能力等因素限制;在终端能力方面,受到终端大小、处理能力、电池容量等的限制。

2.移动互联网的接入方式

1)卫星通信网络

如图 3-20 所示,卫星通信网络目前主要应用于定位导航技术。其优点是通信区域大、距离远、频段宽、容量大、可靠性高、质量好、噪声小、可移动性强、不容易受自然灾害影响;缺点是存在传输时延大、回声大、费用高。

图 3-20 卫星通信网联示意

2)无线城域网

如图 3-21 所示,无线城域网以微波等无线传输为介质,提供同城数据高速传输、多媒体通信业务和互联网接入服务等。其具有传输距离远、覆盖面积大、接入速度快、高效、灵活、经济、较为完备的 QoS(服务质量)机制等优点;缺点是暂不支持用户在移动过程中实现无缝切换。目前主要应用于气候、交通路况等具有地方属地特性的数据应用。

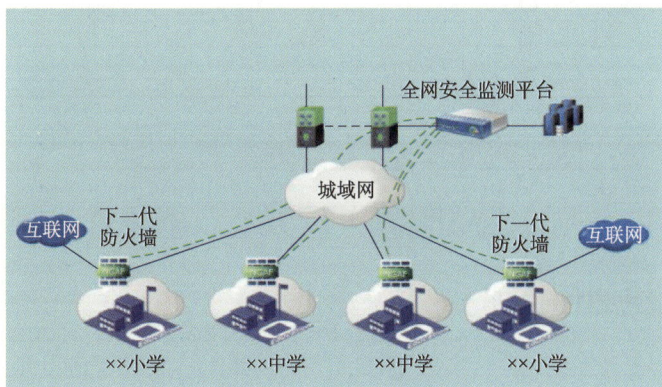

图 3-21 无线城域网演示

3)无线局域网

如图 3-22 所示,无线局域网指以无线或无线与有线相结合的方式构成的局域网,如 Wi-Fi。无线局域网具有布网便捷、可操作性强、网络易于扩展等优点;缺点是性能、速率和安全性存在不足。

4）无线个域网

如图 3-23 所示，无线个域网是采用红外、蓝牙等技术构成的覆盖范围更小的局域网，有蓝牙、ZigBee、UWB、60GHz、IrDA、RFID、NFC 等，具有低功耗、低成本、体积小等优点，缺点主要是覆盖范围小。

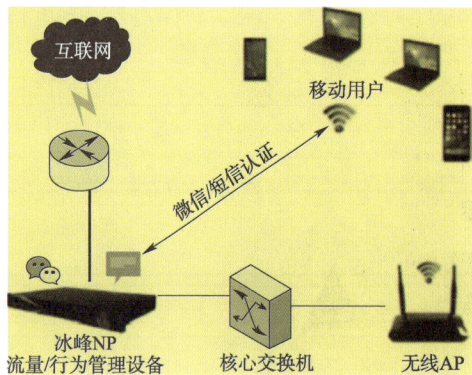

图 3-22　无线局域网演示

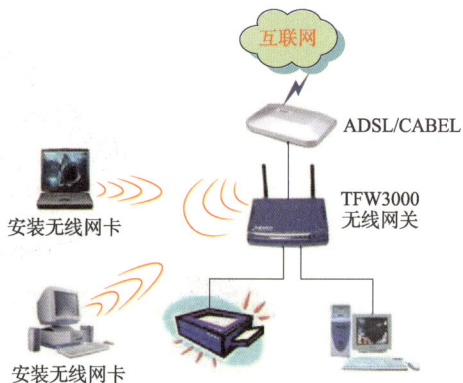

图 3-23　无线个域网演示

5）蜂窝网络

如图 3-24 所示，蜂窝网络由移动站、基站子系统、网络子系统组成，采用蜂窝网络（4G/5G 网络）作为无线组网方式，通过无线信道将移动终端和网络设备进行连接。

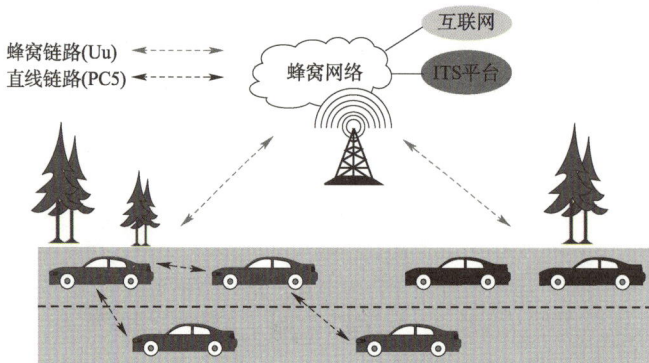

图 3-24　蜂窝网络演示

五　车联网无线通信技术

1. V2X 通信技术

1）主要技术标准

目前，V2X 技术领域有两大主要技术标准，主要涉及专用短程通信（Dedicated Short Range Communication，DSRC）技术和基于蜂窝移动通信系统的 C-V2X（Cellular Vehicle to Everything）技术（包括 LTE-V2X 和 5G NR-V2X）。我国已经明确将 C-V2X 技术作为车联网主流技术方案，同时 LTE-V2X 技术将平滑演进到 5G-V2X，5G 与车联网的结合将使得车联网拥有更加优越的系统性能和弹性的体系结构。

（1）专用短程通信（Dedicated Short Range Communication，DSRC）技术标准。主要包括3套通信技术标准：①IEEE1609，即车载环境无线接入标准系列；②SAE J2735 和 SAE J2645；③IEEE802.11P，主要定义了汽车专用短距离通信标准，由两类设备组成，即 RSU（路侧单元）和 OBU（车载设备）。

（2）C-V2X 技术标准。是由 3GPP（国际通信标准化组织）主导的基于移动蜂窝网的车联网专有协议，主要包括 LTE-V2X 和 5G-V2X 两类通信技术，其中基于 LTE 网络（长期演进技术，4G）的 C-V2X 被称为 LTE-V2X，其标准已于 2017 年 3 月完成制定。基于 5G 通信网络的 C-V2X 也被称为 5G-V2X，为我国主要采用的技术。

2）V2X 通信技术的应用

相比单车智能，采用 V2X 车路协同的自动驾驶技术，可以进一步提升驾驶安全性，并且降低自动驾驶的实现成本。典型的驾驶行为过程主要包括感知、决策和控制三个阶段，其中车路协同对自动驾驶的使能主要体现在前两个阶段。

感知阶段是后续各个阶段的基础，车路协同的自动驾驶技术中，近程可视环境的感知由汽车自身完成，而中远程及非可视环境的感知可通过车路协同系统来完成。这一方面可使得感知系统能获得更丰富的外部信息，甚至是看不到的信息，从而预留更充足的判断和操作时间，提升安全性和可靠性；另一方面技术依赖从汽车自身转移到车路协同系统上，可以使车辆降低对高精度传感器的依赖，并降低辅助驾驶、自动驾驶的计算复杂度，从而大大降低自动驾驶车辆的成本。

在决策阶段，通过车路协同，车车之间、车与基础设施之间，可以直接共享驾驶意图，而不需要基于车辆行为进行见解判断，这也能够缩短判断决策时间，提升判断的准确性，最终提升驾驶的安全性。

车路协同系统主要采用先进无线网络通信方式和新一代互联网信息技术，全过程、全方位和全要素地实现汽车和道路边建筑的协同发展，高效率实现对车车、车路和人车的动态控制与信息交互，在全过程驾驶行车中完成时空交错下的信息采集和高效融合，开展车路协同安全和道路协同管理，使自动驾驶这一安全目标得以实施，图 3-25 即为典型的车路协同系统架构示意图。

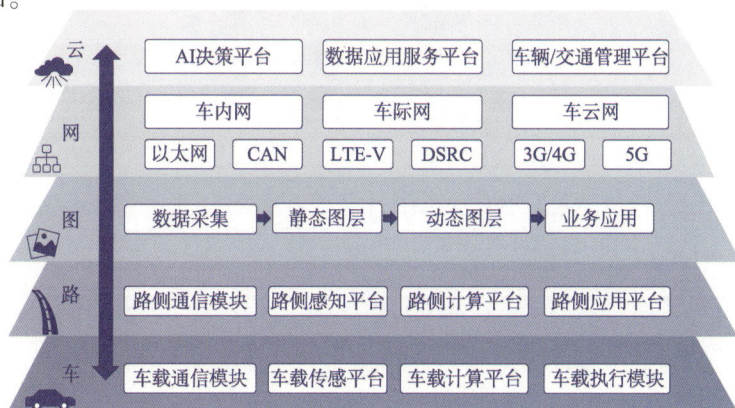

图 3-25　典型车路协同系统架构示意图

图 3-26 即为厦门金龙联合汽车工业有限公司提出的基于 5G 网络信息技术的车路协同自动驾驶总体架构示意图。车路协同与自动化驾驶前端设备在应用中主要依赖于智能汽车和路边智能设备连接,利用智能汽车的感知能力、决策能力、控制能力和数据信息的交互能力,通过传感器集成技术对周边环境进行感知,将有用信息用于汽车自动行驶,并将感知到的数据信息传递给边缘层,智能驾驶车辆则在接收边缘层传下数据信息后辅助决策,为汽车智能运行提供可能。

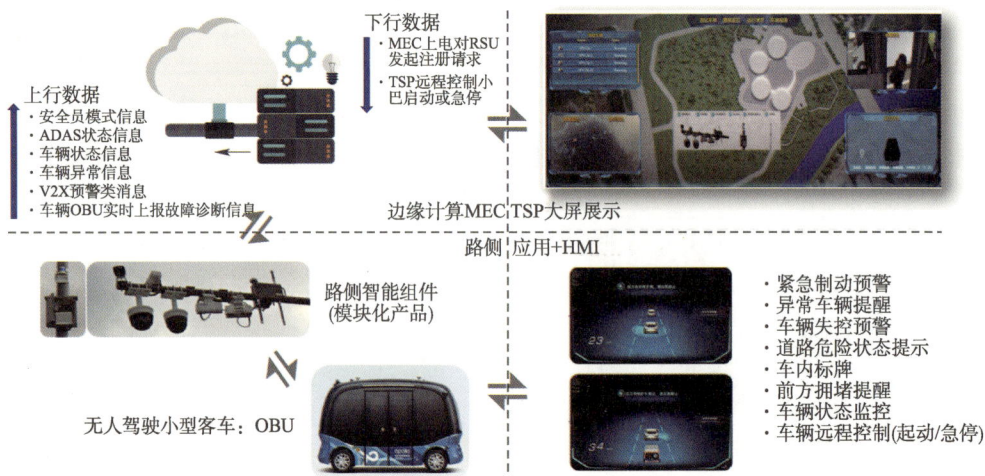

图 3-26　基于 5G 网络信息技术的车路协同自动驾驶总体架构示意图

3)V2X 技术与其他技术的比较

通过表 3-1 可以对比出传统的智能汽车与搭载 V2X 功能的汽车在三方面的差异。

V2X 汽车与传统智能汽车的比较　　表 3-1

车辆类别	描　　述
传统车辆	靠驾驶人处理路上所有的情况
单车智能自动驾驶车辆	(1)多冗余:传感器融合冗余保障安全性。 (2)高智能:自身具备感知、决策、控制等,能处理路上所有情况实现自动驾驶。 (3)存在超视距、恶劣天气、视野盲区情况下的感知局限,技术瓶颈;传感器加装单车成本高昂,商业化落地场景有限
加装智能车载终端具备 V2X 功能的车辆	(1)多应用:16 个应用场景,并支持后续场景开发扩展,达到辅助驾驶级。 (2)更可靠:解决超视距、感知盲区、恶劣天气、信号灯识别等问题,提供更可靠、更简单、更丰富的信息。 (3)易落地:多以提醒报警为主,契合国家新基建发展需求,不依赖于传感器的加装,容易产业化落地

通过表 3-2 可以对比装备摄像头或激光雷达等自主式感知手段的车辆与采用 V2X 技术车辆的区别。

驾驶摄像头或激光雷达与 V2X 的比较　　　　　　　　　　表 3-2

差　异	摄像头或激光雷达	V2X
视觉范围	有视觉死角； 有遮挡限制	可突破视觉死角； 可跨越遮挡物获取信息
天气限制	在雨、雾或强光照射下容易 影响其工作状态	不受天气状况影响(且是车用传感技术中唯一不受影响的技术)， 雨、雾或强光照射都不会影响其正常工作
应该场景	处理眼前的威胁	能与其他车辆及设施共享实时驾驶状态信息； 能通过研判算法产生预测信息(防患于未然)

可以看出和摄像头或激光雷达相比，V2X 拥有更广的使用范围，它具有突破视觉死角和跨越遮挡物的信息获取能力，同时可以和其他车辆及设施共享实时驾驶状态信息，还可以通过研判算法产生预测信息。另外，V2X 是唯一不受天气状况影响的车用传感技术，无论雨、雾或强光照射都不会影响其正常工作。

从比较可以看出，自动驾驶中传统的摄像头或激光雷达模式在应用场景下存在不少限制，而 V2X 技术可以完全规避这些限制，信息丰富、准确，对中远端及盲区环境感知能力突出，能做到防患于未然。而基于自主感知技术的安全辅助系统，则可以作为对较近端安全威胁的补充，两者相结合，可以确保所有的安全。

不过目前 V2X 技术存在的一个缺点是它的信息交互是一个离散的过程，数据具有非实时性和间断性。这个问题有望在过渡到 5G 时代得以解决。

2. 5G 通信技术

5G 是第 5 代移动通信系统。5G 是 4G 的延伸，是对现有无线接入技术(包括 3G、4G 和 Wi-Fi)的演进，以及一些新增的补充性无线接入技术集成后解决方案的总称。从某种程度上讲，5G 是一个真正意义上的融合网络。以融合和统一的标准，提供人与人、人与物及物与物之间高速、安全和自由的连通。除了要满足超高速的传输需求外，5G 还需满足超大宽带、超高容量、超密站点、超可靠性、随时随地可接入等要求。因此，通信界普遍认为，5G 是一个广带化、泛在化、智能化、融合化、绿色节能的网络。5G 移动通信技术已实现商用，能够满足未来移动互联网业务的发展需求，并带给移动互联网用户一种前所未有的全新体验。

典型的移动通信系统通常由移动台、基站子系统、移动业务交换中心等组成，如图 3-27 所示。

5G 网络将融合多类现有或未来的无线接入传输技术和功能网络，包括传统蜂窝网络、大规模 MIMO 网络、认知无线网络、无线局域网、无线传感器网络、小型基站、可见光通信和设备直连通信等，并通过统一的核心网络进行管控，以提供超高速率和超低时延的用户体验和多场景的一致无缝服务，如图 3-28 所示。

3. DSRC 通信技术

DSRC 通信技术是专门用于道路环境的车与车、车与基础设施、基础设施与基础设施之间，通信距离有限的无线通信方式，是智能网联汽车系统重要的通信方式之一。

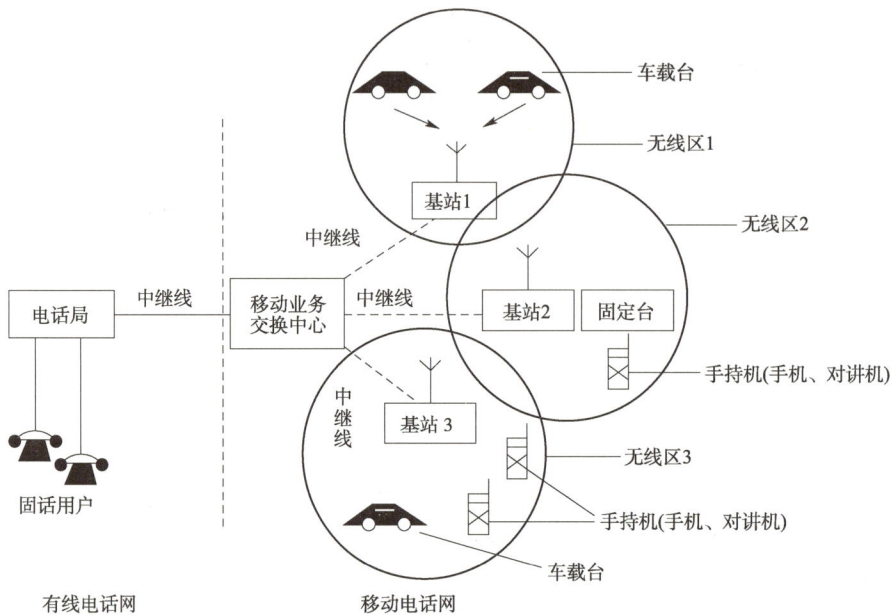

图 3-27 典型的移动通信系统

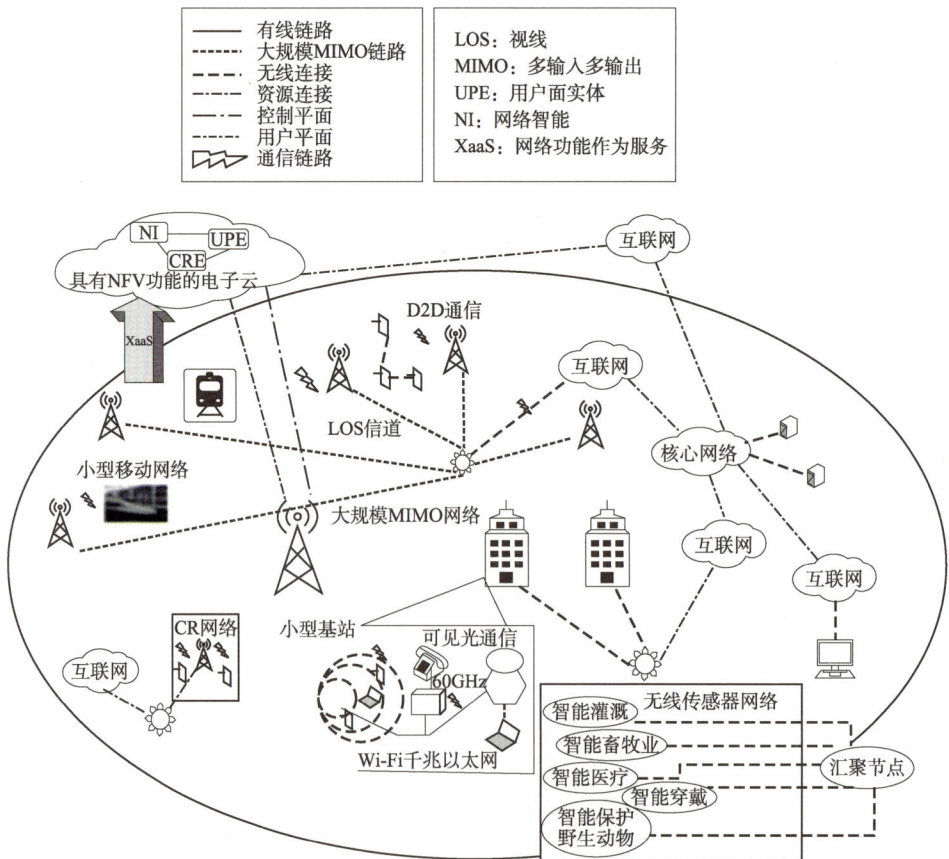

图 3-28 5G 系统构架

1）组成

DSRC 通信由车载单元（OBU）、路侧单元（RSU）以及 DSRC 协议组成，如图 3-29 所示。

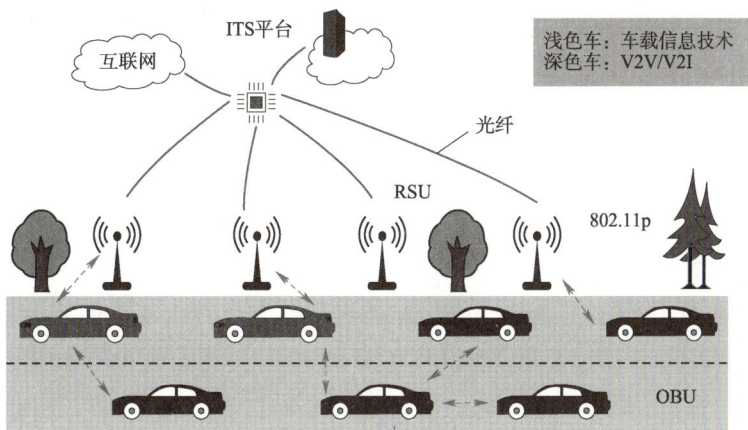

图 3-29　DSRC 通信

（1）车载单元（OBU）。

车载单元最广泛应用在组合式电子收费系统中，车载单元采用两片式电子标签，由车载电子标签和双界面 CPU 卡两部分组成。双片式电子标签和双界面 CPU 卡同时存储包括车主、车型、车辆物理参数等固定信息，双界面 CPU 卡存储账号、余额、交易记录、出入口编号等信息，双界面 CPU 卡内存储的信息能以接触式和非接触式两种方式进行读写访问。目前用于自动驾驶的车载单元已经开始增加更多功能以适应车联网技术发展的需求。

（2）路侧单元（RSU）。

路侧单元又称为路边单元、车道单元、车道设备，主要是指车路通信设备的路侧天线。其参数主要有频率、发射功率、通信接口等，是车路协同场景中路侧基础设施的设备核心组件，也是路侧感知系统的"大脑"，主要用于边缘感知和融合计算。它通过视联网、人工智能、边缘计算等技术，基于全量、连续环境的信息，准确识别路网交通状态、事件、车辆等，并进行数据采集，同时通过对采集的数据进行融合、处理和分发，实现对具备 V2X 功能车辆的安全辅助与效率引导支持，助力智能网联汽车和智能交通发展的双提升。

（3）DSRC 协议。

DSRC 协议是针对固定于车道或路侧的路侧单元与装载于移动车辆上的车载单元间通信接口的规范。DSRC 协议主要特征包括主从式结构、半双工通信方式和非同步分时多重存取。主从式结构以路侧单元为主，车载单元为从，即路侧单元拥有通信的主控权，路侧单元可以主动下传信息，而车载单元必须听从路侧单元的指令才能上传信息。半双工通信方式，即传送和接收信息不能同时进行。非同步分时多重存取，即路侧单元与多个车载单元以分时多重存取方式通信，但彼此不需事先建立通信窗口的同步关系。

2）DRSC 系统的参考构架

DSRC 系统的参考架构如图 3-30 所示。车与车之间及车与基础设施之间通过 DSRC 技术进行信息交互。

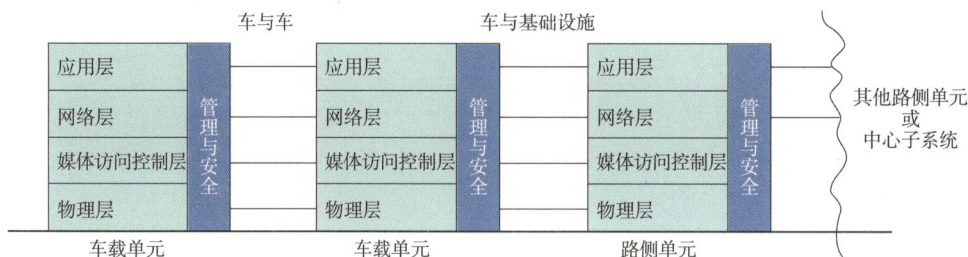

图 3-30　DSRC 系统架构

3）DSRC 技术要求

（1）总体功能要求。

DSRC 总体功能包含无线通信功能和网络通信功能,其中无线通信功能要求:车与基础设施通信的路侧单元最大覆盖半径大于 1km;车与车通信的单跳距离可达 300m;支持车载单元的最大运动速度不小于 120km/h。

（2）网络通信功能要求。

广播功能、多点广播功能、地域群播功能、消息优先级的管理功能、通道、连接管理功能、车载单元的移动性管理功能。

（3）媒体访问控制层的技术要求。

为满足汽车辅助驾驶中紧急安全事件消息的传播,媒体访问控制层的通信时延应小于 40ms;媒体访问控制层支持的并发业务数应大于 3;路侧单元支持的并发终端用户容量数应大于 128。

（4）网络层的技术要求。

网络层可适配不同的物理层;支持终端的运动最大速度不小于 120km/h;在跨路侧设备覆盖区时,可保证业务的连续性;紧急安全事件业务的端到端传输时延应小于 50ms;可支持多种接入技术要求,网络层和应用层的接入技术具有相对独立性,可以通过多种接入技术为网络层提供服务;支持传输技术多样性,网络层与数据传输技术相对独立,网络层不受底层传输技术的影响;服务质量保证,可为业务建立优先级,并具备服务质量识别能力,以支持网络的服务质量保证机制。

（5）应用层的技术要求。

应用层主要包括车与车通信应用、车与基础设施通信应用及其他通用交通应用,主要技术要求有:业务接口统一,制定标准格式;业务支撑管理;安全性。

4）DSRC 支持的业务

（1）汽车辅助驾驶,包括辅助驾驶和道路基础设施警告。其中,辅助驾驶包括碰撞风险预警、错误驾驶方式的警示、信号违规警告、慢速车辆指示、摩托车接近指示、车辆远程服务、行人监测、协作式自动车队等;道路基础设施警告包括车辆事故、道路工程警告、交通条件警告、气象状态及预警、基础设施状态异常警告等(图 3-31)。

（2）交通运输安全,包括紧急救援请求及响应、紧急事件通告、紧急车辆调度与优先通行、运输车辆及驾驶人的安全监控、超载超限管理、交通弱势群体保护等。

（3）交通管理,包括交通法规告知、交通执法、信号优先、交通信号灯最佳速度指引、停车场管理等。

（4）导航及交通信息服务,包括路线实时指引和导航,施工区、收费、停车场、换乘、交通事件信息,流量监控、建议行程、兴趣点通知等。

（5）电子收费,包括以电子化的交易方式,向用户收取相关费用,如道路、桥梁和隧道通行费,停车费等。

（6）运输管理,包括运政稽查、特种运输监测、车队管理、场站区管理等。

（7）其他,包括汽车软件、数据配置和更新、汽车和路侧单元的数据校准、协作感知信息更新及发送等。

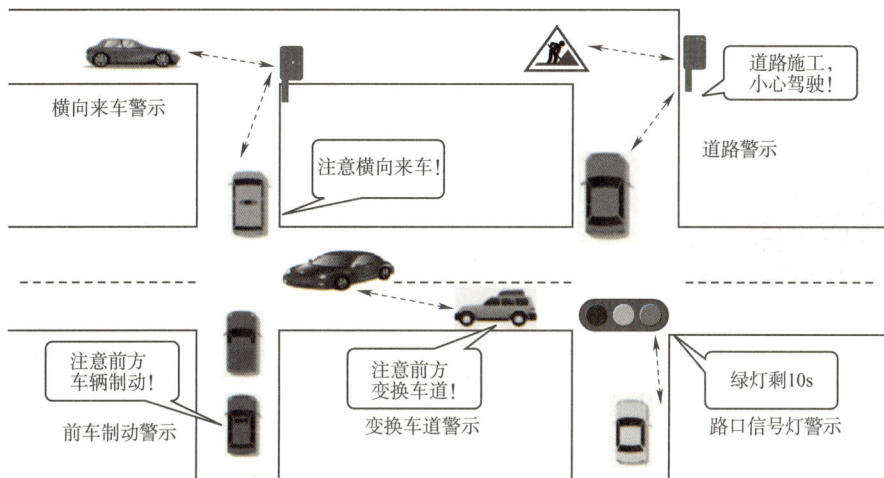

图 3-31　DSRC 示意图

5）DSRC 技术的特点

（1）通信距离一般在数十米（10～30m）。

（2）工作频段:ISM5.8GHz、915MHz、2.45GHz。

（3）通信频率:500kbps/250kbps,能承载大宽带的车载应用信息。

（4）完善的加密通信机制:支持 3DES、RSA 算法;高安全性数据传输机制,支持双向认证及加/解密。

（5）应用领域宽广:不停车收费、出入控制、车队管理、车辆识别、信息服务等。

（6）具备统一的国家标准,各种产品之间的互换性、兼容性强。

（7）具备丰富的技术支持,产品多样化、专业化。

4.应用实例:厦门金龙联合汽车工业有限公司的 V2X 技术

1）车载通信单元

车载通信单元（OBU）,旨在使不同厂商车辆之间,以及这些车辆与其所能到达的区域范围内的道路基础设施之间,实现互联互通。车载通信单元由天线、无线电通信系统、定位系统和车载设备处理单元等部分组成（图 3-32）。应用电子控制单元通过接口与车载通信单元连接,实现相关应用,并通过人机交互界面（HMI）实现对驾驶人的提醒,包括图像、声音、震动等方式。

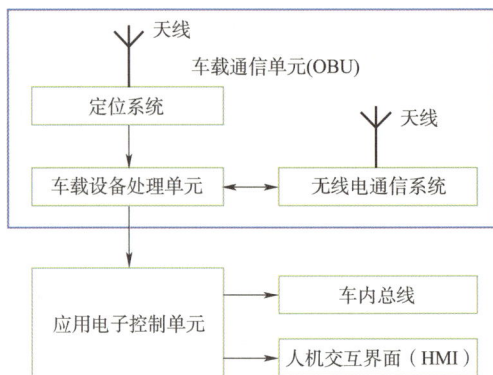

图 3-32　车载通信系统架构示意图

图 3-33 为厦门金龙联合汽车工业有限公司自研的 5G 车载智能终端。

图 3-33　金龙自研 5G 车载智能终端

（1）支持 4G/5G 全网通信、V2X 通信；

（2）支持《合作式智能运输系统　车用通信系统应用层及应用数据交互标准（第一阶段）》（T/CSAE 53—2020）标准应用场景；

（3）支持 GNSS 定位，可提供厘米级导航定位信息；

（4）外置 USB、RS232、CAN、以太网和 GPIO 等接口；

（5）支持固件、软件远程升级；

（6）支持规模化量产，可前装、后装，支持客户定制化需求。

2）智能化道路建设

智能化道路建设主要包含基础设施建设、通信网络、V2X 系统、云控平台层及其应用，总体架构如图 3-34 所示。

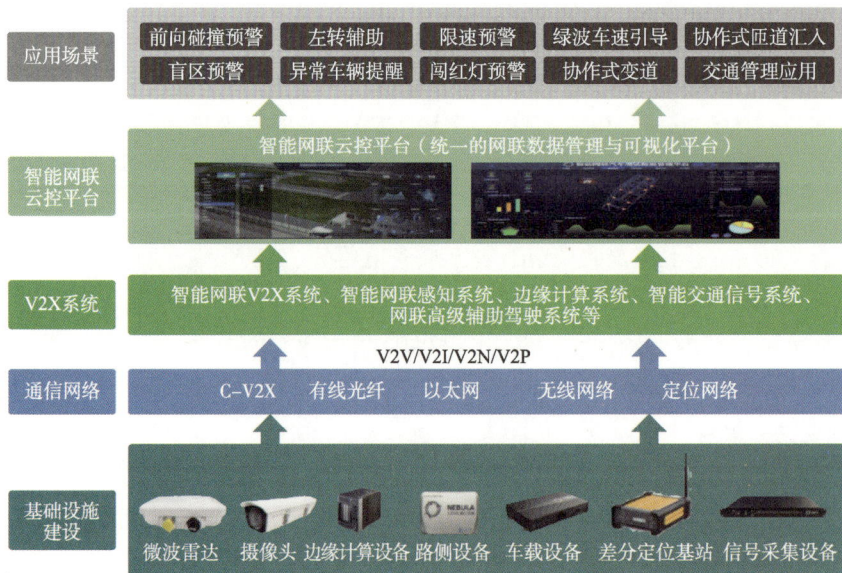

图 3-34　道路智能化改造整体架构图

（1）基础设施建设主要包括：微波雷达、摄像机和边缘计算设备等全息感知体系，实现动态目标、道路状态、交通状态等全交通要素的实时全时空感知；OBU 终端设备、RSU 路侧设备及其他路侧设备和数据中心硬件环境，为辅助驾驶应用、自动驾驶测试应用、道路运营与管理应用提供硬件基础。

（2）通信网络主要由 5G-V2X 通信网络组成，并兼容传统蜂窝网络、有线通信等通信模式，实现人、车、路、云的多模式动态实时交互。

（3）系统层主要包含智能网联 V2X 系统、智能网联感知系统、边缘计算系统、智能交通信号系统、网联高级辅助驾驶系统等。

（4）平台层实现对网联车辆和设备的监控，实现信息的上传和下发等功能。

（5）应用层主要包含了 5G-V2X 的安全、效率、信息服务、交通管理等各类网联场景应用。

3）应用场景（5G-V2X 通信场景）

如图 3-35 所示，这是基于 5G 技术，在某示范区内厦门金龙联合汽车工业有限公司与 5G 技术提供企业合作搭建的，支持智能网联汽车实现 5G-V2X 通信的场景示意图。

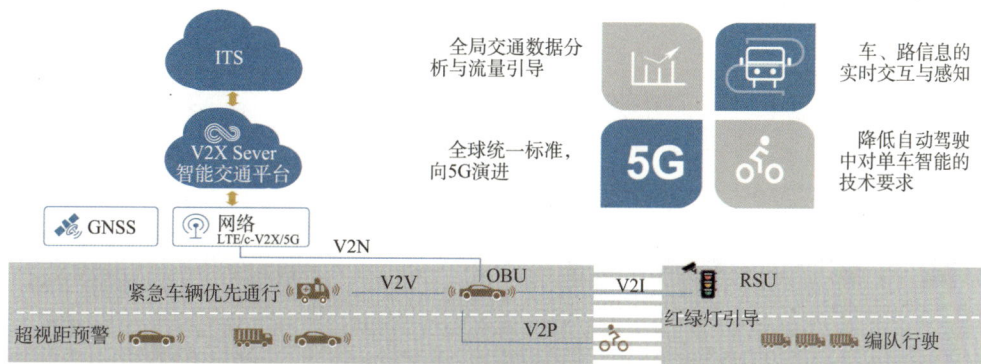

图 3-35　5G-V2X 通信场景示意图

图 3-36 为支持《合作式智能运输系统　车用通信系统应用层及应用数据交互标准（第一阶段）》（T/CSAE 53—2020）常见的 16 个应用场景。

（1）应用场景举例 1：道路危险状况、异常车辆、前方拥堵或紧急车辆的提醒。

场景：道路异常事件情况提醒，驾驶人提前获取前方事故等信息，谨慎驾驶，安全通过。

描述：当前方车辆发生事故/故障时，在行车道停车后，事故车辆自动上报高精度位置。RSU 或 V2X 应用服务器向后方车辆发送该信息，提示驾驶人提前采取相应驾驶措施，安全通过，如图 3-37 所示。

价值：事故车辆上报高精度定位信息，可确定事故占据的车道。后方车辆的驾驶人根据获取的警示信息提醒，结合自己的高精度位置，可采取减速、变道等措施，降低事故发生率。

实现：通过显示终端对驾乘人员进行提醒。装备 V2X 技术的车辆在普通道路上通过紧急制动预警实现 0.5s 车距，实现道路异常事件情况提醒信息低延时 0.1s。

（2）应用场景举例 2：通过"RSU + 高清摄像机 + 毫米波雷达 + 多接入边缘计算（MEC）"

实现交叉路口碰撞预警/弱势交通参与者碰撞预警/闯红灯预警等场景,如图 3-38 所示。

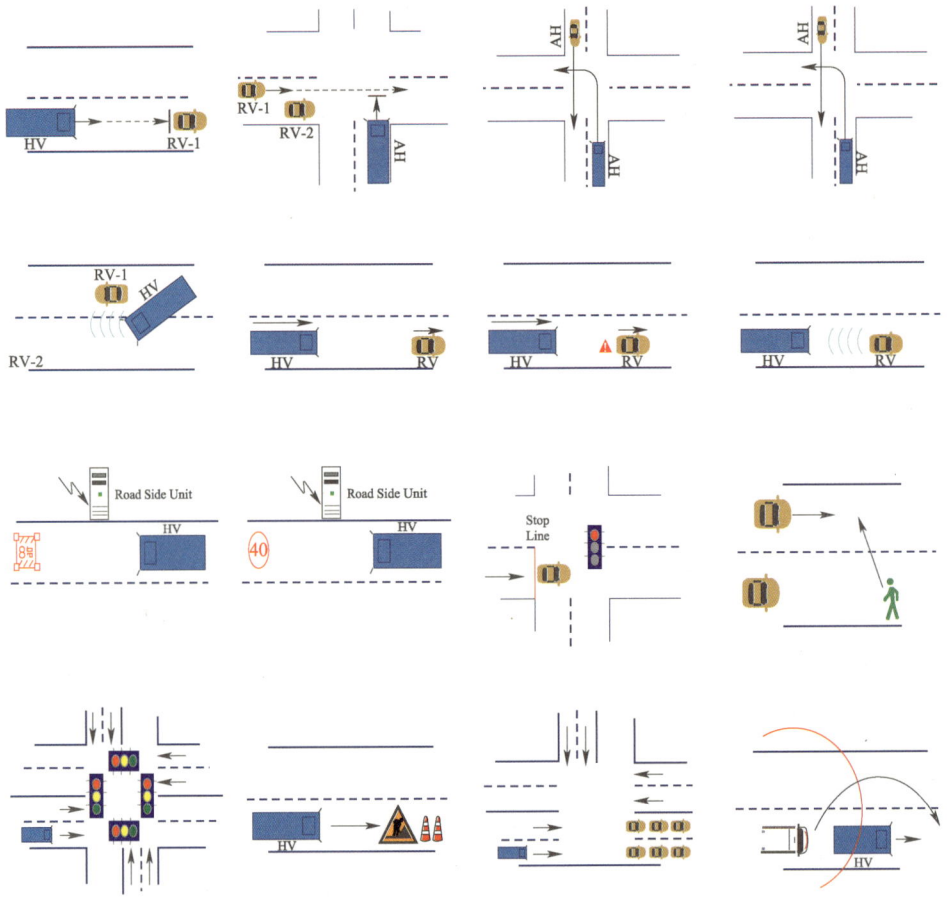

图 3-36　16 个应用场景示意图

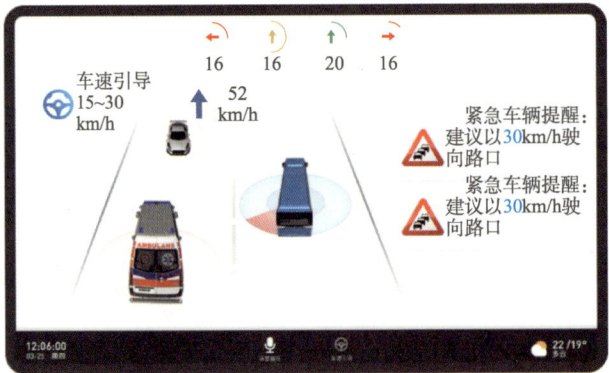

图 3-37　道路事件 HMI 提醒界面图

(3)应用场景举例 3:主动式公交优先。

通过在全部路口覆盖高精度雷达车检器、地面红绿灯设备、公交车加装车路协同车载终端设备和辅助驾驶系统等,支持路口交通流运行参数的实时采集,同时与其他交通数据进行融合,为对沿线交叉口进行流量自适应控制和人车感应控制,以及拥堵路口的防溢出控制提供支持条件,让信号控制更高效,公交出行体验更顺畅,人行过街更安全,如图3-39所示。

图3-38 RSU+高清摄像机+毫米波雷达+MEC

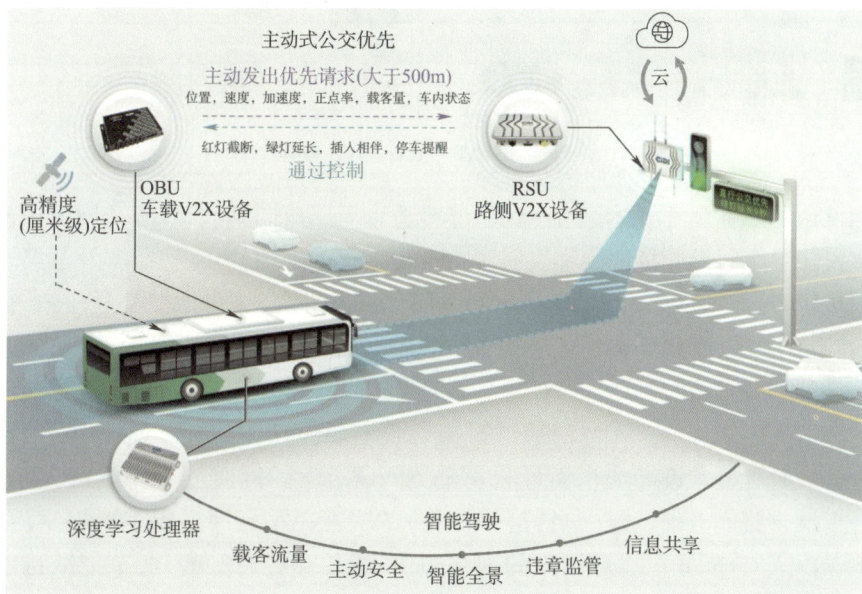

图3-39 主动式公交优先体系图

4)车路协同整体解决方案

图3-40为厦门金龙联合汽车工业有限公司提出的车路协同整体解决方案。基于实际应用场景及需求,实现端—边—云架构,以及数据+通路+应用+显示。提供路侧、车载设施设备的规模部署,构筑人车路全域数据感知,为自动驾驶与智能交通提供泛在连接技术与端到端应用服务,为政府及企业提供封闭、半封闭的车联网/自动驾驶测试环境。

5)厦门快速公交系统应用案例

厦门快速公交(简称BRT)系统是目前国内快速公交系统建设中级别最高的公共交通项目,已经成为全国典范,被誉为"全球最优秀的高架快速公交系统"。厦门BRT系统使用近300辆高配置公交车,最高单日服务超30万人次的乘客,每日发车车次可达到4000余次,超过8万km运营里程,运力和效率远超国内其他快速公交系统,是厦门最具特色的交通运输系统,是全国独一无二的全程封闭专有路权的快速公交系统。

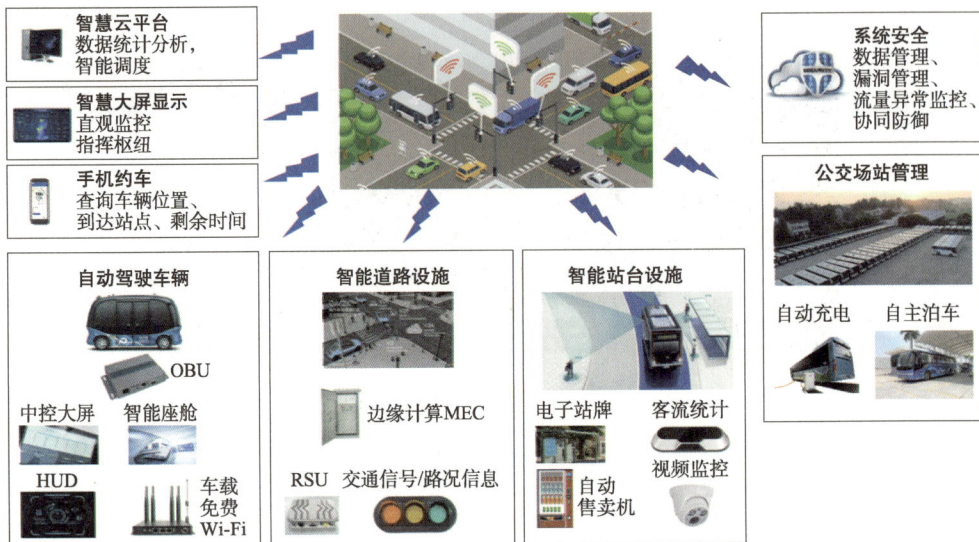

图3-40 车路协同整体解决方案图

厦门 BRT 系统的"全程封闭专有路权"非常适合车路协同驾驶,具有全国规模商用示范效应。同时,随着厦门市经济的高速发展和城市化进程的加快,BRT 实载率及道路交通量急剧增加。通过基于 C-V2X 的 BRT 车路协同,可有效缓解厦门城市道路交通压力,提高客运输送能力和服务水平,有利于构建多层次、快速、效率出行的公共交通系统。

在系统部署上,采用 C-V2X 与 5G 等先进通信技术,搭建了车内网、车际网、车云网"三网融合"的车联网系统架构。车内网通过智能车载终端,与车内传感设备相结合,提供融合感知算法,解决时延要求极高的车辆行驶安全类问题。车际网通过 V2V、V2I 通信,实现车辆与车辆、车辆与路侧基础设施(包括信号机等)的交互。车云网搭建车辆与 5G 公网的交互通道,将 MEC 平台部署在靠近用户的网络边缘,提供路径行驶规划、节能减排策略等应用。车内、车际、车云三网融合,解决了车辆智能网联中不同层面不同类别业务的实际应用,如图 3-41 所示。

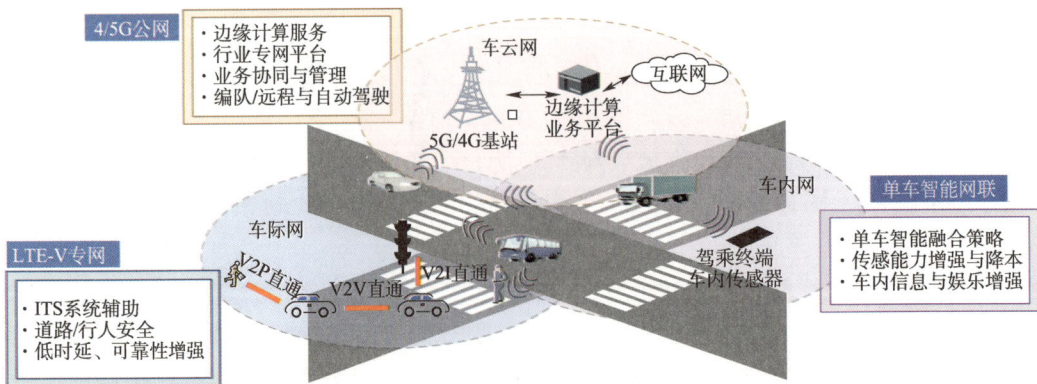

图3-41 "三网融合"5G 车路协同系统构架

应用效益:建成运营后,厦门 BRT 智慧公交车路协同系统实现对车辆和道路运行状况的实时监控,结合智能防碰撞策略可有效减少交通事故 50% ~80%;同时依靠绿波通行以及人流、车流的智能统计及分析等手段,大幅提高通行效率,有效缓解城市交通拥堵现象,提升交通资源调配效率,估计可提升城市整体出行效率10%以上;每车耗能可降低12%,省电超万元/(车·年);另外车路协同系统可以为公共交通车辆提供更多的车路协同信息服务,使得车辆更高效、更经济、更平滑地执行动态驾驶任务,为普通市民乘客带来更舒适的搭乘体验。

不仅如此,厦门 BRT 车路协同项目为城市培养更绿色的出行习惯、提供更高效安全的出行体验,必然进一步提升厦门的城市发展水平和整体形象,成为"鹭岛花园"一张极富现代感的新名片。

六 智能网联汽车的数据云平台与信息安全

1. 数据云平台

智能网联汽车将产生大量数据和数据处理业务,数据云平台将在其中发挥重要作用。数据云平台包含了公有云、私有云、混合云的行业优势,提供一体化运维平台(织云)、微服务平台(TSF)及物联网平台,为数据清洗、管理、分析提供有效的技术支持,从而打造出车联网、生产制造、用户管理、运营支撑、经销商管理系统等,全面支持智能网联汽车系统的完善。

1)智能网联汽车大数据及其特征

随着传感器技术和数据分析、人工智能技术的快速发展,除汽车上的总线数据外,由各种车载传感器(如摄像头、雷达等)采集的驾驶环境数据,路边基础设施传感器(如监控摄像头等)采集的交通和道路数据以及其他环境数据(如天气、城市交通状况等),也将在智能网联汽车大数据中扮演越来越重要的角色,组成智能网联汽车数据。智能网联汽车大数据特征如下。

(1)数据量巨大(Volume):各类车辆数据和道路交通数据是车联网传输的主题,是实现车联网应用的基础。城市交通系统中车辆众多,随着传感器种类的快速增长和车联网应用的不断拓展,在车辆之间、车辆和道路之间传输的车联网数据总模将极为巨大。

(2)数据类型多样(Variety):车联网数据来源广泛,既包括车辆总线和 GPS 数据,也将包括多种车载传感器、道路传感器数据及其他数据(如增值服务数据等),导致数据类型多样,具有多维度、多层次、结构化与非结构化并存等特点。

(3)数据高速生成(Velocity):因为直接关系到道路交通安全,车联网应用对数据的生成、传输、处理的实时性需求极高。大量传感器快速采集各种环境信息,并在车联网中完成共享。这将导致在城市路网或高峰时段,数据可以呈爆发式增长,对实时数据处理提出巨大挑战。

(4)数据价值高(Vae):由于以上三点特征,车联网数据往往难以直接处理,且价值密度低,但其蕴含的应用价值总量极高。从道路安全、交通管理,商业应用等角度,车联网数据中的各个部分都能够成为极具价值的资源。

2)数据云平台的作用

数据云平台是由成千上万台实体服务器组成的资源池。在这个资源池中,底层的服务器、网络、存储、带宽、虚拟化技术都由供应商建设并实现,普通用户只需要向这个资源池申请相应资源使用即可。数据云平台对自动驾驶主要有以下几方面作用。

(1)数据共享。

智能网联汽车在正常行驶时,可实时把自身的行驶参数(速度、是否转弯、变道等)上传到云端共享给其他车辆或四周行人,便于这些交通参与者有一个合理预期,提前作出预判,提高交通效率与安全性。另外,自动驾驶车辆还可以把一些例如车祸、道路改造等道路信息上传到云端,然后共享给其他车辆。运用数据云平台在车辆之间、车辆与道路之间共享传感器数据(图3-42),且运用大数据和人工智能技术对海量车辆和环境数据进行高效融合和分析处理,不仅能够实现车辆对驾驶环境的精确感知和理解,也能够针对变化的驾驶环境完成对车辆的最优主动控制,达到更高的安全性能。

(2)远程调度。

云平台获取相关道路信息后可以调度其他车辆避开;对于一些特殊的场景,云平台介入调度后将大大提高运行效率,如拉链式通行(图3-43)。这种场景如果只靠单车智能可能会实现,但算法非常复杂。但利用云平台可以在类似的路口设立一个规则,统一调度车辆通行。

图3-42 数据共享演示图

图3-43 拉链式通行演示图

(3)降低单车成本。

图3-44 数据云平台

自动驾驶汽车车身传感器会实时产生大量数据,包括数值型数据(如 GPS/INS 数据、毫米波雷达传感器数据)和多媒体数据(如摄像头图像),这是一个 N 维的数据,实时更新可达百万量级;产生数据后,需要存储和计算,并且越是复杂的数据对存储设备和处理的计算单元性能要求就越高,性能越高的器件自然价格就越贵。而通过数据云平台(图3-44),可以把这些数据实时上传并直接在云端处理,然后再对车端下发指令。所有的复杂计算都在云端完成后,车端对计算硬件的要求就会大大降低,例如以前用 5 万元的计算单元,现在可能只需要用 2 万的就能满足需求。但是有个前提条件:实时数据的上传和控制指令的下发对时延要求特别苛刻,需要 5G 技术的支持。

2. 智能网联汽车的信息安全

作为万物互联的重要节点,汽车从独立的机械个体"变身"为功能超强的移动终端,但随之而来的安全隐患也日益凸显。信息安全形势紧迫,需要在车载终端安全、数据交互安全、平台信息安全和隐私保护等方面开展关键技术攻关及产品研制,形成全链条的综合安全体系。

1)信息安全威胁的分类

信息安全属性包括机密性、完整性、可用性、可认证性和可审计性。有的威胁针对车载终端的机密性,收集用户数据,导致隐私泄露;有的威胁破坏完整性;有的甚至同时破坏信息安全几个属性。按照对车载终端信息安全属性的破坏,将信息安全威胁可分为以下几类。

(1)窃听。

窃听是最基本的威胁,是其他攻击方式的基础。车载终端与云端的连接用来传输用户大量隐私数据,例如行车数据、车辆状态信息等会在网络中被嗅探。对于车内网络,当车载终端接入汽车后,CAN总线上明文传输的各种控制指令和系统信息被攻击者窃听的风险增加。攻击者一旦获取车载智能终端的控制权,很容易获取所连接总线上传输的信息。

(2)伪造。

由于缺少对数据的认证,攻击者可以向车载终端注入感染病毒的代码或者可能导致错误的代码,或者未授权的指令,对车载终端操作系统、应用和车内ECU进行任意操作。

(3)阻断。

云端向汽车发送的信息和指令,可能被攻击者在网络层面进行干扰,而不能正常到达车载终端。而车载终端一旦被非法控制,攻击者可以屏蔽CAN网络的通信网关转发的信息,从而实施对车内电子电气系统的阻断攻击。

(4)篡改。

篡改攻击是组合了窃听、阻断和伪造等多种方式,形成的比较复杂的攻击。攻击既可以是篡改车辆驾驶人从云端接收的如行车路线等相关数据,也可能是从车内各ECU回送的状态信息,影响驾驶人的正常判断和操作;或者将车辆驾驶人向ECU发送的指令进行修改,干扰车辆正常行驶。其后果都十分严重。

(5)拒绝服务。

恶意攻击者通过控制车载终端,向其所连接的总线网络发送大量伪造的数据包,占领总线资源,从而导致ECU拒绝服务。这是针对可用性的常见攻击方式。

(6)重放。

由于缺少对所收到消息时效性的验证,利用重放攻击而导致的汽车安全事件屡屡发生。攻击者通过窃听获得重要的消息,并在自己需要的时候,再次发送,从而进行非授权的任意操作。

2)信息安全的防范重点

随着车载终端处理能力的发展,其功能也将T-Box和Infotainment进行了融合。车载终端本身代码量的增加、与车辆电子电气系统的网络连通、与云端信息的交互、终端升级机制的简化,这些车载终端发展的趋势以及威胁的特点、威胁发生的位置等因素,决定了围绕车载终端和针对其自身安全机制使用和安全防范的重点。应在车载终端设计开发的过程中使用科学的方法,实现真正的安全措施。

（1）加强车载终端文件系统完整性校验。

采用完整性校验手段对关键代码或文件进行完整性保护。例如，在硬件的特殊分区中保存一份当前操作系统的指纹信息，定期对指纹信息进行校验，确认操作系统关键文件未被修改。

车载智能终端硬件安全引导应提供安全机制，保证只能加载可信的车载操作系统内核组件。例如，操作系统的镜像需要进行厂商签名。在车载系统启动时，需要进行签名验证，以发现对操作系统内核的非法篡改。

（2）与云端通信的信道安全。

车载终端与外部通信，应保证所使用的信道安全。例如，使用支持网络侧和终端侧双向鉴权的 SIM 解决方案，并且在基带处理中，增加对伪识别分析的能力，拒绝接入伪基站。在车载终端和 TSP 平台建立相应的虚拟专用网络（VPN）、虚拟专用拨号网络（VPDN）和接入点专用网络（APN）等，使车联网系统使用相对的专用网络，利用加密机制和完整性校验等技术手段，对抗窃听、伪造等多种攻击。同时，加强云端服务器安全，严格访问控制策略，加强用户权限设置管理，对口令强度采取必要要求，定期漏洞修补，从而保证平台侧安全。

（3）车内安全域隔离和访问控制。

车载终端与车内各电子电气系统划分安全域，每个安全域有只属于自己的、不能伪造的标识，并通过相应的密钥对所传输的数据进行加密和完整性保护。增加独立的安全通信模块，内置集成高性能密码安全芯片和安全操作系统，负责密钥管理。必要时，在车载终端与车内电子电气系统总线之间添加串行防火墙，对车载终端传送到各 ECU 的指令进行检查，满足安全性要求再传递。

车载终端自身内核强制访问控制：对用户（或其他主体）与文件（或其他客体）标记固定的安全属性（如安全级、访问权限等），在每次访问发生时，系统检测安全属性，确定用户是否有权访问该文件。

（4）车载终端应用程序安全。

必须对应用程序在运行过程中使用的文件访问权限进行控制。对于使用客户端数据库存储数据的车载终端，应限制数据库访问权限。敏感信息需采用安全方式，包括计算哈希值、对称加密、非对称加密等技术手段。

应用程序自身应采取加壳、代码混淆等适用的对抗逆向安全分析方法的保护，防止攻击者寻找系统漏洞并加以利用。

对于程序所收集、产生的用户数据通过计算哈希值方式进行保护时，应在计算的源数据中加入随机数据，防止敏感信息的哈希值被重放利用。使用对称加密、非对称加密等加密算法对敏感信息进行保护时，应使用健壮的加密算法，并使用足够长度的加密密钥。

（5）终端升级的安全机制。

车载终端对更新请求应具备自我检查能力，车载操作系统在更新自身分区或向其他设备传输更新文件和更新命令的时候，应能够及时声明自己的身份和权限。升级操作应能正确验证服务器身份，识别出伪造的服务器，或者是高风险的链接链路。升级包在传输过程中，通过报文签名和加密，防篡改和伪造。

(6)加强安全审计安全。

车载终端应具备记录所有用户访问日志的功能,便于进行适当的审计和监控。在完成安装时应开始记录所有用户(特别是具有管理权限的用户)的访问。车载终端的日志记录功能应能自动启动,并将日志文件定向到统一的外部服务器,便于审计。

在车内电子电气系统总线上也应增加入侵检测功能的模块,对各类信息进行监控,特别是从对外开放的车载终端传的数据,如有异常立即报警。

3. 云控平台信息安全技术

1) 身份标识密码技术

身份标识密码技术基于身份标识的密码系统,是一种非对称的公钥密码体系,其概念于1984年由Shamir提出。标识密码系统与传统公钥密码一样,每个用户有一对相关联的公钥和私钥。标识密码系统中,将用户的身份标识如姓名、IP地址、电子邮箱地址、手机号码等作为公钥,通过数学方式生成与之对应的用户私钥。用户标识就是该用户的公钥,不需要额外生成和存储,只需通过某种方式公开发布,私钥则由用户秘密保存。IBC密码体系标准主要表现为IBE加解密算法组、IBS签名算法组、IBKA身份认证协议。

2) 密钥管理技术

密钥管理指对密钥进行管理的行为,如加密、解密、破解。密钥管理主要表现在管理体制、管理协议,以及密钥的产生、分配、更换和注入等。密钥管理技术分为对称密钥管理和非对称密钥管理。

(1)对称密钥管理:指采用对称加密技术的双方必须保证采用的是相同的密钥,保证彼此密钥的交换是安全可靠的,同时还需要设定防止密钥泄密和更改密钥的程序。通过公开密钥加密技术实现对称密钥的管理使相应的管理变得简单和安全,同时还解决了纯对称密钥模式中存在的可靠性问题和鉴别问题。双方可以为每次交换的信息(如每次的EDI交换)生成唯一的一把对称密钥并用公开密钥对该密钥进行加密,然后将加密后的密钥和用该密钥加密的信息(如EDI交换)一起发送给对方。

(2)非对称密钥管理:也称为公开密钥管理/数字证书,双方可以使用数字证书来交换公开密钥。数字证书通常包含唯一标识证书所有者的名称、唯一标识证书发布者的名称、证书所有者的公开密钥、证书发布者的数字签名、证书的有效期及证书的序列号等。证书发布者一般称为证书管理机构(CA),它是平台各方都信赖的机构。这种加密认证方式可作为车联网平台与终端设备之间的安全认证方式,可很好地保证汽车厂商与车载终端用户的数据安全。

3) 多维认证、态势感知技术

(1)多维认证。

多维认证技术是基于安全加密及认证服务云平台实现"人—车—云"三维一体的认证技术。多维认证技术包含PKI认证体系、全局身份管理与访问控制和"人—车—云"三维一体认证等功能,提供了多维联合认证服务,实现了差异化的安全防护。

专门负责颁发数字证书的系统称为CA系统,负责管理并运营CA系统的机构称为CA中心。CA中心管理并运营CA系统,CA系统负责颁发数字证书。该系统的主要功能是绑定证书持有者的身份和相关的密钥对(通过为公钥及相关的用户身份信息签发数字证书),为用户提供方便的证书申请、证书作废、证书获取、证书状态查询的途径,并利用数字证书及相关的各种服务(证书发布、黑名单发布、时间戳服务等)保证通信中各实体的身份认证、完整性、抗抵赖性和保密性。

身份管理与访问控制系统(IAM 子系统)改变了原有分散的、以车厂为中心的认证方式,采用以用户(自然人及智能网联汽车)为中心的统一平台,使原有以系统账户为中心的管理方式上升为以自然人用户及智能网联汽车为中心的统一身份管理方式,让每一个自然人用户和智能网联汽车只有一个唯一的身份,提供对此身份进行完整的生命周期管理、属性管理、身份信息管理等功能。

三维一体认证体系指采用"人—车—云"三种身份识别和认证方式进行用户身份校验,以保障认证结果的可靠性。该体系不仅支持传统的 RSA 令牌、CA 认证、USB 指纹、虹膜等生物识别以及 SMS、邮件一次性口令,还支持手机安全令认证,借助移动客户端可实现二维码扫描、动态口令、指纹、声纹及脸纹等生物识别技术。

(2)安全态势感知。

安全态势感知技术主要采用基于终端的身份认证与加解密异常日志分析、基于 AI 的入侵检测分析、云端通信异常行为分析、近距离通信异常行为分析和异常行为分析等技术,实现了对车辆异常行为的风险监测和态势感知。

4)基于分布式系统、高可用、高并发的统一认证技术

(1)分布式系统指拥有多种通用的物理和逻辑资源,可以动态分配任务,使分散的物理和逻辑资源通过计算机网络实现信息交换,且系统中存在一个以全局的方式管理计算机资源的分布式操作系统。分布式系统的优点主要为:资源共享、加速计算、高可靠性、快捷通信。

(2)高可用技术指通过缩短因日常维护操作(计划)和突发的系统崩溃(非计划)所导致的停机时间,以提高系统和应用的高度可用性。该技术主要通过高可用性的软件将冗余的高可用性的硬件组件和软件组件组合,各个主机系统通过网络或其他手段有机地组成集群,共同对外提供服务,目的是为了消除单点故障。

(3)高并发技术指在同一个时间点,大量用户同时访问同一 API 接口或者 Url 地址。在这种场景下,如果不进行并发处理则很容易导致接口返回数据异常或服务器崩溃。目前,提高系统并发能力的方式主要有两种:垂直扩展和水平扩展。垂直扩展可通过升级服务器硬件来获得更好的性能,水平扩展可以通过添加服务器来获得更好的性能。垂直扩展的方式为:升级 CPU、扩展内存、提高磁盘转速/使用固态硬盘、切换到存储区域网络(SAN)。水平扩展的方式为:通过程序或者中间件让应用程序达到只需要增加普通的 X86 服务器就能够支撑用户访问量呈线性增长。通过水平扩展数据库、应用服务器统一身份管理和访问控制可支持百万甚至千万级别的用户量。

5)国密算法应用

国密即国家密码局认定的国产密码算法,其中包括对称加密算法、椭圆曲线非对称加密算法、杂凑算法,具体包括 SM1、SM2、SM3、SM4 等。国密算法适用于嵌入式、物联网等相关

领域,完成身份认证和数据加解密等功能。

6)多因子认证技术

多因子认证(MFA)是一种计算机访问控制方法,用户需要通过两种以上的认证方式才可以使用相关资源,采用多因子认证技术可以大幅提高账号的安全性。最常用的多因子认证是结合静态密码和动态密码的认证方式。

(1)静态密码。

静态密码即由用户输入用户名和密码,因为用户设定的密码不会随意改变,相对来说是静止不变的,所以称为静态密码。静态密码依据用户已知的信息进行认证,是最普遍的身份认证方式。

(2)动态密码。

动态密码(One-Time Password,OTP),根据一定的算法生成随机字符组合,通常为6位数字。主流的动态密码有短信密码、硬件令牌、手机令牌。动态密码是一种安全便捷的认证方式,用户无须定期修改密码,安全省心。

4.云平台的应用实例——金龙智慧云服务平台

金龙智慧云服务平台基于车联网、云计算、汽车电子技术、智能感知、语音识别、自动控制、客车运营专家知识系统等先进技术和专业知识开发而成,赋予客车能感知、会思考和实施自动控制的能力,具有运营管理、安全应用和节能应用等模块。

(1)运营管理拥有GPS定位、驾驶行为管理、维护提醒、油耗/电耗管理,以及电池电流、电压、温度、绝缘电阻、SOC等参数实时监控等功能,可以为不同行业和用户量身定制系统解决方案。

(2)安全应用基于金龙智慧云服务平台的道路自动限速控制系统、前向防撞报警系统、车道偏离报警系统、全景环视系统、自动前照灯控制系统及坡道起步辅助系统,让客车进入主动安全时代。

(3)节能应用Smart Go智驱系统及ECO-Driving节能驾驶提醒系统,可以自动根据道路状况实时调整发动机输出功率,始终保证车辆在适宜的工况下运行,达到节油和高效运营的目的。

技能实训

实训项目　车联网技术认知					
课程名称		日期		成绩	
学生姓名		学号		班级	
任务载体	智能网联小型客车一辆 智能网联汽车应用场景沙盘				
任务目标	(1)列举智能网联小型客车中车内网技术、车际网技术、车载移动互联网技术和无线通信技术; (2)通过智能网联汽车应用场景沙盘,认知LTE-V2X、DSRC和5G技术在智能网联汽车上的应用; (3)列举并分析沙盘中智能网联汽车无线通信技术的应用场景; (4)通过沙盘云平台了解云平台的功能和特点; (5)通过沙盘模拟信息安全防范重点				

项　目	步　骤	操 作 记 录	
1.实训准备	(1)智能网联小型客车基本性能检查		
	(2)智能网联汽车应用场景沙盘基本功能调试		
2.实训内容	(1)在智能网联小型客车上找到相应的车联网技术的应用	车内网技术	
		车际网技术	
		车载移动互联网技术	
		无线通信技术	
	(2)列举沙盘中智能网联汽车无线通信技术的应用场景及所应用的无线通信技术	应用场景	应用的无线通信技术
3.总结分析	(1)根据所学习的理论知识,结合实车分析智能网联小型客车中使用车内网技术、车际网技术、车载移动互联网技术和无线通信技术各自的优势与不足		
	(2)结合沙盘分析沙盘中智能网联汽车无线通信技术的应用场景中已经解决的问题和还需要提升的地方		

小组互评 第＿＿＿组	组员学号			
	组员姓名			
	互评分			
教师考核				

思考与练习

一、判断题

1. 智能网联汽车的网络体系是融合车载网络、车载自组织网络和车载移动互联网的一体化网络系统。（　　）

2. C 类高速网络的传输速率为 250kbit/s ~ 100Mbit/s，对实时性要求高，主要面向高速、实时闭环控制的多路传输网。（　　）

3. 在 CAN 协议中，所有的消息都以固定的格式发送。总线空闲时，所有与总线相连的单元都可以开始发送新消息。（　　）

4. 高速 CAN 总线主要连接灯光、电动车窗、自动空调及信息显示系统等。（　　）

5. LIN 总线通信距离最大不超过 20m。（　　）

6. FlexRay 总线在每个通信周期内都提供静态和动态通信段。（　　）

7. 当汽车换道可能存在危险时，并线警告将提醒有意换道的驾驶人。（　　）

8. 卫星通信网络的缺点是存在传输时延大、回声大、费用高。（　　）

9. 在白天，高速公路和城市道路节点密度较高，足以实现瞬时转发，有足够的时间使路由处理分段网络。（　　）

10. 5G 是第 5 代移动通信系统，不再使用无线接入技术。（　　）

11. 智能网联汽车的聚焦点是在人上，发展重点是提高汽车行驶安全性，其终极目标是无人驾驶汽车。（　　）

12. 除汽车上的总线数据外，由各种车载传感器采集的驾驶环境数据，路边基础设施传感器采集的交通和道路数据以及其他环境数据组成智能网联汽车数据。（　　）

13. 智能网联汽车上最基本的威胁是隐私泄漏。（　　）

14. 密钥管理主要表现在管理体制、管理协议和密钥的产生、分配、更换和注入等。（　　）

15. 国密算法不适用于嵌入式、物联网等相关领域，但能完成身份认证和数据加解密等功能。（　　）

二、选择题

1. 以车内总线通信为基础的车内网络,常称（　　）。

　　A. 车联网　　　　　　B. 车载网络　　　　　C. 车载系统　　　　　D. CAN 网络

2. 美国汽车工程师学会提出将车载网络划分为五种类型，分别为 A 类低速网络、B 类中速网络、C 类高速网络、（　　）和 E 类安全应用网络。

　　A. C 类多媒体网络　　B. D 类急速网络　　　C. D 类多媒体网络　　D. D 类安全网络

3. 智能网联汽车的通信类型可根据通信对象划分为四种，即车与车通信、车与基础设施通信、车与人通信、（　　）。

　　A. 人与人通信　　　　B. 设施与设施通信　　C. 平台与人通信　　　D. 车与应用平台通信

4. LIN 总线的数据传输速率为 20kbit/s，媒体访问方式为（　　），是一种辅助总线，辅助 CAN 总线工作。

A. 单主多从 B. 多主多从 C. 多主单从 D. 单主单从

5. LIN 总线网络主要应用于( )等。

A. 车门

B. 转向盘、座椅

C. 空调系统、防盗系统

D. 以上都是

6. 博通、飞思卡尔和 OmniVision 推出了三方共同开发的( ),是世界上第一款基于以太网的泊车辅助系统。

A. 自动泊车系统

B. 辅助驾驶系统

C. 360°全景停车辅助系统

D. 360°全景影像系统

7. 交叉路口违规警告系统使用( ),对汽车进行预测,其通信链路的主要优势是获取动态信息,如红绿灯阶段和红绿灯时间。

A. V2I 通信方式 B. V2V 通信方式 C. V2N 通信方式 D. V2R 通信方式

8. 蜂窝网络由( )组成。

A. 移动站 B. 基站子系统 C. 网络子系统 D. 以上都是

9. 在高速公路场景中,根据汽车所处的车道、( )及汽车自身的速度和方向就可以推测汽车在随后短时间内的运动趋势。

A. 红绿灯情况 B. 实时的道路状况 C. 道路状况 D. 车辆通信情况

10. 智能网联汽车大数据的4V特征是指( )。

A. 数据量巨大、数据类型多样、数据高速生成、数据价值高

B. 数据量巨大、数据类型多样、数据高速生成、数据内容多

C. 数据量巨大、数据类型多样、数据内容多、数据价值高

D. 数据量巨大、数据内容多、数据高速生成、数据价值高

11. 多维认证技术包含( )等功能,提供了多维联合认证服务,实现了差异化的安全防护。

A. PKI 认证体系、全局身份管理与访问控制和"人—车—云"三维一体认证

B. KPI 认证体系、全局身份管理与访问控制和"人—车—端"三维一体认证

C. PKI 认证体系、全域身份管理与访问控制和"人—车—云"三维一体认证

D. KPI 认证体系、全域身份管理与访问控制和"人—车—端"三维一体认证

三、简答题

1. 简述车载网络的类型及特点。

2. 车载自组织网络的类型及应用场景是什么?

3. 移动互联网的接入方式有哪些?

4. DSRC 技术要求是什么?

5. 智能网联汽车信息安全的防范重点有哪些?

智能网联汽车导航定位技术

📖 学习目标

▶ 知识目标

1. 比较各类汽车导航定位技术;
2. 描述惯性导航定位的原理;
3. 解释采用地图匹配定位的原因。

▶ 技能目标

1. 辨别各类汽车导航定位技术;
2. 分析高精度地图如何实现路径规划功能;
3. 预测汽车导航定位的发展方向。

▶ 素养目标

1. 通过学习我国在卫星定位技术(北斗)领域的发展现状,增强学生的民族自信心和自豪感;

2. 通过资料查阅、制定计划、方案执行、总结反馈,培养学生严谨扎实、精益求精的工匠精神;

3. 通过对智能网联汽车定位技术的验证,培养学生严谨的工作态度和解决较复杂问题的能力。

⚙️ 建议课时

4 课时

■ 汽车导航定位概述

导航是通过采用监测和控制物体从一个地方转移到另一地方,在转移的过程中保证路线和运动的准确性。定位是通过利用仪器设备产生二维或三维的坐标进行物体位置信息的确定。导航定位是利用电、磁、光、力学等科学原理与方法,通过测量与运动物体每时每刻位置有关的参数,实现对运动物体的定位,并正确地从出发地沿着规划的路线,安全、准确、经济地引导到目的地。没有定位就不会产生导航,无法产生坐标信息就不会进行正确的导航,也就是说定位是导航的第一步,导航是定位的一个连续过程,导航涉及路径规划和决策引导。因此,定位是导航的关键,目前自动驾驶车辆定位技术可分为卫星定位、惯性导航定位、地图匹配定位和组合定位等。

导航就是在做规划,规划本质是一个搜索问题,路径规划在传统汽车导航系统是一个基本功能,驾驶人在驾驶车辆的过程中通过语音或者手写输入自己的目的地,系统接收到指令之后,计算机通过路径规划算法,再根据路网中车辆流量和当前道路的通畅程度,综合为驾驶人提供最优的路线规划检索功能,更多的决策还是依赖于驾驶人。对智能网联汽车而言,路径规划通常指从出发地到达目的地,同时避免障碍物,并且不断优化驾驶轨迹和行为以保证乘客的安全舒适。

1. 卫星定位技术

卫星定位技术在任何驾驶条件下,自动驾驶车辆均依赖于精准的位姿信息,包括位置、速度和姿态等。收集这些信息需要整合多种复杂技术,其中全球导航卫星系统(GNSS)功不可没。当下 GNSS 包含了多套卫星导航定位系统,能为自动驾驶车辆提供更精准的位置信息(图4-1)。

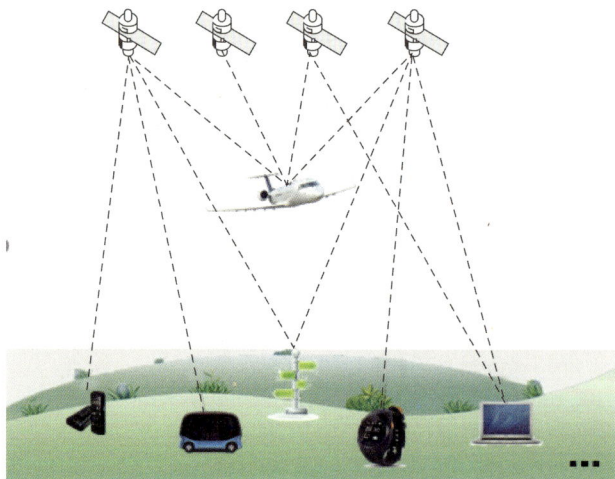

图4-1　卫星导航定位示意图

2. 惯性导航定位

惯性导航定位是一种不依赖于外部信息,也不向外部辐射能量的自主式导航系统。其由陀螺仪、加速度传感器及软件构成,通过测量运动载体的角速度和加速度数据,并将这些数据对时间进行积分运算,从而得到运动载体的速度、位置和姿态。在汽车驶入深山隧道时,汽车上安装的惯性导航系统的定位导航作用会非常显著(图4-2)。

3. 地图匹配定位

地图匹配定位是指在智能网联汽车运行的局部环境中,通过对周边环境中特殊物体的图像识别或特征匹配,与事先保存的地图信息进行比对获得环境物体和自车的局部相对位置(图4-3)。

图 4-2　惯性导航定位系统示意图

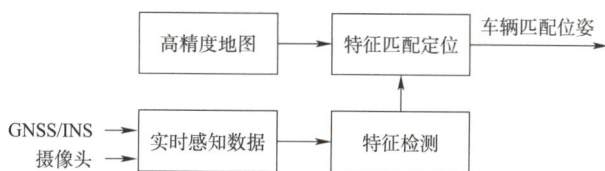

图 4-3　地图匹配定位示意图

4.组合定位

组合定位是多传感器多卫星信息的融合技术,是将卫星定位、惯性导航定位和地图匹配定位融合在一起,以弥补单一定位方式的不足,大幅提升了定位精度。图 4-4 是某公司提出的一个组合定位系统方案。

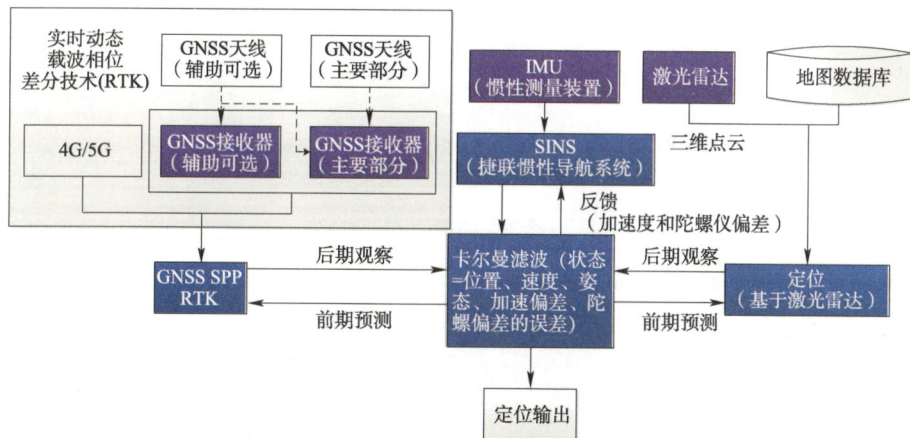

图 4-4　某自动驾驶组合定位系统方案示意图

卫星定位技术

卫星导航定位系统是星基无线电导航系统,以人造地球卫星作为导航台,为全球海陆空的各类军民载体提供位置、速度和时间信息,这些信息都具有全天候且高精度等特征,因而又被称作天基定位、导航和授时系统。卫星导航定位系统包括全球四大导航卫星系统,还有区域系统和增强系统。

1. 全球导航卫星定位系统

全球导航卫星定位系统包括美国的全球定位系统(GPS)、中国的北斗卫星导航系统(BDS)、俄罗斯的格洛纳斯(GLONASS)卫星定位系统以及欧洲空间局的伽利略(GALILEO)卫星定位系统(图 4-5)。

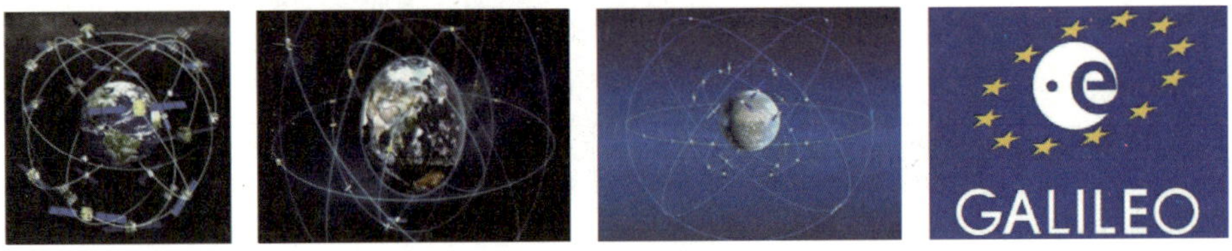

a)美国的GPS   b)俄罗斯的GLONASS   c)中国的BDS   d)欧洲的GALILEO

图 4-5 全球四大卫星导航系统

1)全球定位系统

全球定位系统(Global Positioning System,GPS)是一种以空中卫星为基础的高精度无线电导航的定位系统,全球定位系统定位是一种绝对位姿估计方法,通过 GPS 来进行车辆定位(图 4-6)。基于 GPS 的定位方法优点是可全天候连续定位,且适用于全局定位;缺点是受环境影响较大,高楼、树木、隧道等都会屏蔽 GPS 信号,而且 GPS 定位精度低,更新周期长,远远不能满足自动驾驶的需求。

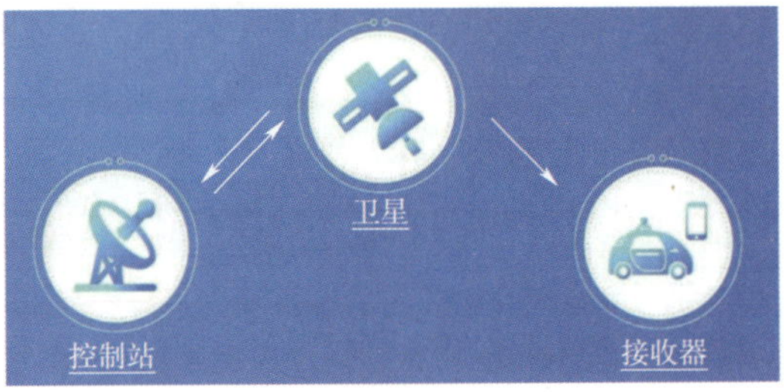

图 4-6 GPS 定位

2)北斗卫星导航系统

北斗卫星导航系统(BeiDou Navigation Satellite System,BDS)是中国自行研制的全球卫星导航系统(图 4-7),北斗卫星导航定位系统致力于向全球用户提供高质量的定位、导航和授时服务,其建设与发展则遵循开放性、自主性、兼容性、渐进性这四项原则。在国家智能汽车发展规划中,已明确提出要大力推广北斗卫星导航定位系统在智能网联汽车和无人驾驶汽车中的应用。

我国自 2000 年开始发展北斗卫星导航系统,2020 年 6 月 23 日,第 55 颗北斗卫星成功发射,第三代北斗卫星导航系统(30 颗卫星)全面建成,为全球提供服务,其中民用导航是很大的一块服务内容。其实,北斗卫星导航系统全面建成之前的 2018 年 12 月 27 日,我国已正式向全球提供服务。北斗卫星导航系统全面建成,会让服务更精准、更完善。目前已经开展第四、五代北斗导航卫星研制工作,形成"应用一代、研发一代、论证一代"的良好局面和发展态势。

空间段

5颗静止轨道卫星　　27颗中圆轨道卫星　　3颗倾斜同步轨道卫星

地球静止轨道卫星
分别位于东经58.75°、
80°、110.5°、140°、
160°

中圆轨道卫星轨道
高度21500km，位于
三个轨道面上，轨道
倾角55°

倾斜同步轨道卫星
轨道高度36000km，
位于三个轨道平面
上，轨道倾角55°

地面段

用户段

图4-7　北斗卫星导航系统定位

北斗卫星导航系统秉承"中国的北斗、世界的北斗、一流的北斗"发展理念，愿与世界各国共享北斗卫星导航系统建设发展成果，促进全球卫星导航事业蓬勃发展，为服务全球、造福人类贡献中国智慧和力量。北斗卫星导航系统为经济社会发展提供重要时空信息保障，是中国实施改革开放40余年来取得的重要成就之一，是新中国成立70年来重大科技成就之一，是中国贡献给世界的全球公共服务产品。中国将一如既往地积极推动国际交流与合作，实现与世界其他卫星导航系统的兼容与互操作，为全球用户提供更高性能、更加可靠和更加丰富的服务。

3）格洛纳斯全球卫星导航系统

格洛纳斯全球卫星导航系统（Global Navigation Satellite System，GLONASS）是苏联时期建设的导航系统，可为全球海陆空以及近地空间的各种军、民用户全天候、连续地提供高精度的三维位置、三维速度和时间信息。现俄罗斯向国际民航和海事组织承诺向全球用户提供民用导航服务，包括全球范围内的实时、全天候连续导航、定位和授时服务。

2022年2月，俄罗斯总统普京访华并出席北京冬奥会开幕式，国家主席习近平同普京举行会晤。访问期间，双方有关部门和企业签署了《中国卫星导航系统委员会（中华人民共和国）与俄罗斯国家航天集团（俄罗斯联邦）关于北斗和格洛纳斯全球卫星导航系统时间互操作的合作协议》。

4）伽利略卫星导航系统

伽利略卫星导航系统（Galileo Satellite Navigation System）是由欧盟研制和建立的全球卫星导航定位系统，也是一个正在建设中的全球卫星导航系统，其目的是使欧洲摆脱对美国GPS的依赖，打破其垄断地位。该系统的基本服务免费，但要使用高精度定位服务就需要付费。

表4-1为全球四大导航系统在各项技术参数上的差异。

全球四大导航系统参数比较   表 4-1

导航系统	卫星数量	卫 星 轨 道	定位精度	授时精度	速度精度
GPS	24 颗工作卫星 + 4 颗备用卫星	分布在 6 条交点互隔 60° 的轨道面上，轨道高度约 2.02 万 km	民用精度 10m，综合可达厘米级	20ns	0.1m/s
GLONASS	24 颗工作卫星 + 3 颗备用卫星	均匀分布在 3 个近圆形的轨道平面上，相隔 45°，轨道高度约 1.91 万 km	绝对定位精度水平方向为 16m，垂直方向为 25m	25ns	0.1m/s
BDS	5 颗静止卫星 + 30 颗非静止卫星	静止轨道卫星定点位置为东经 58.75°/80°/110.5°/140°/160°，轨道高度约 2.15 万 km	10m	50ns	0.1m/s
GALILEO	27 颗工作卫星 + 3 颗备用卫星	分布在三条轨道上，56° 倾角，轨道高度约 2.41 万 km	1m	20ns	0.1m/s

5）区域卫星导航系统

除了上述 4 个全球卫星导航系统外，还有一些其他已完成或正在建设的区域卫星导航系统，如日本的准天顶卫星系统（Quasi-Zenith Satellite System，QZSS）、印度的区域导航卫星系统（Indian Regional Navigation Satellite System，IRNSS）等。随着系统卫星数量和密度的不断增加，QZSS 从技术上可能升级为独立的卫星导航系统，提供完整的卫星导航功能。

6）星基增强系统

星基增强系统（Satellite-Based Augmentation System，SBAS）是由美国实施选择可用性（Selective Availability，SA）政策而发展起来的。SBAS 也主要由空间段、地面段和用户段构成。为了提升 GPS 的性能，满足不同用户对高精度、高完好性的需求，产生了相应的增强系统。

7）地基增强系统

地基增强系统（Ground-Based Augmentation Systems，GBAS）是卫星导航系统建设中的一项重要内容，可以大大提升系统服务性能。GBAS 综合使用了各种不同效果的导航增强技术，主要包括精度增强技术、完好性增强技术、连续性和可用性增强技术，最终实现其增强卫星导航服务性能的功能。

2. GNSS 定位原理

根据后方交会定位原理，要实现 GNSS 定位，需要解决两个问题：一是观测瞬间卫星的空间位置；二是观测站点和卫星之间的距离，即卫星在某坐标系中的坐标。为此首先要建立适当的坐标系来表征卫星的参考位置，而坐标又往往与时间联系在一起，因此，GNSS 定位是基于坐标系统和时间系统进行的。

1）坐标系统和时间系统

卫星导航系统中，坐标系统用于描述与研究卫星在其轨道上的运动、表达地面观测站的位置以及处理定位观测数据。根据应用场合的不同，选用的坐标系统也不相同。坐标系统大概分为以下几类：地理坐标系、惯性坐标系、地球坐标系、地心坐标系和参心坐标系。

GNSS 采用了一个独立的时间系统作为导航定位计算的依据，称为 GNSS 时间系统，简称 GNSST。GNSST 属于原子时系统，其秒长与原子时秒长相同。

2）卫星定位原理

如图 4-8 所示，利用时间差乘以光速测得某点 P 到三颗卫星 S_1 的距离为 r_1、r_2、r_3，那么 P 点所在空间可能位置集缩到三个球面的交点。排除一个不在地面的点，就得到唯一的确定位置。但确定球面半径是利用卫星信号传输到接收终端的时间差，所以需要第 4 颗卫星提供相对零点作时间的参照系。

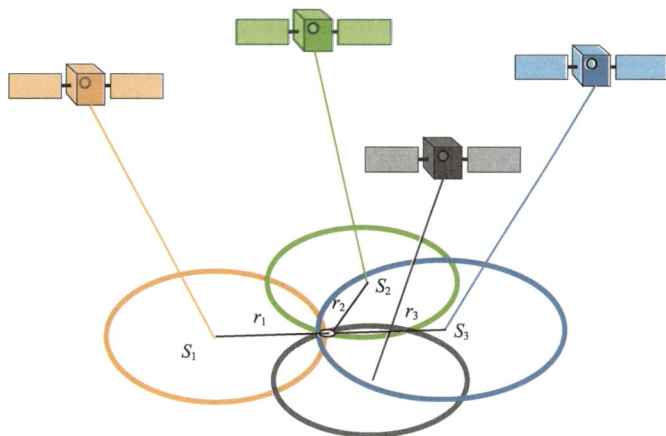

图 4-8　GPS 卫星定位原理图

3）GNSS 数据误差

卫星导航系统的误差从来源上可以分为四类：与信号传播有关的误差、与卫星有关的误差、与接收机有关的误差以及与地球转动有关的误差（表 4-2）。

GNSS 数据误差及影响　　　　　　　　　　　　　表 4-2

误 差 来 源		对测距的影响（m）
与信号传播有关的误差	电离层延迟	1.5 ~ 15.0
	对流层延迟	
	多径效应	
与卫星有关的误差	星历误差	1.5 ~ 15.0
	时钟误差	
	相对论效应	
与接收机有关的误差	时钟误差	1.5 ~ 5.0
	位置误差	
	天线相位中心变化	
与地球转动有关的误差	地球潮汐	1
	负荷潮	

3. 差分 GNSS 定位技术

差分 GNSS 可有效利用已知位置的基准站将公共误差估算出来，通过相关的补偿算法削弱或消除部分误差，从而提高定位精度。差分 GNSS 的基本原理主要是在一定地域范围内设置一台或多台接收机，将一台已知精密坐标的接收机作为差分基准站，基准站连续接收 GNSS 信号，与基准站已知的位置和距离数据进行比较，从而计算出差分校正量。然后，基准站就会将此差分校正量发送到其范围内的流动站进行数据修正,从而减少甚至消除卫星时钟、卫星星历、电离层延迟与对流层延迟所引起的误差,提高定位精度。根据差分校正的目标参量的不同,差分 GNSS 主要分为位置差分、伪距差分和载波相位差分。

1)位置差分

将坐标测量值与基准站实际坐标值的差值作为差分校正量,通过数据链路发送给车辆,与车辆的测量值进行差分改正。由于基准站与流动站必须观测同一组卫星,通常流动站与基准站间距离不超过 100km(图 4-9)。

2)伪距差分

通过在基准站上利用已知坐标求出测站至卫星的几何距离,并将其与观测所得的伪距比较,然后利用一个滤波器将此差值滤波并求出其伪距修正值,然后将所有卫星的伪距修正值传输给流动站,流动站利用此误差来改正 GNSS 卫星传输测量伪距(图 4-10)。

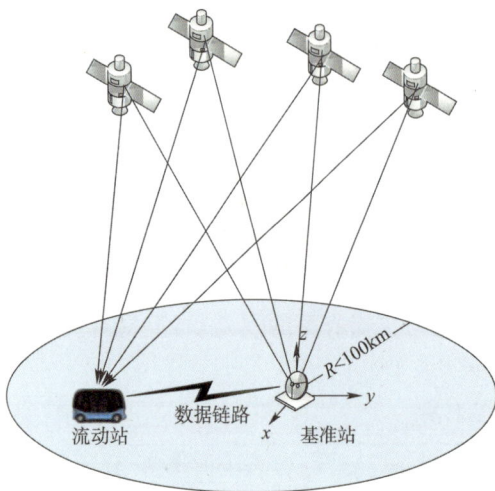

图 4-9　位置差分示意图　　　　　　　　图 4-10　伪距差分示意图

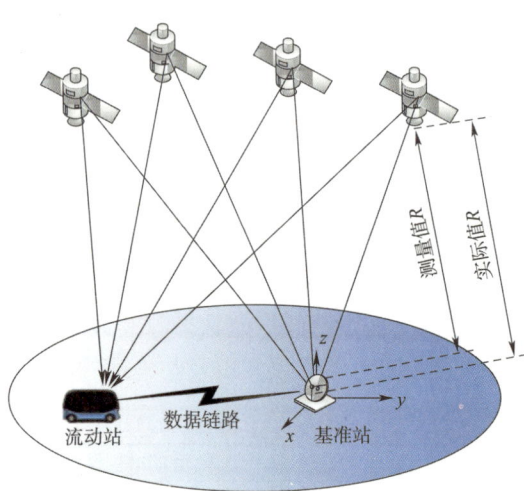

3)载波相位差分

载波相位差分技术的根本是实时处理两个测站的载波相位,与其他差分技术相比,载波相位差分技术中基准站不直接传输关于 GNSS 测量的差分校正量,而是发送 GNSS 的测量原始值。流动站收到基准站的数据后,与自身观测卫星的数据组成相位差分观测值,利用组合后的测量值求出基线向量完成相对定位,进而推算出测量点的坐标。

实时动态(Real-time Kinematic,RTK)是一种利用接收机实时观测卫星信号载波相位的技术,结合了数据通信技术与卫星定位技术,采用实时解算和数据处理的方式,能够实现为流动站提供在指定坐标系中的实时三维坐标点,在极短的时间内实现高精度的位置定位。常用的 RTK 定位技术分为常规 RTK 和网络 RTK。

(1)常规 RTK。

基准站通过数据通信链路将自己所获得的载波相位观测值及站坐标实时播发给在其周围工作的动态用户。流动站数据处理模块则通过动态差分定位的方式,确定流动站相对于基准站的位置,并根据基准站的坐标得到自身的瞬时绝对位置(图 4-11)。

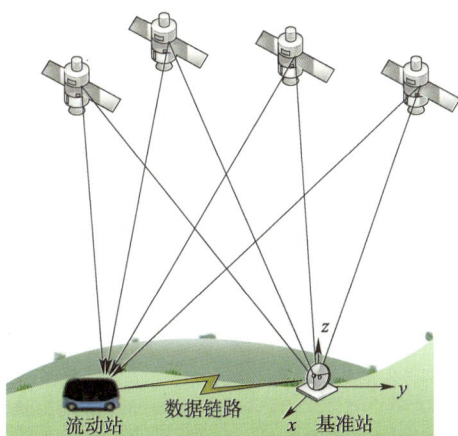

图 4-11 常规 RTK 示意图

（2）网络 RTK。

通过长时间 GNSS 静态相对定位等方法可以精确得到基准站的坐标,基准站 GNSS 接收机按一定采样率进行连续观测,通过数据通信链路将观测数据实时传送给数据处理中心,数据处理中心首先对各个站的数据进行预处理和质量分析,然后对整个基准站网的数据进行统一解算,实时估计出网内的各种系统误差的改正项(电离层、对流层和轨道误差),并建立误差模型(图 4-12)。

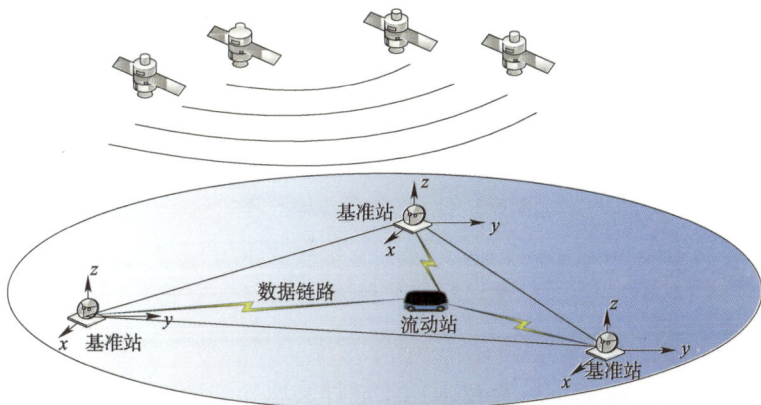

图 4-12 网络 RTK 示意图

三 惯性导航定位技术

1. 惯性导航定位系统

惯性导航定位系统是一种利用惯性传感器测量载体的角速度信息,并结合给定的初始条件实时推算速度、位置、姿态等参数的自主式导航定位系统。具体来说,惯性导航定位系统的导航方式是推算,即从一已知点的位置根据连续测得的运动载体航向角和速度推算出其下一点的位置,因而可连续测出运动体的当前位置。惯性导航定位系统是一种不依赖于外部信息,也不向外部辐射能量的自主式导航定位系统。其主要由 3 个模块组成:惯性测量单元、信号预处理单元和机械力学编排模块(图4-13)。

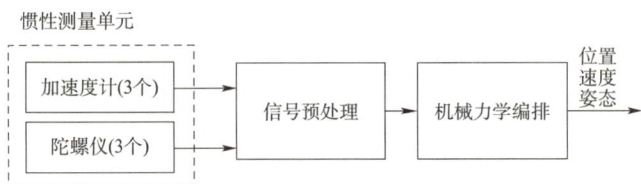

图4-13 惯性导航定位系统主要模块

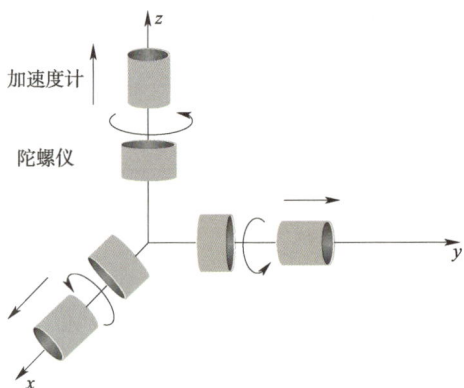

图4-14 惯性测量单元结构图

一个惯性测量单元包括3个相互正交的单轴加速度计(Accelerometer)和3个相互正交的单轴陀螺仪(Gyroscopes),惯性测量单元结构如图4-14所示。信号预处理部分对惯性测量单元输出信号进行信号调理、误差补偿并检查输出量范围等,以确保惯性测量单元正常工作。

如图4-15所示,惯性导航系统根据机械力学编排形式的不同,可分为平台式惯性导航系统(Gimbaled Inertial Navigation System,GINS)和捷联式惯性导航系统(Strap-down Inertial Navigation System,SINS)。

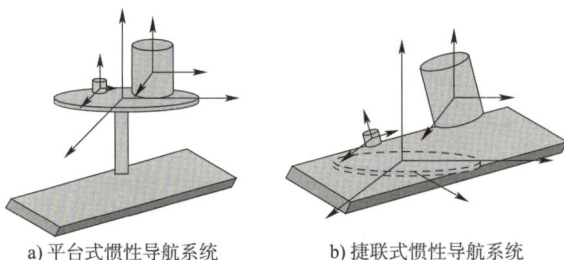

a) 平台式惯性导航系统　　b) 捷联式惯性导航系统

图4-15 惯性导航系统分类

2. 惯性导航定位系统原理

惯性导航定位系统是一种以陀螺仪和加速度计为感知元件的导航参数解算系统,应用航迹递推算法提供位置、速度和姿态等信息,可以说是一个由惯性测量单元和积分器组成的积分系统。该系统通过陀螺仪测量载体旋转信息求解得到载体的姿态信息,再将加速度计测量得到的载体比例信息转换到导航坐标系进行加速度信息的积分运算,就能推算出车辆的位置和姿态信息(图4-16)。

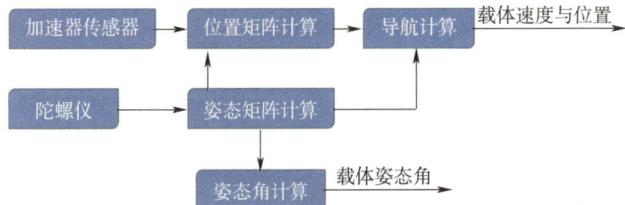

图4-16 惯性导航定位系统的原理

加速度传感器和陀螺仪结合是就是惯性测量单元(IMU),一个测量速度,一个测量方向。IMU的一个重要特征在于它以高频率更新,其频率可达到1000Hz,所以IMU可以提供接近实时的位置信息(图4-17)。惯性导航定位系统可以看成是IMU与软件的结合。通过内置的微处理器,能够以最高200Hz的频率输出实时的高精度三维位置、速度、姿态信息。

图4-17 IMU产品

IMU的工作过程可以用一个形象的故事来描述。当人们晚上回到家,发现家里停电时,眼睛在黑暗中什么都看不见的情况下,只能根据已有的经验,极为谨慎地走小碎步,并不断用手摸周围的东西(比如冰箱),以确定自己所在的位置。

IMU的工作过程和人在黑暗中走小碎步很相似。在黑暗中,由于人对自己步长的估计和实际走的距离存在误差,走的步数越来越多时,估计的位置与实际的位置相差会越来越远(图4-18)。

走第一步时,估计位置(黑颜色小人所在位置)与实际位置(白颜色小人所在位置)还比较接近;但随着步数增多,估计位置与实际位置的差别越来越大。图4-18中的小人只朝一个方向移动,是一维的,推广到三维,就是惯性测量单元的工作过程。

GPS或BDS和IMU的融合是智能网联无人驾驶汽车一种重要的定位技术。结合上述人在黑暗中走小碎步的过程,GPS的作用就类似于摸到东西之后对自己位置进行的修正,IMU的作用就类似于小碎步,不断地对自己的位置进行推算。不断地修正和不断地推算,就能保证自己的定位相对准确(图4-19)。

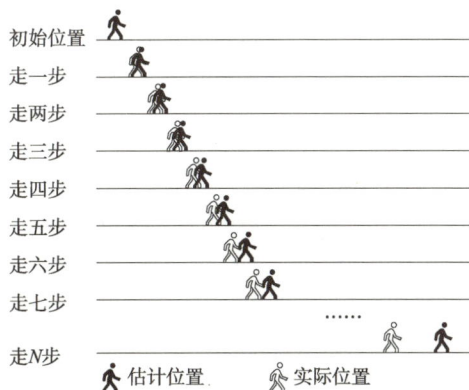

图4-18 人在黑暗中走小碎步

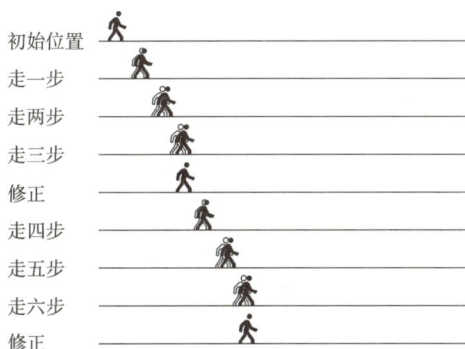

图4-19 人在黑暗中走小碎步并修正

在智能网联无人驾驶汽车系统中,GPS的更新频率一般为10Hz,IMU的更新频率一般为100Hz。两者共同工作时,可以给出频率100Hz的定位输出。GPS和IMU数据融合的原理如图4-20所示。

控制器上的软件对信息的处理流程在时间维度上类似图4-21所示。在0~100ms的周期中,使用IMU进行9次位置的估计,待新的GPS定位数据进来时,则进行修正,以此实现高频率的定位结果输出。GPS与IMU相辅相成地实现了无人驾驶汽车的准确定位。

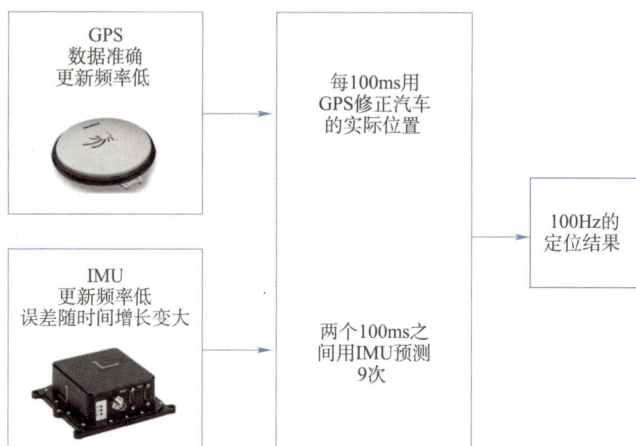

图 4-20 GPS 和 IMU 数据融合原理

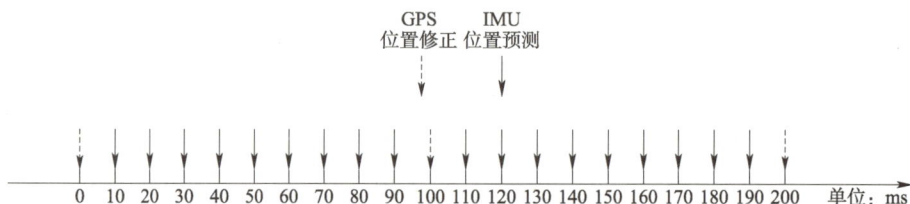

图 4-21 GPS 位置修正和 IMU 位置预测

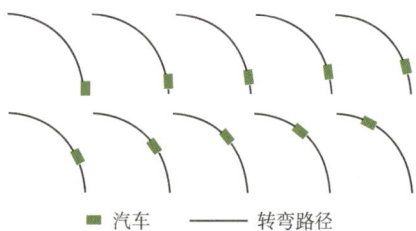

图 4-22 无人驾驶汽车的路径跟随

有了 100Hz 的准确定位,智能网联汽车在处理路径跟随问题时,就能像图 4-22 所示的一样,保持极高频率的定位和控制。每走一小步,便重新进行转向盘转角的计算,进而控制汽车沿着既定的轨道行驶。

3. 惯性导航定位系统的特点及应用

惯性导航定位系统具有以下优点:由于它不依赖于任何外部信息,也不向外部辐射能量的自主式导航系统,故隐蔽性好,也不受外界电磁干扰影响;可全天候在全球任何地点工作;能提供位置、速度、航向和姿态角数据,所产生的导航信息连续性好而且噪声低;数据更新率高,短期精度和稳定性好。但惯性导航定位系统也有这些缺点:由于导航信息经过积分而产生,定位误差随时间而增大,长期精度差;每次使用之前需要较长的初始对准时间;目前设备的价格较昂贵;不能给出时间信息。

GPS 可以为车辆提供精度为米级的绝对定位,差分 GPS 可以为车辆提供精度为厘米级的绝对定位,然而并非所有的路段在所有时间都可以得到良好的 GPS 信号。因此,在自动驾驶领域,差分 GPS 的输出一般都要与惯性导航定位系统进行融合,可以在 GPS 信号丢失或者很弱的情况下,暂时填补 GPS 留下的空缺,用积分法取得最接近真实的三维高精度定位,同时惯性导航定位系统能配合激光雷达,为激光雷达的空间位置和脉冲发射姿态提供高精度定位,建立激光雷达云点的三维坐标系。

四 地图匹配定位技术

1.地图匹配定位系统

1)地图匹配定位系统简介

地图匹配定位技术是指将自动驾驶车辆行驶轨迹的经纬度采样序列与高精度地图路网匹配的过程。地图匹配定位技术将车辆定位信息与高精度地图提供的道路位置信息进行比较,并采用适当的算法确定车辆当前的行驶路段以及在路段中的准确位置,校正定位误差,并为自动驾驶车辆实现路径规划提供可靠依据。

如图 4-23 所示,由于各种原因导致自动驾驶车辆定位信息存在误差,尽管车辆行驶在中间车道上,但定位结果与实际情况存在偏差,利用地图匹配定位技术可将车辆定位信息纠正回正确车道,提高定位精度。

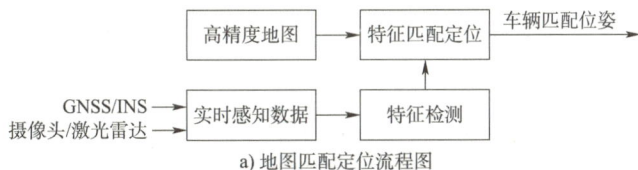

图 4-23 地图匹配效果示意图

2)地图匹配定位原理

地图匹配定位是在已知车辆的位姿信息条件下进行高精度地图局部搜索的过程。首先利用车辆装载的 GNSS 和 INS 做出初始位置判断,确定高精度地图局部搜索范围。然后,将激光雷达实时数据与预先制作好的高精度地图数据变换到同一个坐标系内进行匹配,匹配成功后即可确认车辆定位信息(图 4-24)。

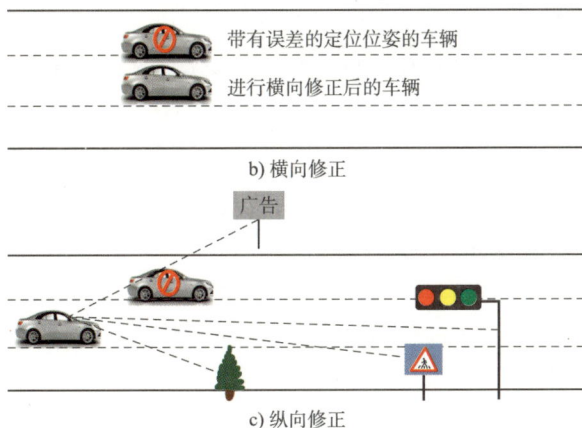

a) 地图匹配定位流程图

b) 横向修正

c) 纵向修正

图 4-24 地图匹配原理示意图

2. 高精度地图

1）概述

高精度地图是地图匹配定位有效应用的重要前提，也是智能驾驶系统自主导航、自动驾驶的重要前提。

如图4-25所示，高精度地图就是精度更高、数据维度更多的电子地图。精度更高体现在精确到厘米级别，数据维度包括道路数据，例如车道线的位置、类型、宽度、坡度和曲率等车道信息；车道周边的固定对象信息，例如交通标志、交通信号灯等信息，车道限高、下水道口、障碍物及其他道路细节，防护栏、道路边缘类型、路边地标等基础设施信息。

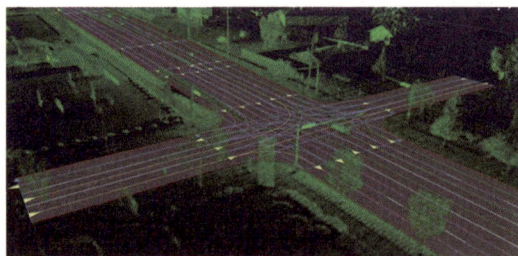

图 4-25　高精度地图

如图4-26所示，高精度地图与普通电子地图的区别主要有以下几方面：

（1）精度：一般电子地图精度在米级别，商用GPS精度为5m。高精度地图的精度在厘米级别（Google、Here 等高精度地图精度在10～20cm级别）。

（2）使用对象：普通的导航电子地图是面向驾驶人，供驾驶人使用的地图数据，而高精度地图是面向机器的供自动驾驶汽车使用的地图数据。

（3）数据维度：传统电子地图数据只记录道路级别的数据：道路形状、坡度、曲率、铺设、方向等。高精度地图（精确度厘米级别）不仅增加了车道属性相关（车道线类型、车道宽度等）数据，更有诸如高架物体、防护栏、树、道路边缘类型、路边地标等大量目标数据。

（4）作用和功能：传统地图起的是辅助驾驶的导航功能，本质上与传统经验化的纸质地图是类似的。而高精度地图通过"高精度＋高动态＋多维度"数据，起到为自动驾驶提供自变量和目标函数的功能。高精度地图相比传统地图有更高的重要性。

（5）数据的实时性：高精度地图对数据的实时性要求更高。根据博世在2007年提出的定义，无人驾驶时代所需的局部动态地图（Local Dynamic Map）根据更新频率可将所有数据划分为四类：永久静态数据（更新频率约为1个月），半永久静态数据（频率为1h），半动态数据（频率为1min），动态数据（频率为1s）。传统导航地图可能只需要前两者，而高精度地图为了应对各类突发状况，保证自动驾驶的安全实现，需要更多的半动态数据以及动态数据，这大大提升了对数据实时性的要求。

（6）高精度地图＝高鲜度＋高精度＋高丰富度：不论是动态化，还是精度和丰富度，最终目的都是为了保证自动驾驶的安全与高效率。动态化保证了自动驾驶能够及时地应对突发状况，选择最优的路径行驶。高精度确保了机器自动行驶的可行性，保证了自动驾驶的顺利实现。高丰富度与机器的更多逻辑规则相结合，进一步提升了自动驾驶的安全性。

图 4-26 高精度地图与普通电子地图的区别

2）高精度地图信息分类

高精度地图信息可分为道路信息、规则信息、实时信息三部分。如表 4-3 所示，道路信息包含车道模型、道路部件、道路属性三部分，为自动驾驶汽车提供决策基础。而规则信息与实时信息则是在道路信息之上的叠加，包含对驾驶行为的限制以及从车联网获取的实时道路信息。

高精度地图包含信息分类 表 4-3

道路信息	车道模型	车道中心线、道路分离点和车道分离点、车道连接关系
	道路部件	交通信号灯、交通标志、斑马线、停止线、路缘石、防护栏、龙门架、桥梁
	道路属性	道数、车道变化属性、车道线曲率/坡度、车道连接关系、车道分组、交通区域、兴趣区（如人行横道等）、GPS 信号减弱/消失位置、加速点及制动点
规则信息		车道限速、高速公路收费信息、限行限号信息
实时信息		实时交通天气、事件信息（交通事故、道路施工等）、停车场服务、危险域预警、基于坡度的节能减排、道路天气/能见度

如图 4-27 所示，高精度地图内涵丰富，但实际使用的时候并非无所不包。以自动驾驶汽车需求的导向为例，与导航地图相比，高精度地图不包括具体地点属性和信息、障碍物属性、建筑模型，只需关注车辆行驶道路及其周边场景，其余场景如公园、商场、景区等地图信息不在高精度地图的考虑范围之内。主要原因在于导航地图包括大量非驾驶信息。

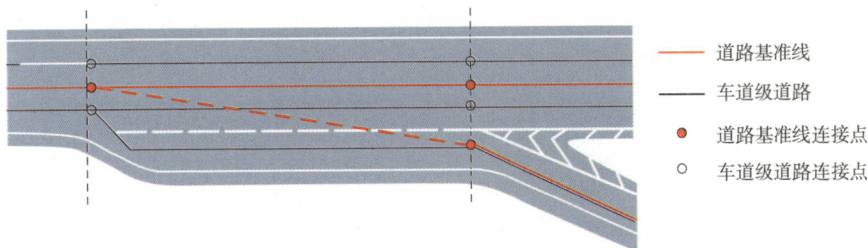

图 4-27 高精度地图蕴含道路信息

3）高精度地图的功能

高精度地图在自动驾驶中，不仅可以用于导航、路径规划，还可以为环境感知和理解提供先验知识，辅助车载传感器实现高精度定位。高精度地图被普遍认为是 L3 级及以上自动驾驶不可缺少的关键技术。在智能网联汽车应用领域，高精度地图在高精度定位、辅助环境感知、路径规划等环节都发挥着重要作用，如图 4-28 所示。

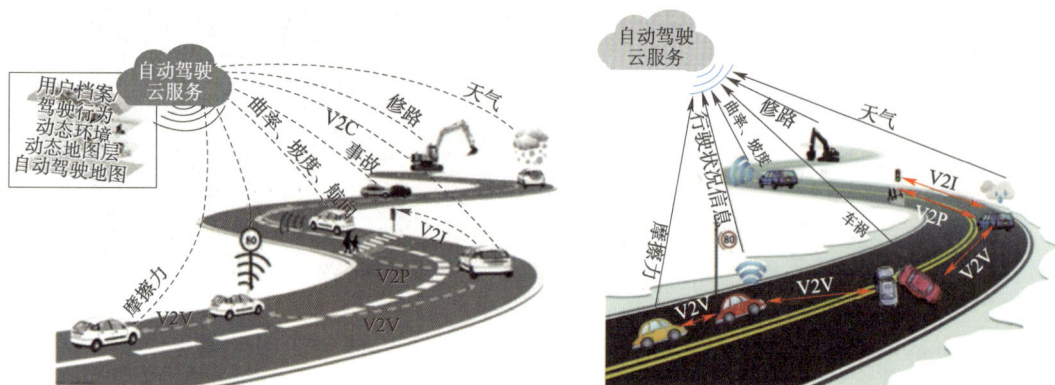

图 4-28 高精度地图的功能

（1）地图匹配：由于存在各种定位误差，电子地图坐标上的移动车辆与周围地物并不能保持正确的位置关系。利用高精度地图匹配则可以将车辆位置精准地定位在车道上，从而提高车辆定位的精度。

（2）辅助环境感知：高精度地图能够提高自动驾驶车辆数据处理效率，自动驾驶车辆感知重构周围三维场景时，可以利用高精度地图作为先验知识减少数据处理时的搜索范围。在高精度三维地图上标记详细的道路信息，可以为车载感知系统提供有效的辅助识别，可以优化感知系统的计算效率，提高识别精度、减少误识别的发生等。

（3）路径规划：传统导航地图的路径规划功能往往基于最短路径算法，结合路况为驾驶人给出最快捷/短的路径，但高精度地图的路径规划是为机器服务的，机器无法完成联想、解读等步骤，给出的路径规划必须是机器能够理解的。这些传统的特征地图难以胜任，相对而言高精度地图才能够完成这一点。高精度矢量地图是在特征地图的基础之上进一步抽象、处理和标注，抽出路网信息、道路属性信息、道路几何信息以及标识物等抽象信息的地图。它的容量要小于特征地图，并能够通过路网信息完成点到点的精确路径规划，这是高精度地图使能的一大路径。

五 组合定位定位系统

1.概述

不同的定位方法存在各自的优点和缺点，要实现多个定位系统组合，实质是要实现多传感器数据融合系统，因此组合定位定位系统也称为多传感器融合定位系统，其核心指标就是定位精度，所以也称为高精度定位，它是多种模式混合定位的体系（图 4-29）。

2.组合定位定位原理

如图 4-30 所示，组合定位融合的过程是分层融合的，数据预处理可以考虑为传感器初始化及校准，完成了传感器初始化，就可以利用各传感器对共同目标采集得到的数据进行数据配准，这就是一个自组织系统分层进行融合的过程。

（1）数据层融合：数据层融合也称像素级融合，首先将传感器的观测数据融合，然后从融合的数据中提取特征向量，并进行判断识别。

(2)特征层融合:特征层融合属于中间层次,先从每种传感器提供的观测数据中提取有代表性的特征,这些特征融合成单一的特征向量,然后运用模式识别的方法进行处理。

(3)决策层融合:决策层融合指在每个传感器对目标做出识别后,再将多个传感器的识别结果进行融合,属于高层次的融合。

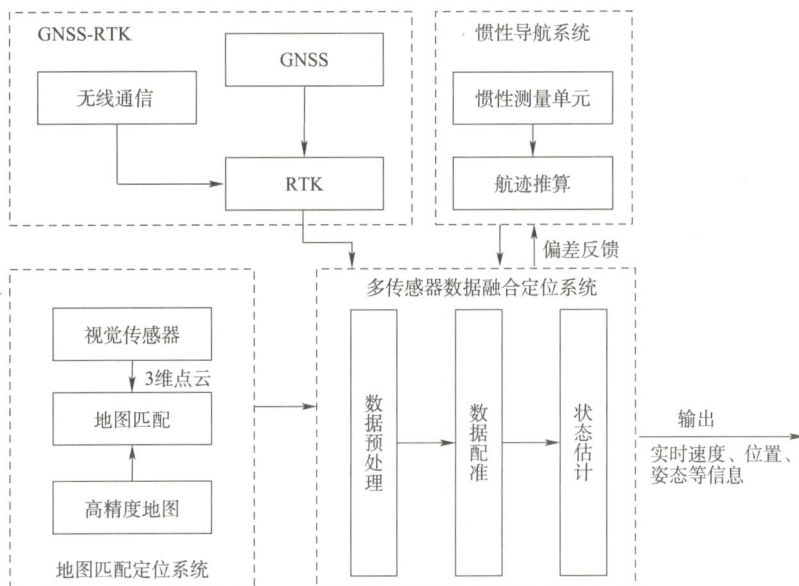

图4-29 多种模式混合定位的定位系统

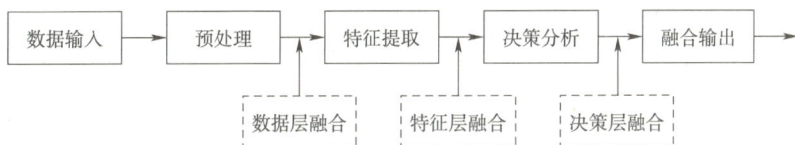

图4-30 分层融合过程

3.组合定位定位系统的应用

2021年8月5日,阿波龙2代智能网联驾驶小型客车在广州发布(图4-31),相较于阿波龙1代,2代车在动力系统、自动驾驶、智能座舱等配置上都得到了提升,新一代车型仍由厦门金龙与百度联合打造。

阿波龙2代核心计算单元算力提升至372TOPS,传感器方面,2代车搭载了两个40线激光雷达,融合毫米波雷达和环视摄像头,使其定位精度达到厘米级,基于这样的自动驾驶能力做到了顺利应对无保护左转、车流择机变道以及路口通行等城市开放道路复杂场景,其ODD(自动驾驶运行设计区域)也从封闭、半封闭园区进阶扩大到开放道路。

图4-31 厦门金龙与百度合作的阿波龙2代

技能实训

实训项目　智能网联汽车导航定位技术认知					
课程名称		日期		成绩	
学生姓名		学号		班级	
任务载体	智能网联小型客车一辆				
任务目标	(1) 列举智能网联小型客车中的定位技术； (2) 验证智能网联小型客车中的导航(路径规划)				

项　　目	步　　骤	操 作 记 录		
1. 实训准备	(1) 智能网联小型客车基本性能检查			
	(2) 选择学校适合进行导航(路径规划)的场景			
2. 实训内容	(1) 在智能网联小型客车上找到相应的定位技术相关部件并介绍其功能	定位技术相关部件		功能
	(2) 智能网联小型客车基本性能检查			
	(3) 测试场景的布置及检查			
	(4) 对场景和车辆等测试环境进行安全评估,杜绝安全风险			
	(5) 在场景中进行智能网联小型客车导航(路径规划)验证			
3. 结果分析	分析定位技术还存在的问题以及解决方法,评价导航(路径规划)结果			
小组互评 第_____组	组员学号			
	组员姓名			
	互评分			
教师考核				

思考与练习

一、判断题

1. 没有定位就不会产生导航,无法产生坐标信息就不会进行正确的导航,也就是说定位是导航的第一步,导航是定位的一个连续过程,导航涉及路径规划和决策引导。　　（　）

2. 在国家智能汽车发展规划中,已明确提出要大力推广北斗卫星导航定位系统在智能网联汽车和无人驾驶汽车中的应用。　　（　）

3. GNSS 定位不能基于坐标系统和时间系统进行的。　　（　）

4. RTK 是一种利用接收机实时观测卫星信号载波相位的技术,结合了数据通信技术与卫星定位技术,采用实时解算和数据处理的方式,能够实现为流动站提供在指定坐标系中的实时三维坐标点,在极短的时间内实现高精度的位置定位。　　（　）

5. 惯性导航定位系统是一种利用惯性传感器测量载体的角速度信息,并结合给定的初始条件实时推算速度、位置、姿态等参数的组合式导航系统。　　（　）

6. 惯性测量单元就是由几个陀螺仪按不同的位置进行组合而成。　　（　）

7. 惯性导航定位系统可全天候在全球任何地点工作,并能给出时间信息。　　（　）

8. 地图匹配定位技术是指将自动驾驶车辆行驶轨迹的经纬度采样序列与高精度地图路网匹配的过程。　　（　）

9. 高精度地图是地图匹配定位有效应用的重要前提,也是智能驾驶系统自主导航、自动驾驶的重要前提。　　（　）

10. 特征层融合也称像素级融合,首先将传感器的观测数据融合,然后从融合的数据中提取特征向量,并进行判断识别。　　（　）

二、选择题

1. 目前自动驾驶车辆定位技术可分为（　　）等。
   A. 卫星定位　　　　　　　　　　B. 惯性导航定位
   C. 地图匹配定位　　　　　　　　D. 组合定位

2. 卫星导航定位系统包括的全球四大导航卫星系统是（　　）。
   A. GPS　　　　　B. BDS　　　　　C. GLONASS　　　　D. GALILEO

3. 根据差分校正的目标参量的不同,差分 GNSS 主要分为（　　）。
   A. 位置差分　　　B. 伪距差分　　　C. 载波相位差分　　D. 时间差分

4. 北斗卫星导航定位系统致力于向全球用户提供高质量的定位、导航和授时服务,其建设与发展则遵循开放性、自主性、（　　）这四项原则。
   A. 兼容性　　　　B. 协调性　　　　C. 准确性　　　　D. 渐进性

5. 惯性导航系统的主要组成模块有（　　）。
   A. 惯性测量单元　　　　　　　　B. 信号预处理单元
   C. 机械力学编排模块　　　　　　D. 控制单元

6. 惯性导航系统根据机械力学编排形式的不同,可分为（　　）。
   A. GNNS　　　　B. GINS　　　　C. SINS　　　　D. SNNS

7. 在智能网联无人驾驶汽车系统中,GPS 的更新频率一般为(   )。

    A. 1 Hz   B. 10 Hz   C. 100 Hz   D. 1000 Hz

8. (   )能配合激光雷达,为激光雷达的空间位置和脉冲发射姿态提供高精度定位,建立激光雷达云点的三维坐标系。

    A. GPS 导航定位系统   B. RTK 导航定位系统

    C. 卫星导航定位系统   D. 惯性导航定位系统

9. 地图匹配定位首先利用车辆装载的(   )做出初始位置判断,确定高精度地图局部搜索范围。

    A. GNSS   B. RTK   C. IMU   D. INS

10. 高精地图信息可分为(   )。

    A. 道路信息   B. 规则信息   C. 经纬信息   D. 实时信息

三、简答题

1. 卫星导航系统的误差从来源上可以分为哪些?

2. 简述差分 GNSS 的基本原理。

3. 简述惯性导航定位系统的工作原理。

4. 高精度地图如何实现路径规划功能?

5. 组合定位定位系统中组织系统的分层融合都包括哪些内容?

模块五 智能网联汽车线控技术

学习目标

▶ 知识目标

1. 列举智能网联汽车的线控技术;
2. 解释线控转向、制动、驱动和悬架技术;
3. 说明线控底盘的概念及优点;
4. 说明线控底盘在自动驾驶领域的应用。

▶ 技能目标

1. 能判断车辆上搭载的转向、制动、驱动系统和悬架是否为线控的;
2. 能够识别转向、制动、驱动系统和悬架的组成部件。

▶ 素养目标

1. 通过小组合作完成学习任务,培养学生的团队协作精神;
2. 通过制订计划和展示汇报,培养学生较好的逻辑思维和表达能力;
3. 通过拆装和验证车辆线控部件及功能,培养学生严谨的工作态度和精益求精的工匠精神。

建议课时

4 课时

一 认识智能网联汽车线控技术

1. 汽车线控技术

线控(Drive-by-Wire/X-by-Wire)技术来源于飞机的电传动操作控制系统,飞行员不再通过传统的机械回路或者液压回路来控制飞机的飞行姿态,而是通过安装在操纵稳定杆上的传感器检测飞行员施加在其上的力和位移,并将其转换为电信号,在 ECU 中将信号进行处理,传递到执行机构从而实现对飞机的控制。1972 年,美国国家航空航天局推出了线控飞行技术的飞机。随着技术的革新,目前绝大部分军用飞机和大部分民用飞机都采用了这项技术。

汽车线控系统是指不再通过驾驶人的力或者转矩的输入经机械、液压或气动传递后来控制车辆,而只是将驾驶人的操纵动作通过传感器转变为电信号向自动驾驶车辆控制系统发出的决策指令,通过电缆传输到执行机构的一种系统。

线控系统通过分布在汽车各处的传感器实时获取驾驶人的操作意图和汽车行驶过程中的各种参数信息,传递给控制器,控制器将这些信息进行分析和处理,得到合适的控制参数后传递给各个执行机构,从而实现对汽车的控制,提高车辆的转向性、动力性、制动性和平顺性。目前主要以实现线控转向、线控驱动、线控制动、线控悬架的线控底盘呈现汽车线控技术。

2. 智能网联汽车的线控技术

智能网联汽车的控制执行技术旨在环境感知技术的基础上,根据决策规划的目标轨迹,通过纵向和横向控制系统的配合使汽车能够按照跟踪目标轨迹准确稳定行驶,同时使汽车在行驶过程中能够实现车速调节、车距保持、换道、超车等基本操作。车辆的控制执行技术包括纵向、横向以及垂直方向的运动控制。借助融合驱制动、转向、悬架的底盘控制技术以及应用移动通信和感知系统的车队协同和车路协同,是实现被控车辆的速度、行驶方向与预设的速度曲线、行驶路线保持同步的重要前提条件。但其核心是车辆的纵向控制和横向控制技术,纵向控制为车辆的驱动与制动控制,横向控制为转向盘角度的调整以及轮胎力的控制。实现了纵向和横向自动控制,就可以按给定目标和约束自动控制车辆运行。所以,从车辆本身来说,自动驾驶控制系统就是综合纵向和横向控制的系统。

1)车辆纵向控制

车辆纵向控制是在行车速度方向上的控制,即车速以及本车与前后车或障碍物距离的自动控制。自适应巡航控制和紧急制动控制都是典型的自动驾驶纵向控制案例。这类控制问题可归结为对驱动电机、发动机、传动和制动系统的控制。各种电机—发动机—传动模型、汽车运行模型和制动过程模型与不同的控制器算法结合,构成了各种各样的纵向控制模式(图5-1)。

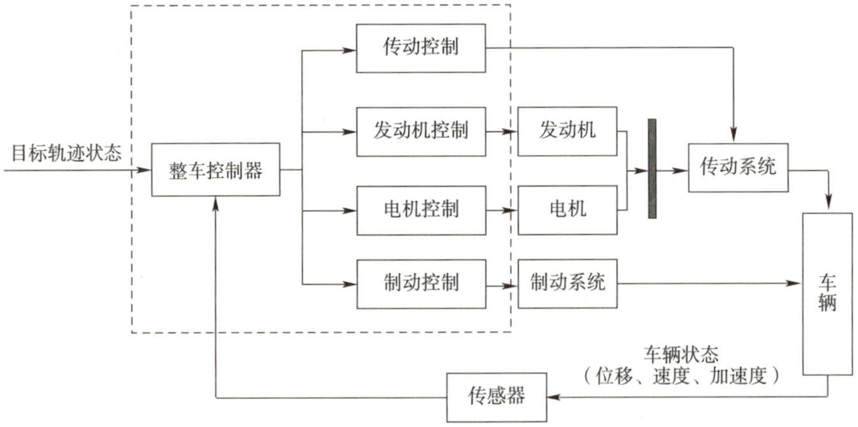

图5-1 纵向控制基本结构

此外,针对轮胎作用力的滑移率控制是纵向稳定控制中的关键部分。滑移控制系统通过控制车轮滑移率调节车辆的纵向动力学特性,来防止车辆发生过度驱动滑移或制动抱死,从而提高车辆的稳定性和操纵性能。防抱死制动系统(ABS)在汽车制动时,自动控制制动器制动力的大小,使车轮不被抱死,处于边滚边滑(滑移率在20%左右)的状态,以保证地面能够给车轮提供最大的制动力。一些智能滑移率控制策略利用充足的环境感知信息设计了随道路环境变化的车轮最优滑移率调节器,从而提升轮胎力作用效果。

2)车辆横向控制

车辆横向控制是指垂直于运动方向上的控制,对于车辆也就是转向控制,目标是控制车辆自动保持期望的行车路线,并在不同的车速、载荷、风阻、路况下有很好的乘坐舒适性和稳定性。横向控制系统基本结构如图5-2所示,控制目标一般是车中心与路中心线间的偏移量,同时受舒适性等指标约束。

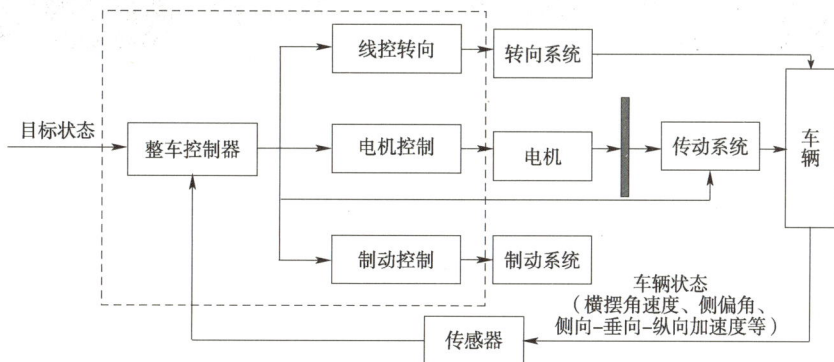

图 5-2 横向控制基本结构

车辆横向控制主要有两种基本设计方法:一种是基于驾驶人模拟的方法,另一种是基于汽车横向运动力学模型的控制方法。

(1)基于驾驶人模拟的方法:一种策略是使用较简单的运动力学模型和驾驶人操纵规则设计控制器,另一种策略是用驾驶人操纵过程的数据训练控制器获取控制算法。

(2)基于车辆横向运动力学模型的方法:要建立较精确的汽车横向运动模型。典型模型是所谓单轨模型,或称为自行车模型,也就是认为汽车左右两侧特性相同。控制目标一般是车中心与路中心线间的偏移量,同时受舒适性等指标约束。

针对低附着路面的极限工况中车辆横摆稳定控制是车辆横向控制中的关键部分。传统操纵稳定性控制思路,如电子稳定性控制系统(ESP)和前轮主动转向系统(AFS)等,控制分布的轮胎作用力和前轮转向,通过利用轮胎附着力降低轮胎利用率来提高车辆稳定性。目前多数采用冗余驱动的控制分配框架,通过改变内外侧轮胎驱/制动力差异的方法,增加单侧驱/制动转矩,并相应减小另一侧驱/制动转矩为整车产生一个附加的横摆转矩来改善车辆转向动态特性,以保证车辆的横摆稳定性和行驶安全性。

线控系统由人机接口通信,执行机构和传感机构之间以及与其他的系统之间要进行大量的信息传输,要求网络的实时性好、可靠性高,而且要求具有冗余的"功能实现",以保证在故障时仍可实现装置的基本功能,如图5-3所示。

3.线控底盘

智能网联汽车的感知识别、决策规划、控制执行三个核心系统中,与底盘相关的主要是控制执行,需要对传统汽车的底盘进行线控改造以适用于自动驾驶。也就是说,智能网联汽车的发展离不开毫米波雷达、激光雷达、车载摄像头等硬件设备的道路信息搜集,也离不开深度学习、高精度地图等软件程序的道路规划控制,而为了让自动驾驶汽车能够在道路正常、稳定地行驶,也需要线控底盘技术的加持。线控底盘技术对于自动驾驶汽车,就像人的手和脚一样,决定汽车是否可以正常行驶,作为执行层的硬件核心技术,线控底盘的发展将决定自动驾驶汽车的发展(图5-4)。

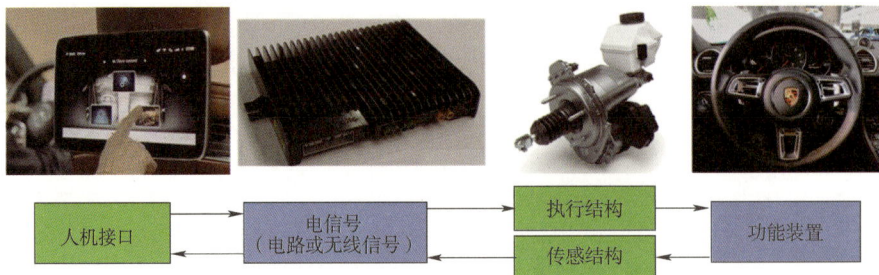

人机接口 → 电信号（电路或无线信号） → 执行结构 → 功能装置 ← 传感结构

图5-3　线控系统的原理图

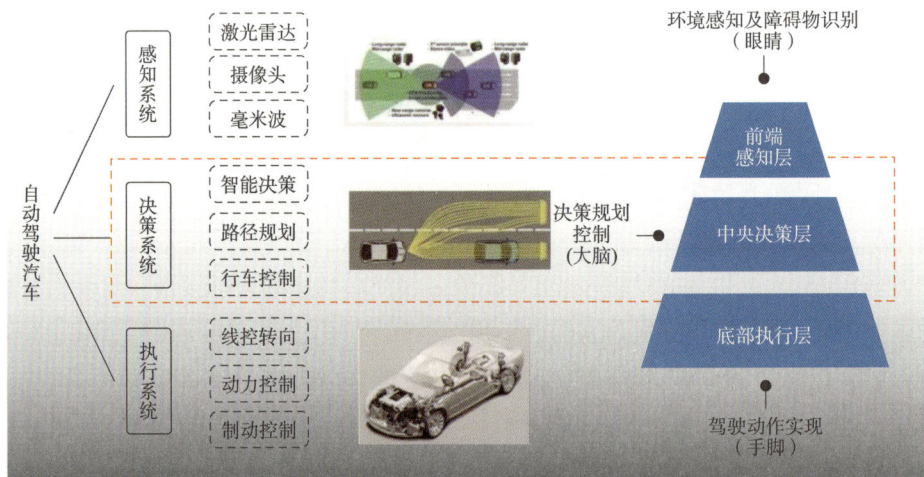

图5-4　线控底盘与自动驾驶的关系示意图

4.线控技术的发展趋势

目前,国外的丰田、日产和国内的长城汽车公司都已经开发出相应的线控底盘,博世、舍弗勒、采埃孚和大陆公司也都已经进行了相关线控系统开发甚至是批量生产。线控技术是智能网联汽车发展的基础,同时线控系统也向着智能化方向发展,未来主要的技术发展趋势有以下几个方向:

(1)各个线控子系统及汽车的其他电控单元高度集成,实现控制一体化。例如,线控转向系统和线控悬架的有机结合,实现汽车的运动协调统一控制,向综合控制方向发展。综合发挥两者的优点,不仅可以实现自动驾驶,还可以更好地改善汽车的安全性、舒适性和稳定性。

(2)汽车线控系统具有传统机械或液压系统所不具备的技术优势。但它是一种复杂的高级电子系统,目前还没有达到机械或液压部件同等可靠的程度,而且法规仍然要求转向和制动系统必须有机械连接,不允许使用纯线控的转向系统或制动系统,因此尽快提高线控系统的可靠性和安全性,是当务之急。只有实现高度的安全,才能获得政府部门对完全线控系统的认可,才能实现线控技术在车辆上的全面应用。

(3)降低线控系统的成本。线控系统中所必需的传感器、高功率的电机、高性能的电源,以及硬件冗余等,都大大增加了成本。随着技术的进步、电子设备成本的下降,以及其他的技术手段,如非硬件冗余的容错控制技术等,线控系统的成本会逐渐下降。只有成本下降了,线控系统才能在量产车上大范围应用。

(4)应用范围的扩展。实现低成本和高可靠性后,结合目前的电动化、智能化发展趋势,线控技术的应用范围将越来越广,对自动驾驶的发展也会起到有效的推动作用。

二　线控转向系统

1.认知线控转向系统

在汽车的发展历程中,转向系统从最初的机械式转向系统(MS)发展为液压助力转向系统(HPS),然后又出现了电控液压助力转向系统(EHPS)和电动助力转向系统(EPS),最后发展为线控转向系统。

线控转向系统(Steering-by-Wire),是解决车辆横向控制的关键系统,终极的解决方案是取消了转向盘和转向车轮之间的机械连接部件,彻底摆脱了机械固件的限制,完全由电能来实现转向。系统是通过给转向电机发送电信号指令,从而实现对转向系统的控制。当转向盘转动时,转矩传感器和转向角传感器将测量到的驾驶人转矩和转向盘的转角转变成电信号输入电子控制器(ECU),ECU依据车速传感器和安装在转向传动机构上的位移传感器的信号来控制转矩,反馈电机的旋转方向,并根据转向力模拟、生成反馈转矩,控制转向电机的旋转方向、转矩大小和旋转的角度,通过机械转向装置控制转向轮的转向位置。

目前,可将线控转向系统定义为将依靠转向管柱连接转向机构来实现转向的传统方式,转换成为通过传感器检测转向盘角度信号,并通过电脑控制伺服电机来实现驱动转向的转向系统。但智能网联汽车的线控系统可能定义还需要调整为通过源于车辆和/或网络感知系统信号,自动驾驶控制系统判断需要进行转向(横向控制)时,发出指令让转向伺服电机来实现横向控制的转向系统。

但迄今为止,为汽车开发的所有标准转向系统都基于转向盘和车轮之间的可靠机械耦合。因此,在车辆的所有操作条件下,驾驶人都具有与转向轮的直接机械连接,使车辆能够直接遵循其预期的驾驶路线。近几十年来,转向系统制造商和车辆工业界在转向领域的持续发展主要与转向助力或转向角叠加有关。例如,液压或机电动力转向系统可为所有可能的驾驶状态提供完美调整的转向动力,但仍基于机械传动机构。特别是在出现错误的情况下,即当动力系统切换到所谓的故障安全或故障降级模式时,机械部件会执行驾驶人的转向命令,将其传输到车轮的执行任务。例如,最早的量产线控转向系统,2015年的英菲尼迪Q50搭载了主动式的线控转向系统,如图5-5所示。Q50的转向系统在正常工作状态下,转向盘和转向器之间是没有机械连接的,完全靠电信号实现控制和路感的模拟。当系统出现故障时,通过离合器,将线控转向系统变为一个机械转向系统,这就是对于线控转向系统冗

图 5-5　Q50 线控转向系统

余的考虑。可之后 Q50 装备线控转向的车型遭遇大规模的召回,说明线控转向的可靠性还没有达到大规模量产的要求。

线控转向系统具有传统机械转向系统的所有优点,更可以实现机械系统难以做到的角传递特性的优化。在线控转向系统中,驾驶人的操纵动作通过传感器变成电信号,信号经分析处理后,通过导线直接传递到执行机构。这是智能网联汽车发展的关键技术之一,因为这样将不受机械结构的限制,就可以实现理论上的任意转向意图。

2. 线控转向系统的类型及构成

目前的线控转向系统主要有两大类,一类是仍然通过传统的转向管柱将转向盘与转向执行机构连接在一起,基本形态与传统汽车的一致。但其中又分为两种。一种是将原有的液压或机电动力转向系统由助力系统升级为"主动"系统,一个是由转向驱动电机直接产生力矩驱动转向,另一个是通过电机驱动液力泵工作,通过液力传递由液力泵产生力矩驱动转向(图 5-6),自动转向控制失效时还是传统的机械转向系统介入工作,其在结构及组成上与传统的转向助力系统基本一致,只是电机的功率会大一些,在一些电动汽车上会直接选用动力蓄电池的高压电来作为转向电机的动力电,其属于一种过渡型产品,目前主要在商用车上使用,但乘用车领域基本没有使用的。

图 5-6　电子液压线控转向系统结构示意图

另一种就是与 Q50 这样类似,在转向管柱与转向执行机构之间有电磁离合器相连,正常情况下,电磁离合器为断开状态,转向管柱无法控制转向执行机构,当自动转向控制出现故障的紧急情况下,离合器才会接通,这时恢复两者间的刚性连接,进入传统的机械控制的转向模式(图 5-7)。其结构上只是在转向盘转向柱杆与转向执行机构之间多了一个电磁离合器,同时电机也可能会多一个作为冗余使用,并且安装的位置选择会有不同。

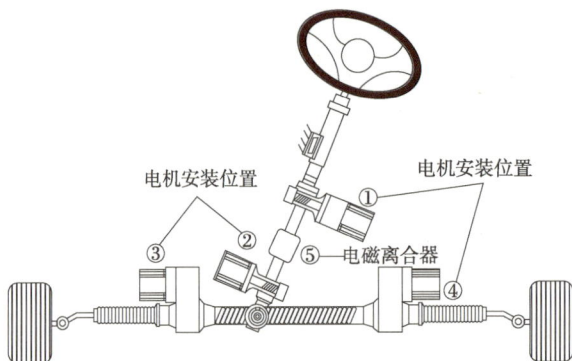

图 5-7　电动线控转向系统结构图

但更多的如图 5-8 所示,电动线控转向系统由转向盘模块、转向执行模块和 ECU 三个主要部分以及故障应急处理系统、电源等辅助系统组成。

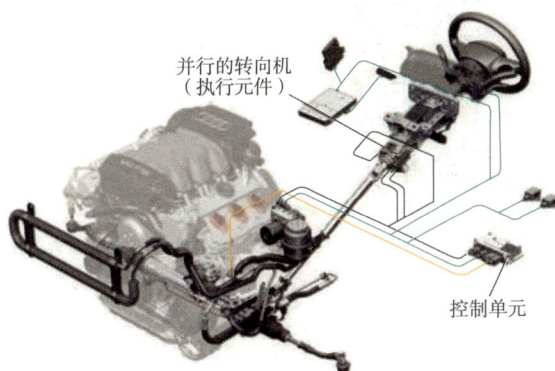

并行的转向机
(执行元件)

控制单元

图 5-8　主流线控转向系统的组成

转向盘模块包括转向盘、转向盘转角传感器、力矩传感器、路感电机(这个电机安装的位置与电动线控转向系统的电机不同,它一定是安装在电磁离合器与转向盘之间)。转向盘模块的主要功能是将驾驶人的转向意图(通过测量转向盘转角)转换成数字信号,并传递给ECU;同时接收 ECU 送来的力矩信号,产生力矩以提供给驾驶人相应的路感信息。

转向执行模块由前轮转角传感器、转向执行电机、转向电机控制器和前轮转向组件等组成。转向执行模块的功能是接受主控制器的命令,通过转向电机控制器控制转向车轮转动,实现驾驶人的转向意图。

ECU 对采集的信号进行分析处理,判别汽车的运动状态,向转向盘回正力电机和转向电机发送指令,控制两个电机的工作,保证各种工况下都具有理想的车辆响应,以减少驾驶人对汽车转向特性随车速变化的补偿任务,减轻驾驶人负担。同时 ECU 还可以对驾驶人的操作指令进行识别,判定在当前状态下驾驶人的转向操作是否合理。当汽车处于非稳定状态或驾驶人发出错误指令时,线控转向系统会将驾驶人错误的转向操作屏蔽,而自动进行稳定控制,使汽车尽快地恢复到稳定状态。

故障应急处理系统是线控转向系统的重要组成,它包括一系列的监控和实施算法,针对不同的故障形式和故障等级做出相应的处理,以求最大限度地保持汽车的正常行驶,也包括执行器——电磁离合器。汽车作为应用最广泛的交通工具之一,其安全性是必须首先考虑的因素,是一切的基础,因而故障的自动检测和自动处理是线控转向系统最重要的组成系统之一。它采用严密的故障检测和处理逻辑,以更大限度地提高汽车安全性能,在电控系统出现故障后锁上电磁离合器,由驾驶人来接管转向系统。

电源系统承担着控制器、两个执行电机以及其他车用电器的供电任务,其中乘用车仅前轮转角执行电机的最大功率就有 500~800W,加上汽车上的其他电子设备,电源的负担已经相当沉重。所以要保证电网在大负荷下稳定工作,电源的性能就显得十分重要。

另一类线控转向系统是所说到的终极解决方案,也就是真正的线控转向系统,即转向管柱或转向盘与转向执行机构已经无任何的机械连接,转向盘只是一个信号发生器,将转向需求给到控制系统后,转向机构会根据控制系统给到的指令来完成转向任务,如图 5-9 所示。

图 5-9 线控转向系统

如图 5-10 所示的线控转向系统主要由两个组件组成：转向盘执行器和转向车轮执行器。其中的主动转向技术包含路感模拟、转角决策及转角控制等核心功能。实现前馈 + 反馈的转角、转速、转矩三闭环控制。

位于上转向柱区域的转向盘执行器包括一个带有传感器的传统转向盘，用于检测转向盘角度和转向转矩，以及一个转向盘电机，将适当的转向感传递给驾驶人。此外，由于在关键驾驶状态下需要通过反射运动进行转向校正，通过多年验证和自学习的控制系统将会进行相应控制，从而降低事故风险。

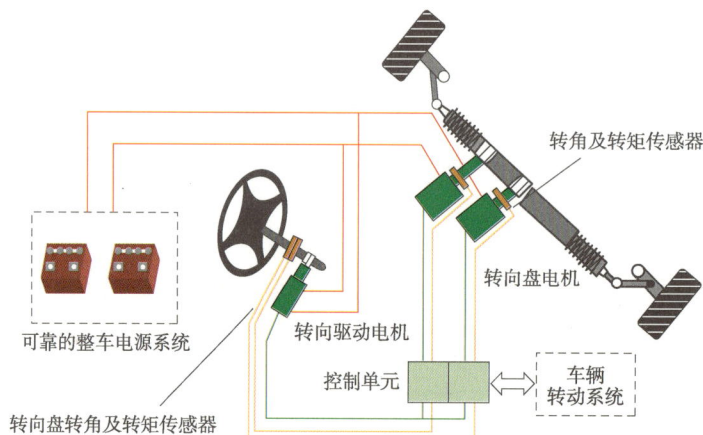

图 5-10 线控转向系统结构示意图

转向车轮执行器主要由机电齿轮齿条转向装置组成。出于安全考虑，有两个冗余设计的电机驱动转向，而且这两个电机选用高性能无刷永磁励磁直流电机，传感器也安装在车轮驱动器中，用于记录车轮角度。

控制单元处理由两个组件提供的所有信息以及车辆其他系统提供的数据。出于安全考虑，始终使用冗余系统结构。在某些情况下，对于单个安全相关信号，需要多达 3 个相互独立的传感器。只有这样才能在出现错误时确保系统的可靠故障运行模式。根据功能和安全结构，控制单元中需要 8 个 32位微处理器，它们相互监视计算设置值的合理性或故障。

此外，通过转向驱动电机直接控制独立驱动轮（靠轮毂电机驱动）进行转向控制的研究早已经开始，如图 5-11 所示，并已经有产品进入相关的实验阶段，相信未来轮毂电机在整车上大量使用将会变

图 5-11 可进行线控转向的独立分布式轮毂电机

成现实。

3. 智能网联汽车线控转向系统

智能驾驶汽车的发展中往往需要充分考虑到关联系统的执行能力是否能够满足其顶层控制的期望值，这就要求在整车级规控、执行阶段中充分掌握主动权。例如在转向控制中，通过取消转向盘与转向轮之间的传统机械连接，可以摆脱传统转向系统限制，通过数据总线传输信号，完全由电能实现转向，这样不但可以自由设计汽车转向的力传递特性，而且可以设计汽车转向的角传递特性，从转向控制系统中获取反馈命令。转向电机协调其运动关系，并最终实现智能驾驶系统的主动转向控制。这也是智能驾驶汽车实现路径跟踪与避障避险的关键技术。

目前基于法规和安全应急考虑，车辆依然保留了转向盘，更多是作为转向信号的输入装置作用，少部分是作为应急时使用。目前，新的无转向盘的线控转向系统已经出现在智能网联汽车上，例如金龙的阿波龙，即智能驾驶转向意图的纯电子传输线路以及机械转向运动与车轮端转向将完全分离，这就消除了对传统机械传动装置的需要，智能驾驶系统仅生成有关其预期转向运动的信息，该信息被馈送到电子控制单元，最终实现智能驾驶系统的主动转向控制。这也是智能驾驶汽车实现路径跟踪与避障避险的关键技术。

智能网联汽车线控转向系统的首先可以提高汽车安全性能。如果去除了转向柱等机械连接，完全避免了撞车事故中转向柱对驾驶人的伤害。智能化的 ECU 根据汽车的行驶状态判断驾驶人的操作是否合理，并做出相应的调整，当汽车处于极限工况时，能够自动对汽车进行稳定控制。其次改善驾驶特性，增强操纵性。基于车速、牵引力控制以及其他相关参数基础上的转向比率（转向盘转角和车轮转角的比值）不断变化。低速行驶时，转向比率低，可以减少转弯或停车时转向盘转动的角度；高速行驶时，转向比率变大，获得更好的直线行驶条件。也就是说要想实现自动驾驶，AI 智能算法以及机器学习是软件方面的核心要素，那么高精度传感器和线控转向系统操纵机构则是绕不过去的硬件门槛。

三 线控制动系统和线控驱动

线控制动系统和线控驱动都是属于车辆纵向控制，即在行车速度方向上的控制，实现对车速以及本车与前后车或障碍物距离的自动控制。

1. 线控制动系统

乘用车的制动系统自威廉·迈巴赫于 1900 年发明鼓式制动器起，至今已有 120 年的历史，其间诞生了多种形式的制动系统，其发展大致可以划分为以下 5 个阶段：采用人力的纯机械制动和液压制动系统；兼用人力和发动机动力作为制动力源的伺服制动系统；发动机提供所有制动力源的动力制动系统；以 ABS、牵引力控制系统（Traction Control System，TCS）、电子稳定控制系统（Electronic Stability Controller，ESC）等为代表的成熟的电液制动系统；以电子驻车制动系统（Electric Parking Brake，EPB）、电控液压制动（Electric Hydraulic Brake，EHB）、电子机械式制动系统（Electric Mechanical Brake，EMB）等为代表的线控制动系统（Brake by Wire，BBW），即电子控制制动系统，如图 5-12 所示。

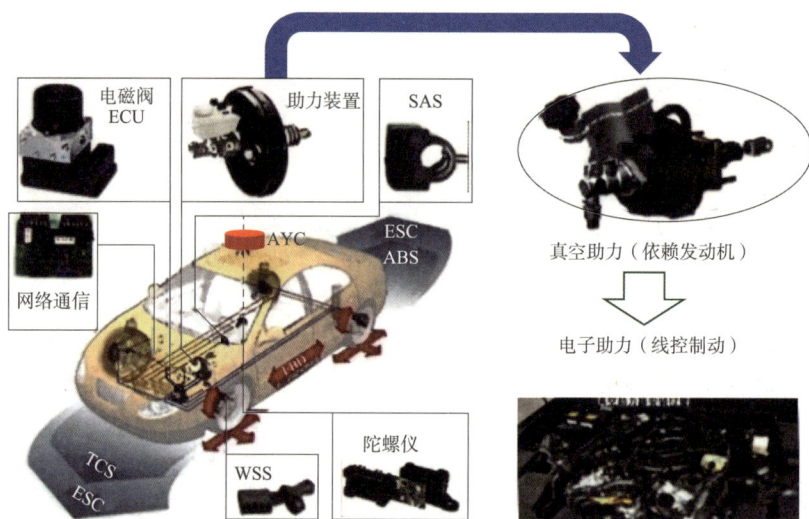

图 5-12　线控制动系统

2. 线控制动系统的优点

（1）线控制动系统的制动踏板与制动执行机构解耦,可以降低部件的复杂性,减少液压与机械控制装置,减少杠杆、轴承等金属连接件,减轻质量,降低油耗和制造成本。

（2）线控制动系统具有精确的制动力调节能力,是电动汽车摩擦与回馈耦合制动系统的理想选择。

（3）基于线控制动系统,不仅可以实现更高品质的 ABS/FESC/EPB 等高级安全功能控制,而且可以满足先进汽车智能系统对自适应巡航(ACC)、自动紧急制动(AEB)、自动泊车、无人驾驶等的要求。

3. 线控制动系统的分类

线控制动系统可分为机械式线控制动系统和液压式线控制动系统。

1）机械式线控制动系统(EMB)

机械式线控制动系统(EMB)也称为电子机械式制动系统。如图 5-13 所示,EMB 以电能为能量来源,通过电机驱动制动垫块,由电线传递能量,数据线传递信号。EMB 是线控制动系统的一种,整个系统中没有连接制动管路,结构简单,体积小,信号通过电传播,反应灵敏,减小了制动距离,工作稳定,维护简单,没有液压油管路,不存在液压油泄漏问题,通过 ECU 直接控制,易于实现 ABS、TCS、ESP、ACC 等功能。

2）液压式线控制动系统(EHB)

液压式线控制动系统是从传统的液压制动系统发展来的,但与传统制动方式有很大的不同,EHB 以电子元件替代了原有的部分机械元件,是一个先进的机电一体化系统,它将电子系统和液压系统相结合。EHB 结构主要由电子踏板、电子控制单元(ECU)、液压执行机构组成,如图 5-14 所示。

电子液压式线控制动系统从结构上分为整体式和分体式两种。

（1）整体式是由主缸/踏板单元、主动增压模块、轮缸压力调节模块集成在一个部件内（图 5-15）。

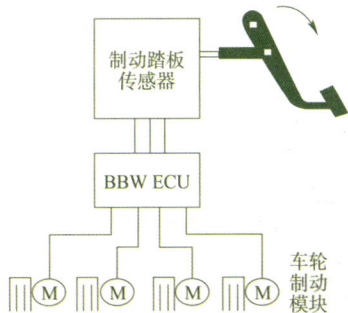

图 5-13　EMB 的结构原理示意图

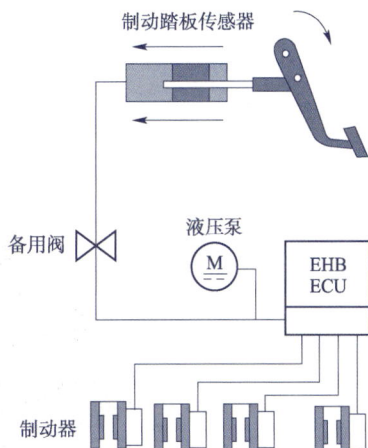

图 5-14　EHB 结构原理示意图

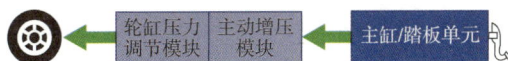

图 5-15　整体式电子液压线控制动系统图

（2）分体式的主缸/踏板单元和主动增压模块集成在另一个模块中，轮缸压力调节模块作为另一个单独模块（图 5-16）。

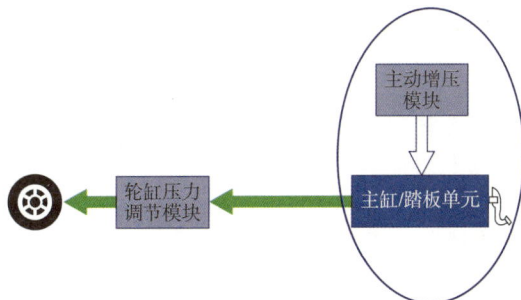

图 5-16　分体式电子液压线控制动系统图

线控制动系统的制动踏板都采用电子踏板，是由制动踏板和踏板传感器（踏板位移传感器）组成。踏板传感器用于检测踏板行程，然后将位移信号转化成电信号传给 ECU，实现踏板行程和制动力按比例进行调控。EHB 工作时，制动踏板与制动器之间的液压连接断开，备用阀处于关闭状态，电子踏板配有踏板感觉模拟器和电子传感器，ECU 可以通过重构信号来判断驾驶人的制动意图，并通过电机驱动液压泵进行制动。当电子系统发生故障时，备用阀打开，EHB 系统变成传统的液压系统。而在 EMB 中，踏板信号与执行器之间完全靠电子信号传输，与 ABS、TCS、ESC 等模块配合实现车辆底盘的集成控制，是真正的线控制动系统。

4. 典型液压式线控制动系统

1）博世 iBooster

博世在 2013 年就推出了第一代 iBooster 技术，目前主打的已经是第二代产品。iBooster 采用机电伺服设计，具备高动态建压能力，能够确保在紧急情况下更快自主建压，大幅缩短制动距离，提升行车安全。

如图 5-17 所示,iBooster 为核心部件的工作原理:当驾驶人踩下制动踏板时,输入杆产生位移,踏板位置(行程)传感器探测到输入杆的位移并将该位移信号送至控制单元 ECU,控制单元 ECU 计算出电机应产生的转矩,再由传动装置将该转矩转化为伺服制动力。伺服制动力、输入杆的源自踏板的输入力在制动主缸内共同转化为制动液压,推动制动轮缸,实现制动。

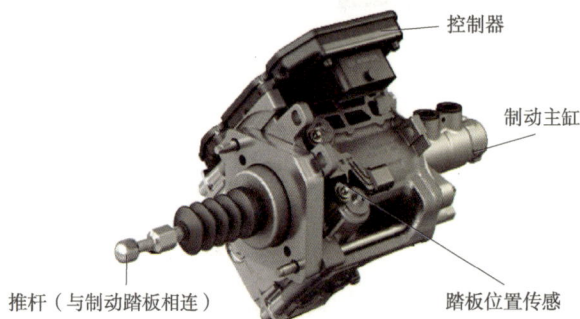

图 5-17　博世 iBooster

iBooster 采用双安全失效模式:第一道安全失效模式将两种故障情况考虑在内。如果车载电源不能满负载运行,那么 iBooster 则以节能模式工作,以避免给车辆电气系统增加不必要的负荷,同时防止车载电源发生故障。万一 iBooster 发生故障,ESP 会接管并提供制动助力。在第二道安全失效模式,如果车载电源失效,即断电模式下,则可通过机械推动力作为备用:驾驶人可以通过无制动助力的纯液压模式对所有四个车轮施加车轮制动,使车辆安全停止,同时满足所有法规要求。

iBooster 制动技术具备很多优点,与传统真空助力器制动技术相比,iBooster 机构的最大区别是没有真空泵,集成了各种传感器和控制器,体积和质量大大缩减,便于布置,制动响应速度更快,可以完美对接主流的驾驶辅助装备,例如自适应巡航、主动制动等,能够平稳安静地让车辆自动减速,因此是实现自动驾驶的基础技术之一。

2)大陆集团 MK C1

大陆集团 MK C1 是其重点推出的电动液压式制动系统,产品自 2016 年开始投产上市。MK C1 将串联主缸(TMC)、制动助力器、控制系统(ABS 和 ESC)整合成为一个结构紧凑、质量轻的制动模块(图 5-18)。

图 5-18　大陆集团 MK C1

MK C1 基本构成与博世 iBooster 相同,主要有电机、制动液罐、控制单元 ECU、液压单元(含阀、压力传感器、制动主缸)、踏板模拟器以及输入杆。为达到制动冗余的相关要求,大陆集团结合使用了旗下的 MK C1 与 MK 100 HBE 衍生产品,可提供正常操作及合作操作两种模式。

正常操作模式下,MK C1 装置将提供所有的制动功能,保障行驶的稳定性及驾驶舒适度;若主 EBS(电子制动控制系统)发生故障(该故障的发生概率极低),辅助 EBS 将介入车辆操作并提供必要的制动功能。主 EBS 故障通常分为两种情况:完全失效(该类情况不太可能发生)时,MK 100 HBE 装置将对前轮采取制动操作,并启用防抱死制动(ABS)功能;部分失效时,启用协同制动模式。当主制动系统的机电执行器及泵功能发生故障,但该制动装置的控制阀却并未受到影响时,则协同制动模式将被激活。在这种情况下,MK 100 HBE 制动装置也将随之进入协同制动模式。该装置将向运转正常的 MK C1 阀门送入一定的液压,进而激活后轮制动系统。

5. 线控驱动系统

1)线控驱动系统结构与原理

线控驱动系统主要由电子加速踏板、驱动电机控制器/发动机控制单元/动力控制单元、电机和发动机等组成(图 5-19)。

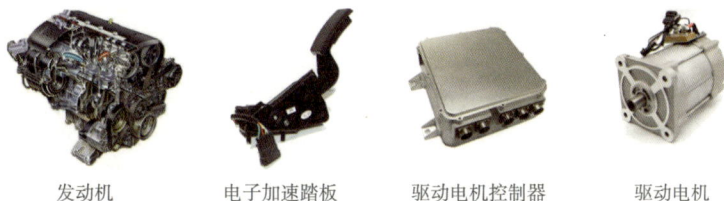

发动机　　　　电子加速踏板　　　驱动电机控制器　　　驱动电机

图 5-19　线控驱动系统结构部件图

电子加速踏板用于识别驾驶人意图,该信号传递给控制单元后,由它们根据其反馈的驾驶人意图和实际道路情况发出指令驱动车辆行驶(图 5-20)。

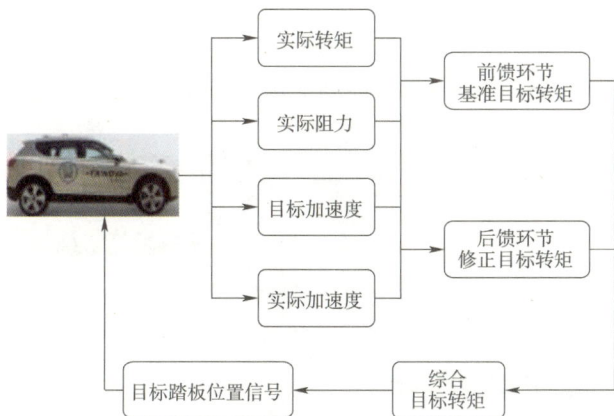

图 5-20　线控驱动系统工作示意图

2)线控驱动系统的类型

线控驱动系统目前分为传统燃油汽车线控驱动和电动线控驱动两类。

（1）传统燃油汽车线控驱动系统。

对于传统燃油汽车而言，只需要能够实现加速踏板的自动控制就能够实现线控驱动（图5-21）。

①方式一：在加速踏板的位置增加一套执行机构，去模拟驾驶人踩加速踏板。同时还要增加一套控制系统，输入目标车速信号，实际车速作为反馈。通过控制系统计算，去控制执行机构去执行动作。

②方式二：接管节气门控制单元加速踏板的位置信号，只需要增加一套控制系统，输入目标车速信号，把实际的车速作为反馈，最后控制系统计算输出加速踏板位置信号给节气门控制单元。

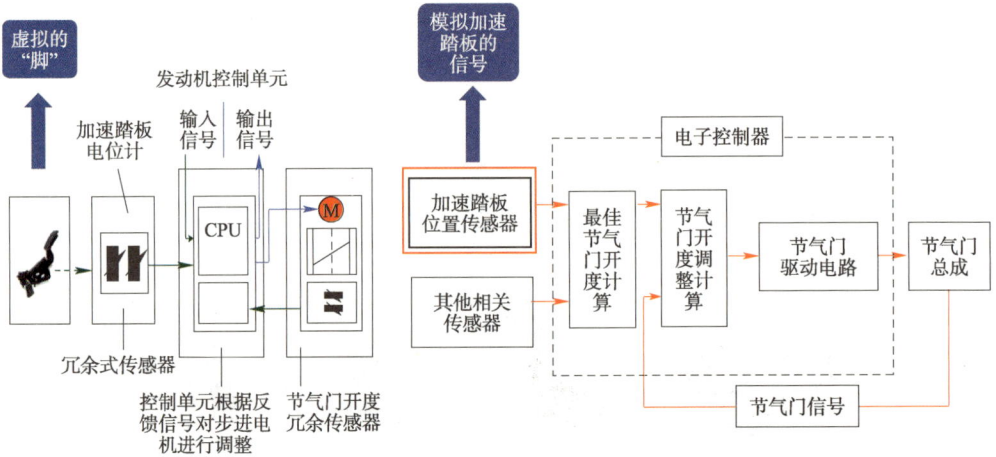

图 5-21　传统线控驱动系统结构功能图

（2）电动线控驱动系统。

电动线控驱动系统主要由整车控制单元（VCU）来完成驱动，如图5-22所示，它的主要功能是实现转矩需求的计算以及实现转矩分配。VCU接收车速信号、加速、制动踏板信号以及一些其他信号，然后在VCU内部进行计算，发送转矩指令给电机控制单元，电机控制单元接收到VCU的转矩需求后进行电机转矩的控制，从而能够实现实时地响应VCU的转矩需求，因此，只需要VCU开放速度控制接口就能实现线控驱动。

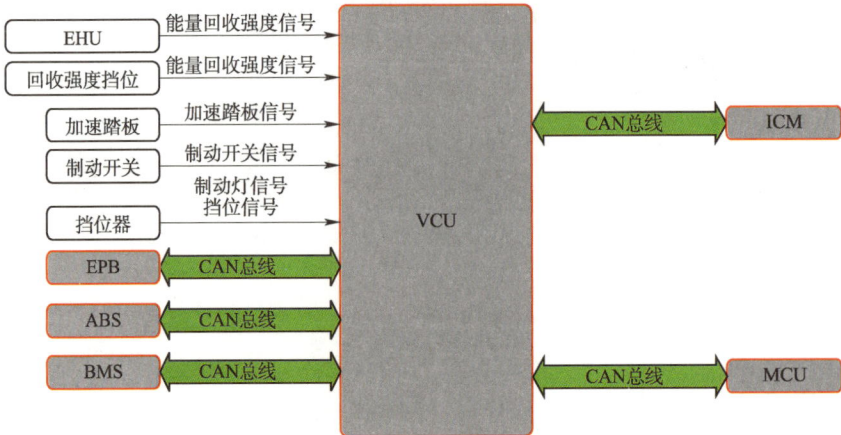

图 5-22　VCU 控制驱动系统结构原理图

四 线控悬架系统

1.线控悬架系统及其工作原理

线控悬架系统(Suspension by Wire),也称为主动悬架,是智能网联车辆的可选组成部分,可实现振动缓冲、保持平稳行驶的功能,直接影响车辆操控性能以及驾乘体验。线控悬架系统至今已经拥有 20 多年的历史,最早是由以生产耳机而闻名的 BOSE 开发的电磁悬架系统,奔驰 S600(液压悬架)和宝马 7 系(空气悬架)宣称的"魔毯"悬架系统,通用凯迪拉克的 MRC 主动电磁悬架系统以及各种豪华车和客车上使用的自适应空气悬架系统等,它们都属于线控悬架,只是线控悬架的不同型式。

当汽车在路面行驶时,传感器(主要涉及车辆的加速度传感器、高度传感器、速度传感器和转角传感器等关键传感器)将汽车行驶的路面情况(主要是颠簸情况)和车速及起动、加速、转向、制动等工况转变为电信号,输送给电子控制单元,电子控制单元将传感器送入的电信号进行综合处理,准确、快速、及时地输出对悬架的刚度、阻尼及车身高度进行调节的控制信号,空气弹簧根据所接收的信号完成反应动作,包括汽缸内气体质量、气体压力及电磁阀设定气压等关键参量的改变,实现对车身弹簧刚度、减振器阻尼以及车身高度的调节(图 5-23)。

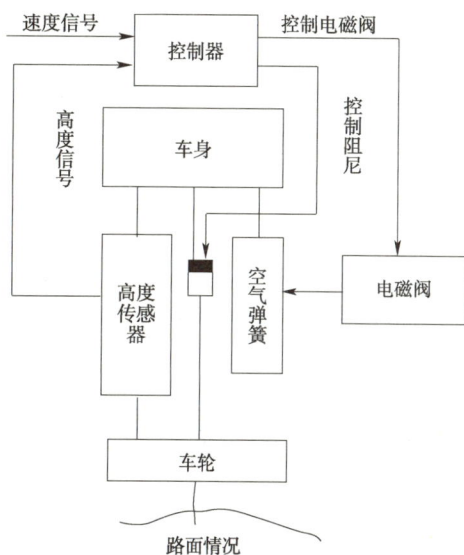

图 5-23 线控悬架系统工作原理示意图

而在奔驰和宝马的顶配车型上被称为"魔毯"(Magic Body Control,MBC)的车用系统,除了核心部件为线控悬架外,还加装了车顶的雷达系统。奔驰通过车顶的雷达对前方路面凸凹度进行录入,录入的信息会和当时的车速一同经过悬架控制单元预置算法计算处理,之后 ECU 会对各个悬架的刚度和阻尼比进行调节(空气弹簧调节刚度,普通悬架调节减振器阻尼比),最终实现车身始终水平的目的。宝马则是根据摄像头识别路面信息,导航定位了解前方路线,驾驶人辅助系统以及驾驶人行为习惯采集和认定作为调节悬架的参考。和奔驰 MBC 不同的是,宝马是通过电子机械式稳定杆配合空气悬架来完成调节的。

车身高度的控制,主要是控制车身在水平方向的高度,包括静止状态控制、行驶工况控制及自动水平控制等。静止状态控制,是指车辆静止时,由于乘员和货物等因素引起车辆载荷的变化,线控悬架系统会自动改变车身高度,以减少悬架系统的负荷,改善汽车的外观形象。行驶工况控制,将车辆静态载荷和动态载荷综合考虑。当汽车在高速行驶时,线控悬架系统主动降低车身高度以改善行车的操纵稳定性和气动特性;当汽车行驶在起伏不平的路面时,主动升高车身以避免车身与地面或悬架的磕碰,同时改变悬架系统的刚度以适应驾驶舒适性的要求。自动水平控制,在道路平坦开阔的行驶工况下,车身高度不受动态载荷和静态载荷影响,保持基本恒定的姿态,以保证驾乘舒适性和前照灯光束方向不变,提高行车的安全性。

总之,线控悬架系统技术的核心在于协调舒适性和操纵稳定性的矛盾,它能够精准地感知车况和路面等信息并自动调整悬架高度、刚度和阻尼,从而大幅度提高车辆操纵稳定性和舒适性。另外,系统还能学习用户的驾驶习惯,并合理调节出最适合用户的悬架控制策略。如果从影响车辆自动驾驶行为角度上考量,线控悬架系统并非刚需配置。

2. 线控悬架系统的基本结构

线控悬架系统主要由线控弹簧、线控减振器、线控防倾杆组成。线控弹簧可分为空气弹簧和油气弹簧;线控减振器可分为 CDC(Continuous Damping Control)型筒间流量调节减振器、FSD(Frequency Sentive Damping)型活塞流量调节减振器、MRC(Magnetic Ride Control)型油液黏度调节减振器和 PGSA(Power-Generating Shock Absorber)动力—发电减振器;线控防倾杆可分为断开式电子防倾杆和非断开式电子防倾杆(图5-24)。

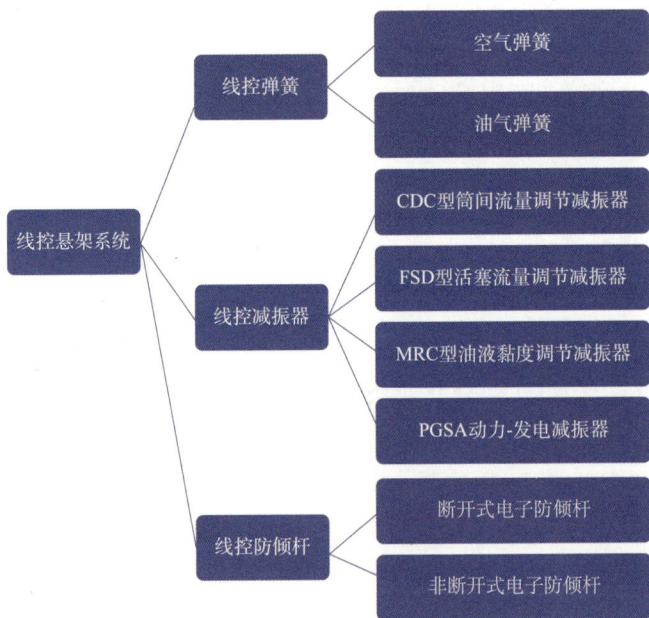

图5-24 线控悬架系统基本结构示意图

线控弹簧主要是调节车身高度和悬架刚度,主要应对越野路段和激烈驾驶场景;线控减振器主要调节悬架阻尼,对优化 NVH 性能有很大帮助。

线控减振器通过对路面激励信号和悬架振动信号的处理获得最佳的减振器阻尼参数,通过阻尼调节抵消部分车轮的弹力,使传递到车身的振动幅值和频率减弱,进而提高乘坐舒适性和行驶稳定性。

线控防倾杆的作用是主动防止车身在转弯时发生过大的横向侧倾。目的是防止汽车横向倾翻和改善平顺性。

3. 线控悬架系统的特点

线控悬架可以在不同工况下,满足驾乘平顺性和车辆操控性要求。但因其结构复杂,会对整车的故障率、安全风险、能耗均产生一定负面影响。其优点主要有:

(1)刚度可调,可改善汽车转弯时出现的侧倾以及制动和加速等引起的车身"点头和后坐"等问题。

(2)汽车载荷变化时,能自动维持车身高度不变。

(3)碰到障碍物时,能瞬时提高底盘和车轮、越过障碍,使汽车的通过性得到提高。

(4)可抑制制动时的"点头",充分利用车轮与地面的附着条件,加速制动过程,缩短制动距离。

(5)使车轮与地面保持良好的接触,提高车轮与地面的附着力,增加汽车抵抗侧滑的能力。

其缺点主要有:

(1)结构复杂,故障的概率和危害远高于传统悬架系统。

(2)线控悬架尤其是空气弹簧,由于没有备份,一旦出现严重泄漏事故,行车姿态会出现剧烈变化,提升了安全风险。

(3)线控悬架相对传统悬架增加了电机、控制器、传感器、储气罐等配置,质量和能耗有所提升。

(4)线控悬架的智能性有待提升,恶劣天气以及不良路面均会对自动控制系统产生不良干扰。

4. 线控悬架发展趋势

动力—发电减振器在线控悬架的使用占比将大幅提升,特别是在完全依靠电力来驱动的新能源纯电动汽车。动力-发电减振器 PGSA(Power-Generating Shock Absorber)是由美国 BOSE 公司推出的,完全由线性电动机电磁系统 LMES(Linear Motion Electromagnetic System)组成电磁减振器,每个车轮单独配置一套该系统,组建车身独立悬架系统,如图 5-25 所示。

动力-发电减振器包含四个关键技术:线性电磁感应式电机、功率放大器、控制算法和计算速度。其工作原理为:通过其独有的功率放大器,对每个车轮进行调节的控制信号被放大成足以驱动电机的电流,从而驱动电磁式线性电机工作让悬架伸展或压缩。不但可以为电机提供电流,而且还可以在整车行驶工况下由电机发电产生电流(每个 PGSA 可产生至少 25W 的功率,可以为电动汽车电池充电),这就形成了一套电力补偿机制。这对于完全依靠电力驱动的新能源汽车来说是非常有利的,可以较大幅度地增加蓄电池的电力,延长电动汽车的续驶里程。例如,当

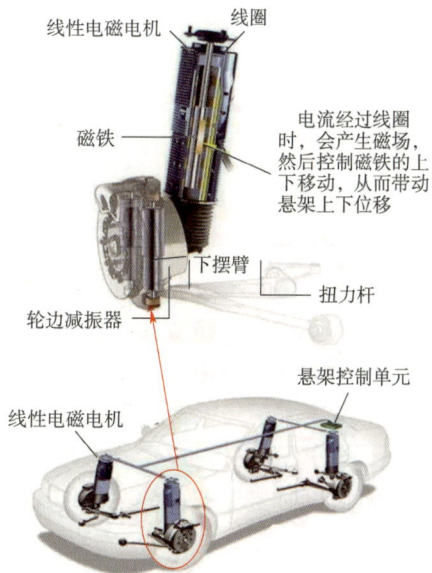

图 5-25 动力-发电减振器

一个轮子压过一个凹坑时,这一侧悬架会伸展而另一侧悬架会压缩,这套系统会利用另一侧悬架微小的压缩趋势让电机产生电力,提供给这一侧的电机伸展悬架。这样的自补偿系统要比常规的调节系统节省大概1/3的动力。

另外,轮毂电机与主动悬架电机集成的新型驱动系统将会是以电驱动为基础的智能网联汽车的选择(图5-26)。

图 5-26　轮毂电机与主动悬架电机集成的新型驱动系统

在技术路线方面,线控悬架将伴随着传感器接入信号的增加,沿着智能化程度不断加深的方向发展。由于悬架系统与自动驾驶技术路线弱相关,所以线控悬架的发展方向以技术成熟和经济性角度的自我完善为主,而不是像线控转向和线控制动以刚性需求为驱动的发展。

五　线控底盘

1. 汽车线控底盘的概念

智能网联汽车通过跟踪决策规划的轨迹目标,控制车辆的加速、制动和转向等驾驶动作,调节车辆行驶速度、位置和方向等状态,以保证汽车的安全性、操纵性和稳定性,而这些最终在很大程度上需要通过汽车的底盘系统来实现。

线控底盘广义上指至少采用了线控转向、线控驱动和线控制动技术的底盘(不一定是车规级),狭义上是指具备线控转向、线控驱动、线控制动和线控悬架技术的汽车底盘。其技术特征如下:操纵机构和执行机构没有机械连接和机械能量的传递;操纵指令由传感元件感知,以电信号的形式由网络传递给电子控制器及执行机构;执行机构使用外来能源完成操纵指令及相应的任务,其执行过程和结果受电子控制器的监测和控制。

2. 智能网联汽车线控底盘的核心组成

线控底盘主要由四大系统构成,分别是线控转向、线控制动、线控驱动和车身控制模块(图5-27),其中线控转向和线控制动是自动驾驶执行方向的核心。

1)线控转向

线控转向系统目前需要解决的是安全性和可靠性。由于线控转向系统转向盘和转向轮之间没有直接的机械连接,当线控转向系统出现故障时,车辆将无法保证转向功能,会处于失控状态。虽然目前采用冗余措施,但也仅能一定程度上提高可靠性,而且目前的控制器在故障诊断和处理能力上还需要进一步提升。另外,路感模拟技术也是线控转向系统的技术难点之一。目前线控转向系统技术更多的还是在研发和实验阶段,已搭载该技术的量产车型仅有英菲尼迪 Q50 一款车。

图 5-27　线控底盘的组成

2)线控制动

目前市场上线控制动技术主流的路线是电子液压制动(EHB)系统,相较于电子机械制动(EMB)系统要成熟得多,所以量产产品比较多,如博世的 iBooster、大陆的 MK C1 等,而电子机械制动(EMB)系统由于没有备份系统,对安全性要求极高,需要提供足够多的能量,以解制动力不足问题决,需要解决在高温、振动等恶劣环境下工作,所以仍处于研发阶段。

3)线控驱动

传统内燃机汽车的线控驱动技术(线控节气门)目前在乘用车和商用车上普遍应用,市场占有率达 99% 以上;新能源电动汽车线控驱动技术已经全面应用,现在正处于集中电机驱动阶段,随着电气化水平的提高,未来将向以轮边电机和轮毂电机为代表的分布式驱动发展。

4)线控悬架

线控悬架可自动调节线控弹簧的刚度、车身高度以及减振器阻尼,但由于重量、成本和可靠性的原因,目前属于非刚需配置。因此对于整车厂而言,线控减振器的装配优先级最高,其次是线控弹簧,最后是线控防倾杆。由于线控悬架系统需要连续调控四个独立悬架系统的刚度和阻尼,属于闭环自适应控制系统,因此,软件层面的复杂控制算法调校是其主要应用难点。

3. 线控底盘的优点

(1)汽车更加轻便,采用线控系统之后,舍去了传统的机械控制装置,一方面极大地减轻了汽车的整备质量,降低了汽车的能源消耗,也减少了汽车的噪声和振动;另一方面,传统机械装置的去除以及电线的灵活布置也节省了大量的空间,提高了驾驶人和乘客的乘坐舒适性,也有利于实现模块化的底盘设计。

(2)控制更为精确,由于采用传感器时时收集汽车的各项参数、驾驶人动作的行程,需要调节的程度也可以通过传感器准确地记录,控制的精度大大提升。

(3)控制的策略更加丰富,可以实现对底盘多个子系统的协调控制,以提高汽车的各项性能。

（4）生产制造也更加简单，线控技术在汽车上的发展可以极大地简化汽车的生产、装配和调试过程，节约生产成本和开发周期，也有利于汽车生产企业根据用户需求的不同进行个性化的定制。

（5）安全性大大地提升。采用线控转向系统的汽车，由于舍去了传统的转向轴，当汽车发生撞击时，减少了机械部件对驾驶人的伤害。

（6）系统工作效率大大提高。汽车内部各种信息都是通过电信号进行传输，极大提高了信息传递的效率，控制更加迅速，响应更加灵敏，而这在自动驾驶这一对实时性要求如此严格的领域是至关重要的。

总之，电子控制技术和电气化的发展给汽车底盘技术的突破带来了革命性的契机，也使得汽车的整体集成控制成为可能。同时在智能网联的交通环境下，单车可以通过自身环境传感、定位导航和 V2X 通信信息系统获得更多周边交通流信息以用于纵向和/或横向控制，以利于提前感知道路危险提高自动驾驶的安全性（图 5-28）。

图 5-28　感知道路危险

4. 线控底盘的集成方案

线控底盘集成系统，针对 L3/L4 级别自动驾驶，线控底盘集成方案为中央传动驱动 + EHB + EPS + 空气弹簧 + CDC 型减振器/MRC 型减振器悬架，总线技术为底盘域控制器与 VCU 沟通使用 CANFD 或者车载以太网（图 5-29）。

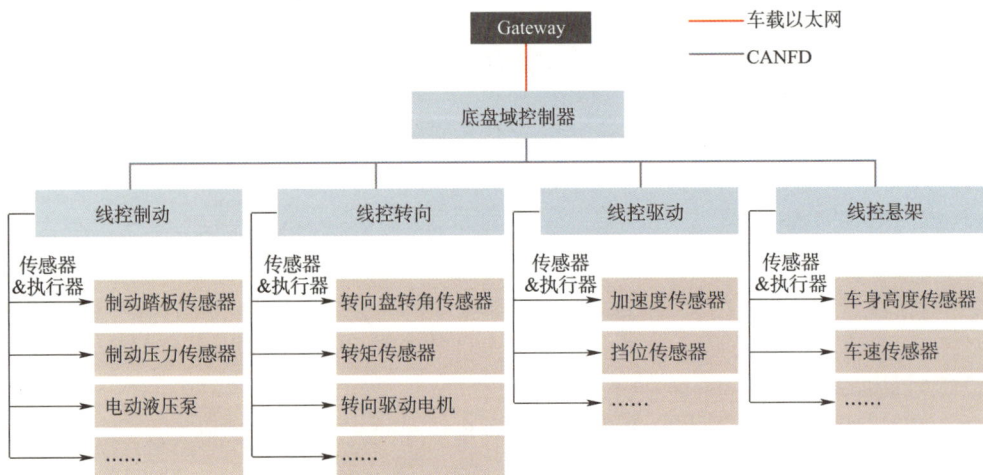

图 5-29　针对 L3/L4 的线控底盘集成系统

　　针对 L5 级别自动驾驶,线控底盘集成方案为轮毂电机分布式驱动 + 空气弹簧 + CDC 型减振器/MRC 型减振器悬架,总线技术为:底盘域控制器与 VCU 沟通使用车载以太网,与底盘各零部件控制器使用车载以太网或 CANFD 连接;使用汽车云端计算技术,整车控制器与云端通过网络连接,整车控制器与线控底盘各零部件控制器通过车载以太网连接(图 5-30)。

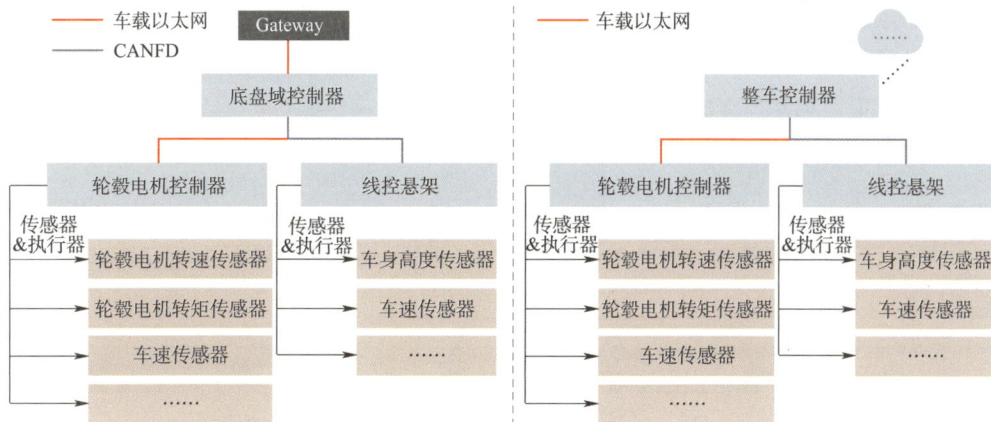

图 5-30　针对 L5 的线控底盘集成系统

5. 线控底盘的应用

　　目前厦门金龙不仅有车规级的线控底盘,例如 3.5T 的自动驾驶底盘,在这个平台上与百度共同开发了实现 L4 级无人驾驶的阿波龙,独立开发的校园智慧无人校车;还有 0.5T、0.8T、1.2T、1.5T 等系列线控底盘,并在这些平台基础上开发了“1 + N”系列无人小车,如无人售卖车、无人物流车、无人安防车、无人清扫车和根据疫情需要的无人消毒杀菌车(图 5-31)。

a)DIDO自动驾驶物流车　　　　b)MOSO自动驾驶售卖车　　　　c)GOVO自动驾驶消杀车

图 5-31　“1 + N”系列无人小车

　　2021 年长城汽车发布了“咖啡智能 2.0 智慧线控底盘”(图 5-32),并预计将于 2023 年实现量产。该智慧线控底盘基于 GEEP4.0 全新电子电气架构,完全整合了线控转向、线控制动、线控换挡、线控加速、线控悬架 5 个核心底盘系统,涵盖车辆前后左右上下 6 个自由度的运动控制,囊括所有底盘驾驶动作。达成了 1 个大脑协调 5 大系统实现 6 个自由度控制的优异表现。而且其线控

图 5-32　咖啡智能 2.0 智慧线控底盘

制动是全球首个量产的电子机械式线控制动系统(EMB)。不同于采用液压系统的 EHB 线控制动系统,长城汽车电子机械式线控制动系统使用电机直接夹紧摩擦片,从而取代了 EHB 线控制动系统中的 ESP、iBooster、液压管路和 EPB 四大部件,可实现减重10%,同时控制精度更高、响应速度更快。响应时间可缩短 0.35s,100km/h→0 制动距离可缩短 4.8m。并采用多重安全保障,特别是与驾驶安全强相关的线控转向和线控制动系统,从电源到传感器、控制器、执行器均采用三冗余系统。相较市面主流的全冗余系统(双冗余),长城汽车智慧线控底盘不只多了一重安全保障,即便在最极端情况下,三套系统全部失效,还有跨系统冗余系统确保安全,可靠性大大提升。例如当转向系统全部失效,线控系统能指令制动系统对两侧车轮施加不等大的制动力,使两侧车辆形成转速差,从而实现转向动作;再比如,当三冗余线控制动全部失效时,能够通过提高动能回收力度来实现车辆减速等。

技能实训

实训项目　线控底盘认知					
课程名称		日期		成绩	
学生姓名		学号		班级	
任务载体	线控底盘一台或线控车辆一辆				
任务目标	(1)能够判断线控底盘/线控车辆上搭载的转向、制动、驱动系统和悬架是否为线控的; (2)通过拆装线控底盘/线控车辆,从而能够识别线控转向、制动、驱动系统和悬架的组成部件; (3)能够说出线控底盘在自动驾驶领域的应用,并可提出新的应用领域				

项　目	步　骤		操　作　记　录
1.实训准备	(1)检查断线控底盘/线控车辆外观及基本性能		
	(2)准备相关的拆装工具和线控底盘/线控车辆的结构拆装说明书		
2.实训内容	(1)能够判断线控底盘/线控车辆上搭载的转向、制动、驱动系统和悬架是否为线控的	转向	
		制动	
		驱动	
		悬架	
	(2)拆装线控底盘/线控车辆	断开低压电池	
		断开高压断电开关	
		拆下前部轮胎及转向、悬架系统部件	
		拆下后部轮胎及悬架系统部件	
		拆下制动系统和驱动系统部件	

项　目	步　骤	操作记录
2.实训内容	（2）拆装线控底盘/线控车辆	检查拆卸下的各部件	
		装复所拆下的各系统部件,并完成相应的检查工作	
		恢复高压断电开关和低压断电开关	
		检查线控底盘/线控车辆能否正常完成相关线控指令	
3.总结分析	说出该线控底盘/线控车辆具备的线控技术及对应完成的自动驾驶驾驶任务	
小组互评 第_____组	组员学号		
	组员姓名		
	互评分		
教师考核		

思考与练习

一、判断题

1.自动驾驶控制系统就是综合纵向和横向的控制系统。 （　　）

2.智能网联汽车的感知识别、决策规划、控制执行三个核心系统中,与底盘相关的主要是控制执行。 （　　）

3.相关标准并未要求转向系统的转向盘和车轮之间必须要有机械耦合。 （　　）

4.线控转向系统具有传统机械转向系统的所有优点,还更可以实现机械系统难以做到的,转矩传递特性的优化。 （　　）

5.线控转向系统可以没有转向盘,但不能没有转向驱动电机。 （　　）

6.线控制动系统和线控驱动都是属于车辆纵向控制。 （　　）

7.线控制动系统可分为电子式线控制动系统和液压式线控制动系统。 （　　）

8.对于传统汽车而言,只需要能够实现加速踏板的自动控制就能够实现线控驱动。
（　　）

9.线控悬架系统是智能网联车辆不可缺的重要组成部分。 （　　）

10.咖啡智能2.0智慧线控底盘基于GEEP4.0全新电子电气架构,完全整合了线控转向、线控制动、线控换挡、线控加速、线控悬架5个核心底盘系统,涵盖车辆前后左右上下6个自由度的运动控制,囊括所有底盘驾驶动作。 （　　）

二、选择题

1. 轮胎作用力的(　　)是纵向稳定控制中的关键部分。

　　A. 滑移率控制　　　B. 转速控制　　　C. 胎压控制　　　D. 附着力控制

2. 电动线控转向系统由转向盘模块、转向执行模块和 ECU 三个主要部分以及(　　)、电源等辅助系统组成。

　　A. 备用模块　　　　　　　　　　B. 辅助模块

　　C. 故障应急处理系统　　　　　　D. 故障诊断监测系统

3. 车辆的控制执行技术不包括(　　)的运动控制。

　　A. 纵向　　　　　　B. 横向　　　　　　C. 轴向　　　　　　D. 垂直方向

4. 线控驱动系统的主要组成不包括(　　)。

　　A. 电子加速踏板　　B. 电机　　　　　　C. 动力控制单元　　D. 转向盘

5. 线控转向系统是智能驾驶汽车实现(　　)与避障避险的关键技术。

　　A. 路径跟踪　　　　B. 路径规划　　　　C. 路径测量　　　　D. 纵向控制

6. EHB 系统结构主要由电子踏板、电子控制单元和(　　)组成。

　　A. 电动执行机构　　B. 气动执行机构　　C. 液压执行机构　　D. 油气执行机构

7. 为达到制动冗余的相关要求,大陆结合使用了旗下的 MK C1 与 MK 100 HBE 衍生产品,可提供(　　)两种模式。

　　A. 独立操作及辅助操作　　　　　B. 独立操作及合作操作

　　C. 正常操作及辅助操作　　　　　D. 正常操作及合作操作

8. 电子加速踏板用于识别驾驶人意图,该信号传递给控制单元后,由它们根据其反馈的驾驶人意图和(　　)发出指令驱动车辆行驶。

　　A. 实际转矩　　　　B. 实际加速度　　　C. 实际车速　　　　D. 实际道路情况

9. 车身高度的控制,主要是控制车身在水平方向的高度,包括(　　)、行驶工况控制及自动水平控制等。

　　A. 静止状态控制　　B. 运动状态控制　　C. 行驶路线控制　　D. 道路状态控制

10. 线控悬架系统主要由(　　)组成。

　　A. 线控弹簧　　　　B. 线控减振器　　　C. 线控防倾杆　　　D. 以上三项都是

三、简答题

1. 简述智能网联汽车线控技术的工作原理。

2. 线控制动系统有哪些优点?

3. iBooster 采用双安全失效模式的具体内容有哪些?

4. 简述动力-发电减振器的工作原理。

5. 简述线控底盘的技术特征。

模块六 先进驾驶辅助系统(ADAS)

学习目标

▶ **知识目标**

1. 复述先进驾驶辅助系统的定义;
2. 列举先进驾驶辅助系统自主预警类的工作原理;
3. 比较先进驾驶辅助系统自主预警类与自主控制类在功能上的区别;
4. 解释先进驾驶辅助系统视野改善类的结构组成。

▶ **技能目标**

1. 分析先进驾驶辅助系统自主控制的工作过程;
2. 进行车辆 ADAS 的检测与调试;
3. 预测先进驾驶辅助系统的发展趋势;
4. 辨别自主预警类与自主控制类技术。

▶ **素养目标**

1. 通过查阅技术资料、完成任务,培养自主学习和终身学习的职业能力;
2. 过对智能网联汽车 ADAS 功能的验证,培养学生严谨的工作态度和精益求精的工匠精神。

建议课时

8 课时

先进驾驶辅助系统(ADAS)概述

1. 先进驾驶辅助系统 ADAS 的定义

先进驾驶辅助系统(Advanced Driver Assistance Systems, ADAS),又称为先进驾驶辅助系统。我国在 2020 年 11 月 19 日颁布《道路车辆先进驾驶辅助系统(ADAS)术语及定义》(GB/T 39263—2020)的国家标准,对相关术语和定义进行了明确。明确先进驾驶辅助系统(ADAS)指利用安装在车辆上的传感器、通信、决策及执行等装置,监测驾驶人、车辆及其行驶环境,并通过影像、灯光、声音、触觉提示/警告或控制等

ADAS 演示

方式辅助驾驶人执行驾驶任务或主动避免/减轻碰撞危害的各类系统的总称。工作的步骤为感知—决策(控制)—执行,其中感知环境是整个系统起作用的基础,提供感知能力的传感器包括激光雷达、毫米波雷达、摄像头。而摄像头获取的图像信息量大、分辨率高、信息多维,使得使用摄像头进行视觉感知的ADAS,拥有很强的识别能力(图6-1)。

图6-1 汽车先进驾驶辅助系统

ADAS是智能网联汽车的重要组成部分,它除了帮助持续改进驾驶过程中的安全性和舒适性以外,同时也在不断实现驾驶行为的最优化,如经济驾驶和智能化车流控制。随着新近驾驶辅助系统技术的快速发展,将帮助车辆逐步实现自动化驾驶,并最终达到无人驾驶的目标。ADAS是一个广义概念,凡是能提升驾驶安全性和舒适性的功能,都可以归入ADAS。

2. 先进驾驶辅助系统ADAS的类型

先进驾驶辅助系统按照环境感知系统的不同可以分为自主式和网联式两种。

1)自主式先进驾驶辅助系统

自主式先进驾驶辅助系统基于车载传感器完成环境感知,依靠车载中央控制系统进行分析决策,技术比较成熟,多数已经装备量产车型。自主式先进驾驶辅助系统按照功能可以分为自主预警类、自主控制类和视野改善类。

(1)自主预警类。自主预警是指自动监测汽车可能发生的碰撞危险并提醒,从而防止发生危险或减轻事故伤害。自主预警类先进驾驶辅助系统主要有前向碰撞预警系统、车道偏离预警系统、盲区监测预警系统、驾驶人疲劳预警系统等,见表6-1。

自主预警类先进驾驶辅助系统 表6-1

系统名称	图 示	功能介绍	使用车型
前向碰撞预警系统		识别潜在危险情况,并通过提醒帮助驾驶人避免或减缓碰撞事故	日产楼兰,纳智捷大7SUV
车道偏离预警系统		可能偏离车道时给予驾驶人提示,减少因车道偏离而发生的事故	现代全新胜达,陆风X7

续上表

系统名称	图　示	功能介绍	使用车型
盲区监测预警系统		监测盲区内行驶车辆或行人	沃尔沃 XC60,奥迪 Q5
驾驶人疲劳预警系统	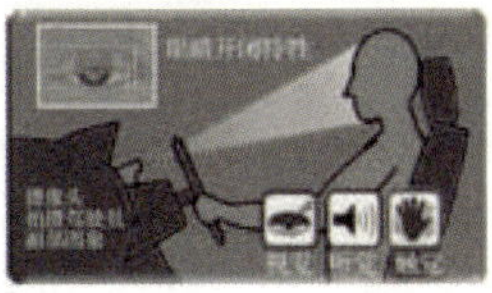	推断驾驶人的疲劳状态,进行报警提示或采取相应措施	哈弗 H9,大众途观

（2）自主控制类。自主控制是指自动监测汽车可能发生的碰撞危险并提醒,必要时系统会主动介入,从而防止发生危险或减轻事故伤害。自主控制类先进驾驶辅助系统主要有车道保持辅助系统、自动制动辅助系统、自适应巡航控制系统、自动泊车辅助系统等,见表6-2。

自主控制类先进驾驶辅助系统　　　　　　　　表6-2

系统名称	图　示	功能介绍	使用车型
车道保持辅助系统		修正即将越过车道标线的车辆,使车辆保持在车道线内	奥迪 Q3,JEEP 自由光
自动制动辅助系统		当车辆与前车处于危险距离时,主动产生制动效果让车辆减速或紧急停车,减少因距离过短而发生的事故	丰田汉兰达,日产逍客
自适应巡航控制系统		使车辆始终与前车保持安全距离	福特锐界,丰田汉兰达
自动泊车辅助系统		自动泊车入位	福特翼虎,日产奇骏

（3）视野改善类。视野改善是指为了减少由于驾驶人视野所带来的潜在危险而采取先进的感知技术提升驾驶环境中的可见障碍。视野改善类先进驾驶辅助系统主要有自适应前照明系统、夜视辅助系统、抬头显示系统、全景泊车系统和透明 A 柱等，见表 6-3。

视野改善类先进驾驶辅助系统   表 6-3

系统名称	图示	功能介绍	使用车型
自适应前照明系统		自动进行近光/远光切换或投射范围控制	雷克萨斯、丰田凯美瑞、马自达 CX5、大众迈腾、凯迪拉克 CT5 等
夜视辅助系统		在夜间或其他弱光行驶环境中为驾驶人提供视觉辅助或警告信息	奥迪 A8L、奔驰 S350、宝马 8 系、小鹏 P7 等
抬头显示系统		驾驶人无须低头就可随时看清各种行车信息，以及导航路况引导等，从而可提高行车安全性	丰田凯美瑞、宝马 X5、奔驰 E300、北汽 BJ80 等
全景泊车系统		形成一幅车辆四周无缝隙的 360° 全景俯视图辅助驾驶人泊车并进行危险预警	比亚迪汉 EV、吉利博越、长城 wey、奇瑞大蚂蚁等
透明 A 柱		消除由于 A 柱造成的驾驶人侧面视觉盲区	合众哪吒

2）网联式先进驾驶辅助系统

网联式先进驾驶辅助系统基于车与外界的通信互联完成环境感知，依靠云端大数据进行分析决策，如汽车自动引导系统等，处于试验阶段。

网联式先进驾驶辅助系统的功能主要有交通拥堵提醒、闯红灯警示、弯道车速警示、停车标志间隙辅助、减速区警示、限速交通标志警示、现场天气信息警示、违反停车标志警示、违规穿过铁路警示、过大车警示等。警示不仅告知汽车和驾驶人违反安全规定，而且可以通过 V2V、V2I 警示附近的车辆，从而协助防止相撞，如有汽车在十字路口的死角闯红灯或违反停车标志时起作用。

目前先进驾驶辅助系统主要以自主式为主,网联式还没有正式量产。自主式和网联式融合是智能网联汽车先进驾驶辅助系统的发展趋势,见表6-4。

自主式和网联式融合   表6-4

方案	自主式:采用传感器的方案	网联式:采用车辆互联方案	技术融合方案
特点	1. 不能充分地模仿人类感官; 2. 对于大众市场不实用; 3. 在城市交通网络中缺乏对周围环境360°的足够测绘	1. DSRC 不能针对行人、自行车等实时工作; 2. 基于 SCRC 的 V2I 技术需要大量的基础设施投入; 3. V2V 需要高度的行销渗透,以可靠地传递市场价值	1. 技术融合能够协助完成对人类感官的足够模仿; 2. 技术融合能够降低对各种昂贵传感器的依赖,并降低对整个 V2I 投资的需求; 3. 技术融合方案能够提供必要的功能冗余水平,以确保该项技术能够百分之百地实时运行

3. 先进驾驶辅助系统(ADAS)的发展

随着智能网联汽车各项技术的发展,ADAS 技术所能实现的功能将逐步在车辆上实现,并最终真正的无人自动驾驶,但这将取决于:

(1)深度学习不仅为识别能力赋能,还将被更多用于驾驶策略制定;

(2)计算硬件将飞速发展,为 ADAS 提供更强的计算力支持;

(3)终端用户的使用跟数据采集以及技术迭代可以形成闭环,用户端上传的数据会被用于更新、增强 ADAS 的能力;

(4)ADAS 与自动驾驶有大量底层技术的相通点,见表6-5。

智能网联汽车 ADAS 配置   表6-5

分级	L1 级	L2 级	L3 级	L4 级	L5 级
称呼	驾驶辅助	部分自动驾驶	有条件自动驾驶	高度自动驾驶	完全自动驾驶
主要功能	前向防撞预警; 车道偏离预警; 盲区监测预警; 驾驶人疲劳预警; 车道保持辅助; 自动制动辅助; 自适应巡航控制; 自动泊车辅助; 自适应前照明; 汽车夜视辅助; 汽车平视辅助	拥堵辅助驾驶; 车道内自动驾驶; 换道辅助; 全自动泊车	高速公路自动驾驶; 城郊公路自动驾驶; 协同式列队行驶; 交叉路口通行辅助	市区自动驾驶; 车路协同控制; 远程泊车	无人驾驶

特征	单一功能	组合功能	特定条件 部分任务	特定条件 全部任务	全部条件 全部任务
感知系统配置	超声波传感器； 毫米波雷达； 视觉传感器； 少线激光雷达； 4G	超声波传感器； 毫米波雷达； 视觉传感器； 少线激光雷达； 4G	超声波传感器； 毫米波雷达； 视觉传感器； 多线激光雷达； V2X； 4G	超声波传感器； 毫米波雷达； 视觉传感器； 多线激光雷达； V2X； 5G	超声波传感器； 毫米波雷达； 视觉传感器； 多线激光雷达； V2X； 5G； 高精度地图

二、前向碰撞预警系统

1. 前向碰撞预警系统的定义

前向碰撞预警（Forward Collision Warning，FCW）系统，通过雷达或视觉传感器时刻监测前方车辆，判断本车与前车之间的距离、方位及相对速度，当存在潜在碰撞危险时对驾驶人发出警告信息。一般的预警方式有视觉、声音或触觉等（图6-2）。前向碰撞预警系统本身一般不会采取任何制动措施去避免碰撞或控制汽车，但也有一些前向碰撞预警系统提供不同程度的制动功能。

在智能网联的条件下，将会利用 V2X 通信技术及时在运行车辆之间交换和及时获取周围环境路况和车辆信息，经过碰撞预警算法判断是否存在碰撞危险，并根据危险级别提前报警，从而驾驶人及时采取避撞措施，提高道路安全（图6-3）。

图6-2　前向碰撞预警系统

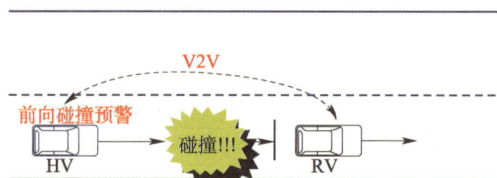

图6-3　V2X 通信技术的前向碰撞预警系统

2. 前向碰撞预警系统的组成

前向碰撞预警系统由信息采集、电子控制和人机交互三个单元组成，如图6-4 所示。

1）信息采集单元

信息采集单元主要利用毫米波雷达采集前向车辆或障碍物的车距、车速和方位信息，或利用视觉传感器采集前向车辆或障碍物的图像信息，利用自身车速和加速度传感器采集车的速度、加速度等信息。

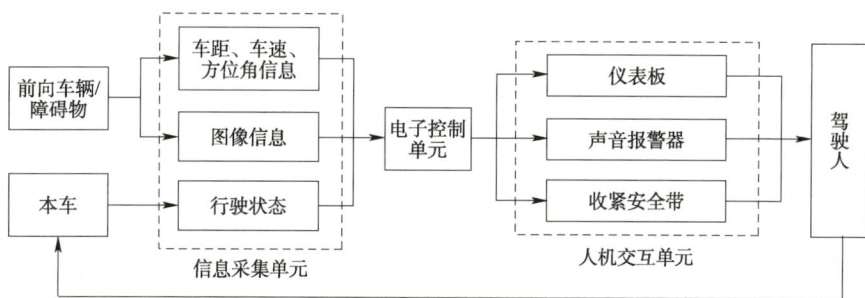

图6-4　前向碰撞预警系统组成

2）电子控制单元

电子控制单元主要是对前向车辆或障碍物的图像信息和车距、车速等信息进行信息融合，确定障碍物的类型和距离，结合本车行驶状态信息，采用一定的决策算法，评估是否存在潜在的碰撞风险，若存在，则向人机交互单元发出预警指令。

3）人机交互单元

人机交互单元主要接收由电子控制单元传来的指令，根据预警程度或级别的定义，进行相互预警信息的发布，如在仪表板或抬头显示区域显示预警信息或闪烁预警图标、发出报警声音和收紧安全带等，提醒驾驶人采取措施进行规避。驾驶人接收预警信息后对本车采取制动行为，若碰撞风险消失，则碰撞报警取消。

3.前向碰撞预警系统的工作原理

前向碰撞预警系统主要利用雷达、视觉传感器等来进行检测，一般对本车行驶轨迹内的最近障碍车辆进行预警，并且不受在非本车行驶轨迹内的前方更近障碍物等的影响。在正确识别有效目标的基础上，结合本车当前行驶状况与有效目标情况进行决策分析，最终以适时适当的方式提醒驾驶人采取规避措施。

前向碰撞预警系统通过分析传感器获取的前方道路信息对前方车辆进行识别和跟踪，如果有车辆被识别出来，则对前方车距进行测量，同时利用车速估计，根据安全车距预警模型判断追尾可能，一旦存在追尾危险，便根据预警规则及时给予驾驶人主动预警（图6-5）。

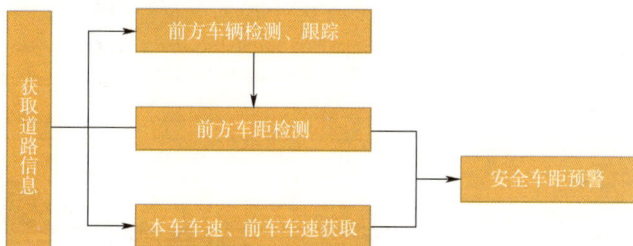

图6-5　前向碰撞预警系统的工作原理

具体来说，前车碰撞预警系统的工作过程主要分为三部分，即前方车辆识别、前方车距检测、建立安全车距预警模型。

1）前方车辆识别

车辆识别是前车防撞预警系统实施的前提，可以采用的传感器有单目视觉传感器、双目视觉传感器、毫米波雷达及多传感器融合等。目前，基于单目视觉灰度图像进行车辆识别的研究很广泛，所涉及的算法也较多，Mobileye 公司采用的就是单目视觉方案。汽车检测一般是依靠汽车特征信息，如汽车形状、车高与车宽的比例等作为检测汽车边缘的约束条件，对图像进行边缘增强处理后获得一些包含汽车信息的水平和垂直边缘，从而对汽车进行检测。

2）前方车距检测

可以采用超声波传感器、毫米波雷达、激光雷达、视觉传感器等实现车距的实时检测和识别，距离检测传感器在行车的过程中不断获取目标障碍物的距离信息，并传输给电子控制单元进行处理，如图 6-6 所示。

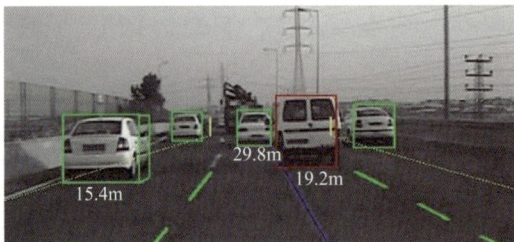

图 6-6　实际应用中的前车碰撞预警系统

3）建立安全车距预警模型

安全车距是指后方车辆为了避免与前方车辆发生意外碰撞而在行驶中与前车所保持的必要间隔距离。对于前向碰撞预警系统的工作过程，下面将以奥迪 A8L 所装备的预警系统为例进行工作过程分析：

（1）第一阶段（图 6-7）。

①声音和图像报警；

②部分制动；

③振动吸收设置。

（2）第二阶段（图 6-8）。

①耸车警报；

②安全带收紧；

③部分制动1（~30%）。

图 6-7　第一阶段图解

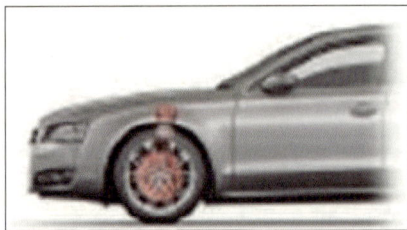

图 6-8　第二阶段图解

（3）第三阶段(图6-9)。

①部分制动2(~50%)；

②打开危险报警闪光灯；

③天窗/车窗关闭。

（4）第四阶段(图6-10)。

①可逆安全带；

②全力制动。

图6-9　第三阶段图解

图6-10　第四阶段图解

三　车道偏离预警系统

1. 车道偏离预警系统的定义

车道偏离预警系统(Lane Departure Warning System, LDWS)，是汽车先进驾驶辅助系统的重要组成部分，根据前方道路环境和自车的位置关系，判断汽车偏离车道的行为并对驾驶人进行及时提醒，从而防止由于驾驶人疏忽造成的车道偏离事故的发生。在《道路车辆先进驾驶辅助系统(ADAS)术语及定义》(GB/T 39263—2020)对其的定义是实时监测车辆在本车道的行驶状态，并在出现或即将出现非驾驶意愿的车道偏离时发出警告信息。

车道偏离预警系统是一种汽车驾驶安全辅助系统，旨在帮助驾驶人避免或减少车道偏离事故。通过传感器获取前方道路信息，结合汽车自身的行驶状态及预警时间等相关参数，判断汽车是否有偏离当前所处车道的趋势。如果汽车即将发生偏离，并且在驾驶人没有开转向灯的情况下，则通过视觉、听觉或触觉的方式向驾驶人发出警报(图6-11)。

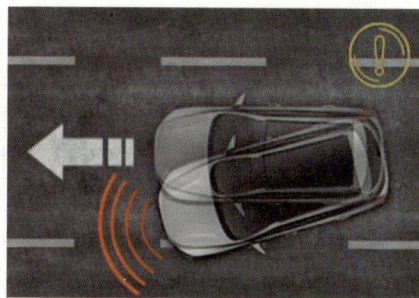

图6-11　车道偏离预警系统

2. 车道偏离预警系统的组成

车道偏离预警系统主要包括摄像头、控制单元及报警器。起动车辆，使车辆正常行驶在既定的车道上，通过车辆前风窗玻璃上安装的摄像头采集车辆正前方的路况图像信息，通过图像处理判断车辆在当前车道的位置。需要注意的是，车道偏离预警系统只起到安全警示的作用，不会采取自动操作干预驾驶人，车辆安全行驶的责任仍由驾驶人承担。

1）摄像头

摄像头的主要功能是对车辆行驶途中的车道进行图像采集(图6-12)，为了探测到车前尽可能大的范围,摄像头安放在车内后视镜底座上方的风窗玻璃上尽可能高的地方(图 6-13)。

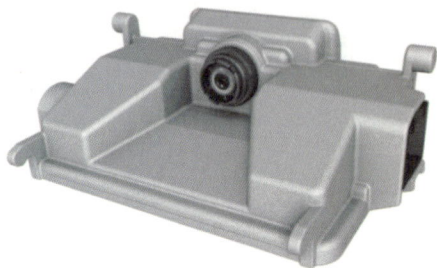

图 6-12　摄像头

摄像头控制单元

图 6-13　安装位置

2)主控单元

主控单元的作用是根据正面摄像头传来的图像进行车道识别(图 6-14)。

3)报警器

报警器的主要作用是用来提醒驾驶人车辆已经偏离当前车道,需要驾驶人进行人为干预,纠正车辆状态。目前的报警类型主要有两种,通过安装在转向盘内的电机振动提醒驾驶人和通过语音提醒驾驶人(图 6-15)。

图 6-14　主控单元

图 6-15　振动转向盘及 ADAS 声光提醒

3.车道偏离预警系统的工作原理

基于视觉传感器的车道偏离预警系统使用车载摄像机对道路图像进行拍摄,并将获取得到的图像信息传输给车载电子控制单元,识别并处理图像信息;根据识别到的车道识别线,判断汽车在这一时刻是否已经偏离正常的车道,若存在车道偏离现象,则发出预警,让驾驶人纠正偏离车道的汽车(图 6-16)。

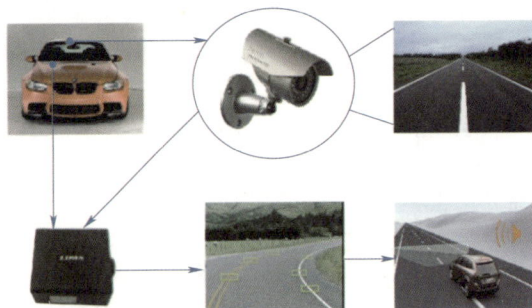

图 6-16　基于视觉传感器定位的车道偏离预警系统的工作原理

车道偏离预警系统

4.车道偏离预警系统工作过程

在系统条件许可的情况下,车道偏离预警功能能够识别车道标志线。如果驾驶人接近一条识别到的分界线且有脱离行车道的危险,那么系统会通过一次校正性转向干预或在必要时以转向盘振动发出警告。如果驾驶人在越过一条分界线前打开转向信号灯的话,那么待命状态下的系统不发出警告。在这种情况下系统认为,驾驶人打算换道。

1)图像预处理

由于车辆在实际行驶过程中,交通情况复杂,对于车道线的识别存在诸多干扰因素,如道路两侧绿化对车道线的干扰、光线变化、前方车辆干扰等。另外,摄像头采集的图像数据较大,其中包含信息量较大,直接进行车道线识别会对实时性产生较大影响,因此,在车道线识别之前进行了一系列图像预处理,即图像增强(图6-17)。

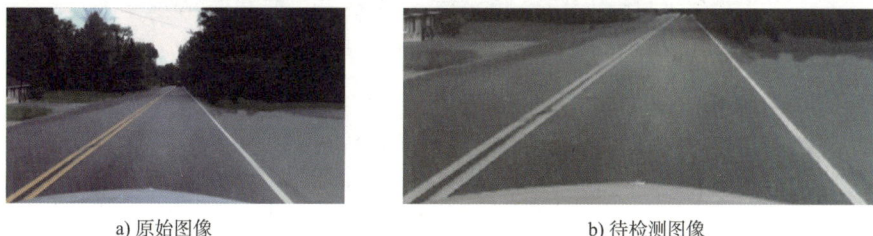

a) 原始图像　　　　　　　　　　　　b) 待检测图像

图6-17 图像预处理

2)车道线边缘检测

通过一系列算法运算之后,得到车道线边缘检测线效果图,如图6-18所示。

3)车道线拟合

通过车道线边缘检测后,需要用一条直线来拟合车道线,经过一系列变换运算处理之后得到车道线拟合效果图,如图6-19所示。

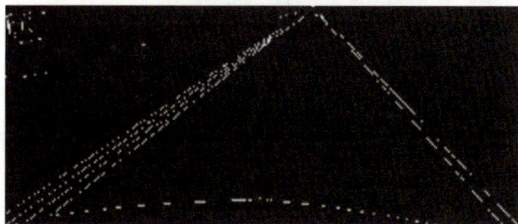

图6-18 车道线检测效果图

图6-19 车道线拟合效果图

4)车道线偏离判断显示

通过一系列处理之后,实时对车辆行驶的车道进行位置计算,判断是否处于偏离状态。由于各个车型不同,所以显示类型也有区别,以奥迪A8显示状态为例:

车道偏离警报的激活状态可通过组合仪表上相应的功能符号或者抬头显示上的显示来获知。

(1)车道偏离警报已关闭(图6-20)。

(2)车道偏离警报接通了,但未工作。其原因可能是车速过低了或者无车道分界线(图6-21)。

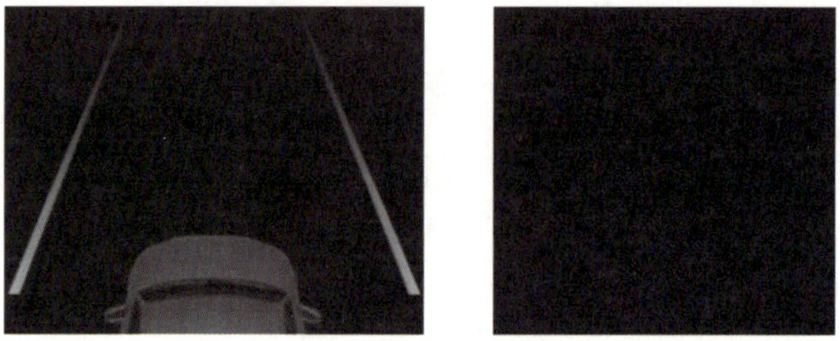

图 6-20　车道偏离已关闭图示

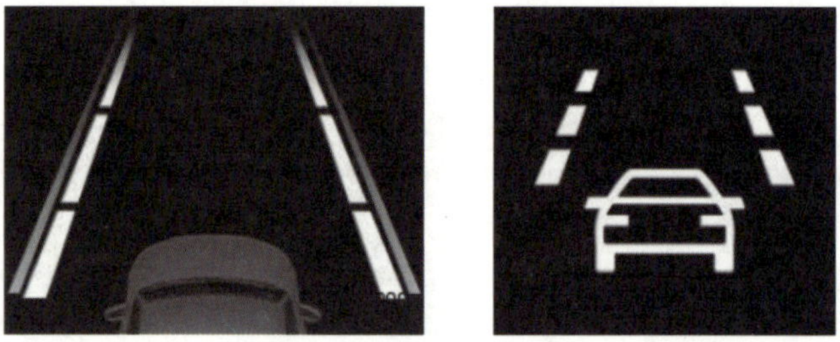

图 6-21　未识别出车道图示

（3）车道偏离警报接通了并在工作。当前只识别出了左侧的车道分界线,因此也就只能对车辆靠左侧脱离车道发出警报(图 6-22)。

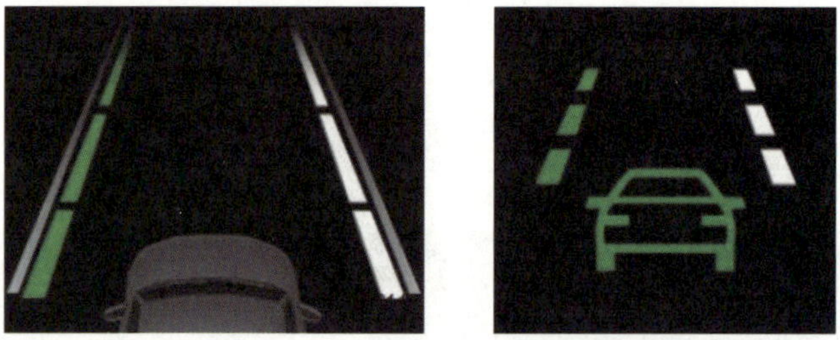

图 6-22　识别出左车道线图示

（4）车道偏离警报接通了并在工作。当前识别出了左侧和右侧的车道分界线(图 6-23)。

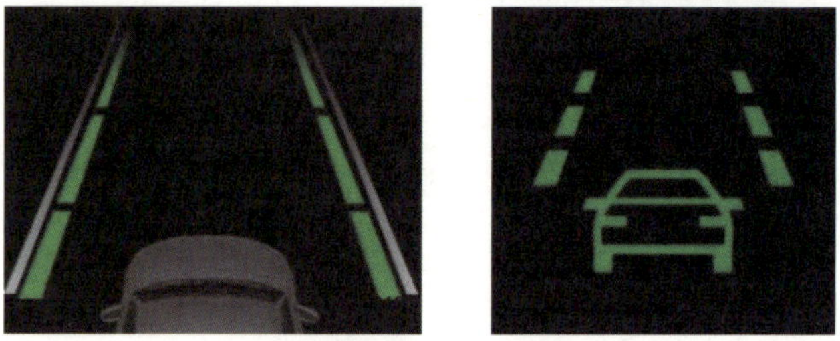

图 6-23　识别出双车道线图示

（5）车道偏离警报接通了并在工作。当前识别出了左侧和右侧的车道分界线。由于车辆有靠右脱离车道的危险,于是会发出警报(图 6-24)。

图 6-24　右侧脱离车道警报图示

四　盲区监测系统

1. 盲区监测系统的定义

盲区监测系统(Blind Area Monitoring, BAM),也称汽车并线辅助(Lane Change Assist, LCA)系统,是通过摄像头、毫米波雷达等车载传感器检测视野盲区内有无来车,在左右两个后视镜内或其他地方提醒驾驶人后方安全范围内有无来车,从而消除视线盲区,提高行车安全性(图 6-25)。在《道路车辆先进驾驶辅助系统(ADAS)术语及定义》(GB/T 39263—2020)中称为盲区监测系统(Blind Spot Detection, BSD),实时监测驾驶人视野盲区,并在其盲区内出现其他道路使用者时发出提示或警告信息。

盲区监测系统

图 6-25　汽车盲区监测系统

2. 盲区监测系统的功能

汽车换道前,驾驶人需要观测周围的环境,预测对其他道路使用者可能造成的威胁。根据相关法规的要求,驾驶人有责任确保自车后方和侧方的安全。如果驾驶人注意力不集中或后视镜的角度调整不合适,很有可能注意不到视野盲区内的其他道路使用者,在这种情况下变道,很有可能引发交通事故。

此外,换道过程中错误地估计后方来车车速也是引发交通事故的主要因素,尤其是在高速公路上,驾驶人经常错误地判断距离较远但车速很快的后方来车的影响。这种情况下不仅会导致自车与后车相撞,而且由于后车车速较快,其跟随车来不及反应,极易引发连环追尾事故。因此,汽车盲区监测系统应具备以下功能:

(1)当有车辆或行人进入驾驶人视野盲区时,盲区监测系统应给予驾驶人提醒。

(2)盲区监测系统应在驾驶人进行换道操作时对其进行辅助,监测其他车道上快速接近的后方来车,当驾驶人因对驾驶环境误判而可能做出危险的驾驶行为时,盲区监测系统应发出警报。

(3)理想状态下,在任何路况、天气和交通环境下,盲区监测系统都能正常工作。

3.盲区监测系统的组成

盲区监测系统一般由信息采集单元、电子控制单元和预警显示单元等组成,如图6-26所示。

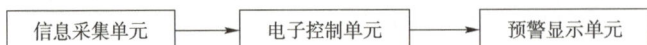

信息采集单元 → 电子控制单元 → 预警显示单元

图6-26 盲区监测系统的组成

(1)信息采集单元:利用车载传感器检测汽车盲区里是否有行人或其他行驶车辆,并把采集到的有用信息传输给电子控制单元,传感器有超声波传感器、摄像头或探测雷达等。后视镜盲区的信息采集单元一般采用毫米波雷达(图6-27),A柱盲区的信息采集单元一般采用摄像头(图6-28)。

图6-27 后部盲区检测雷达

图6-28 盲区检测摄像头

(2)电子控制单元:对采集到的信息进行分析判断,向预警显示单元发送信息(图6-29)。

(3)预警显示单元:接收电子控制单元的信息,如果有危险,则发出预警显示,此时不可变道(图6-30)。

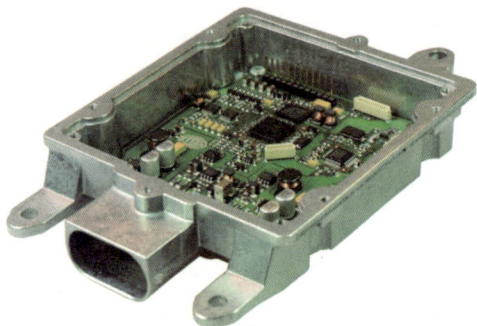

车外后视镜上的黄色发光二极管显示

图6-29 控制单元

图6-30 预警显示单元安装位置和提示效果

4.盲区监测系统的工作原理

当汽车速度大于某一阈值时,盲区监测系统自动启动,如果监测范围内有车辆或行人,就会被信息采集单元监测到,计算出目标的距离、速度等信息,并将采集到的信息传递给电子控制单元。电子控制单元根据收到的信息判断进入监测范围内的车辆或行人是否对本车造成威胁,如果存在安全隐患,则通过预警显示单元提醒驾驶人,并根据危险程度、驾驶人的反应提供不同的预警方式(图6-31)。

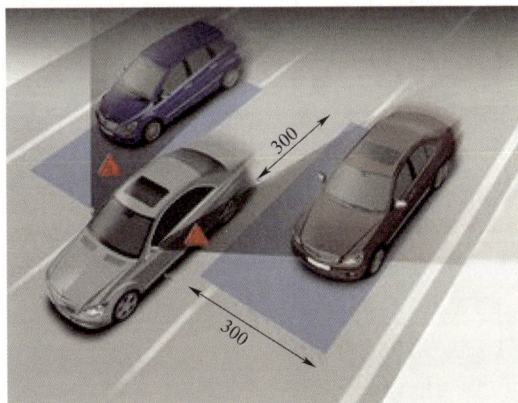

图6-31 盲区监测系统效果图(尺寸单位:cm)

5. 盲区监测系统工作过程

以奥迪车型为例介绍盲区监测系统(换道辅助系统)的工作过程。

1)换道辅助系统显示等级

(1)信息级:常亮。显示灯告诉驾驶人换道辅助系统发现该侧有车,认为换道有危险[图6-32a)]。

(2)警告级:多次短暂高亮闪亮。如果驾驶人打开转向信号灯,而换道辅助系统识别到有来车危险[图6-32b)]。

a)信息级   b)警告级

图6-32 换道辅助系统显示等级

2)行驶场景

根据行驶场景的不同,提醒驾驶人的方式也不相同。

(1)有车缓慢地超过带有变道辅助系统的车(图6-33)。

(2)有车快速地超过带有变道辅助系统的车(图6-34)。

(3)带有变道辅助系统的车缓慢超越别的车(图6-35)。

(4)带有变道辅助系统的车超越别的车(图6-36)。

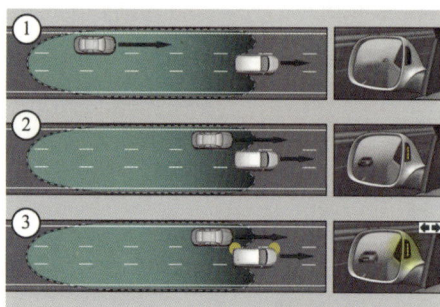

图 6-33　有车缓慢超过自车

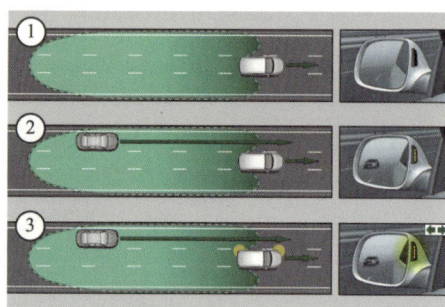

图 6-34　有车快速超过自车

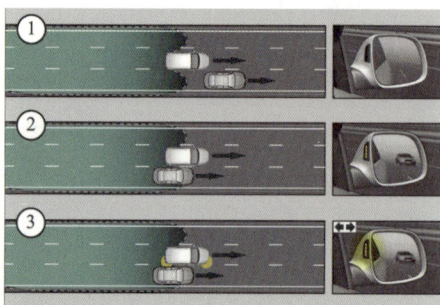

图 6-35　自车缓慢超越别的车

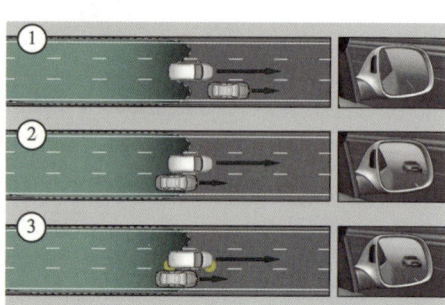

图 6-36　自车超越别的车

五　驾驶人疲劳预警系统

1. 驾驶人疲劳预警系统的定义

驾驶人疲劳预警系统(Driver Fatigue Monitor System, DMS)是指驾驶人精神状态下滑或进入浅层睡眠时,系统会依据驾驶人精神状态指数分别给出语音提示、振动提醒、电脉冲警示等,警告驾驶人已经进入疲劳状态,需要休息(图 6-37)。其作用就是监视并提醒驾驶人自身的疲劳状态,减少驾驶人疲劳驾驶的潜在危害,目前我国已经在"两客一危"车辆上强制要求安装。在《道路车辆先进驾驶辅助系统(ADAS)术语及定义》(GB/T 39263—2020)中对驾驶人疲劳监测(Driver Fatigue Monitoring, DMF)的定义是实时监测驾驶人状态并确认其疲劳时发出提示信息。

图 6-37　驾驶人疲劳预警系统

驾驶人疲劳预警系统也称防疲劳预警系统、疲劳识别系统、注意力警示辅助系统、驾驶人安全警告系统等。

2. 驾驶人疲劳预警系统的组成

驾驶人疲劳预警系统一般由信息采集单元、电子控制单元和预警显示单元等组成,如图 6-38 所示。

(1)信息采集单元:主要利用传感器采集驾驶人信息和汽车行驶信息。驾驶人信息包括驾驶人的面部特征、眼部信号、头部运动性等;汽车行驶信息包括转向盘转角、行驶速度、行驶轨迹等。这些信息的采集取决于系统的设计。

(2)电子控制单元:ECU 接收信息采集单元传送的信号,进行运算分析,判断驾驶人疲劳状态。如果经计算分析发现驾驶人处于一定的疲劳状态,则向预警显示单元发出信号。

(3)预警显示单元:根据 ECU 传递的信息,通过语音提示、振动提醒、电脉冲警示等方式对驾驶人疲劳进行预警。

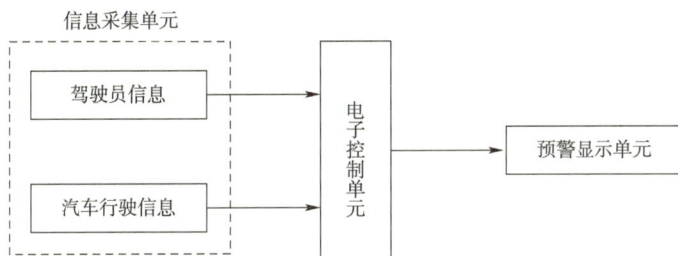

图 6-38 驾驶人疲劳预警系统的组成

驾驶人疲劳检测

3. 驾驶人疲劳的检测方法

驾驶人疲劳的检测方法主要有基于驾驶人自身特征(包括生理信号和生理反应)的检测方法、基于汽车行驶状态的检测方法和基于多特征信息融合的检测方法等。

(1)基于驾驶人生理信号的检测方法。驾驶人在疲劳状态下,一些生理指标如脑电、心电、肌电、脉搏、呼吸等会偏离正常状态,因此,可以通过生理传感器检测驾驶人的这些生理指标来判断驾驶人是否处于疲劳状态。

(2)基于驾驶人生理反应特征的检测方法。基于驾驶人生理反应特征的检测方法一般采用非接触式检测途径,利用机器视觉技术检测驾驶人面部的生理反应特征(如眼睛特征、视线方向、嘴部状态、头部位置等)来判断驾驶人的疲劳状态。

(3)基于汽车行驶状态的检测方法。基于汽车行驶状态的疲劳检测方法,不是从驾驶人本人出发去研究,而是从驾驶人对汽车的操控情况去间接判断驾驶人是否疲劳。该种检测方法主要利用 CCD 摄像头和车载传感器检测汽车行驶状态,间接推测驾驶人的疲劳状态。

(4)基于多特征信息融合的检测方法。依据信息融合技术,将基于驾驶人生理信号、生理反应特征和汽车行驶状态的检测方法相结合是理想的检测方法,大大降低了采用单一方法造成的误警或漏警现象。信息融合技术的应用,使疲劳检测技术得到更进一步的发展和提高,能客观、实时、快捷、准确地判断驾驶人的疲劳状态,避免疲劳驾驶所引起的交通事故,这是疲劳检测技术的发展方向。

4. 驾驶人疲劳驾驶监测的工作过程

当驾驶人精神状态下滑或进入浅层睡眠时,系统会依据驾驶人精神状态指数分别给出语音提示、振动提醒、电脉冲警示等,警告驾驶人已经进入疲劳状态,需要休息。其作用就是监视并提醒驾驶人自身的疲劳状态,减少驾驶人疲劳驾驶的潜在危害。

车内驾驶人疲劳监测技术,本质上是在行驶过程中捕捉并分析驾驶人的生物行为信息(例如眼睛、脸部、心脏、脑电活动)的技术。然而心跳活动和脑电监测由于受接触的限制,目前没有在车内批量应用。当前最多被采用的疲劳监测手段是驾驶人驾车行为分析,即通过记录和解析驾驶人转动转向盘、踩制动踏板等行为特征,判别驾驶人是否疲劳,但是这种方式受驾驶人驾驶习惯影响极大。目前大多数厂商采用的是另一类别的监测方法,即通过图像分析手段对驾驶人脸部与眼睛特征进行疲劳评估(图6-39)。

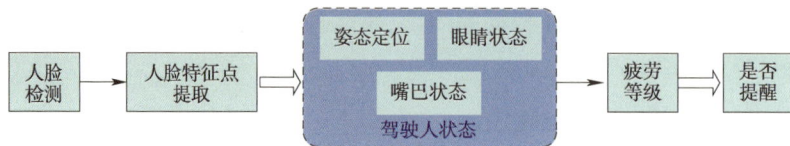

图6-39　疲劳监测预警工作过程

5. 驾驶人疲劳驾驶预警系统的发展历程

驾驶人疲劳状态监测系统最早应用于飞机等高级辅助驾驶或自动驾驶程度比较高的领域,初期的驾驶人状态疲劳监测系统是一种基于人体疲劳时生理反应特征信号的监测系统。根据使用信号属性不同,驾驶人疲劳状态监测系统可分为直接监测和间接监测两种。

(1)直接监测使用驾驶人面部运动、眼部运动、心电、脑电等直接表征驾驶人疲劳状态的信号,与采集心电信号和脑电信号相比,采集驾驶人面部运动和眼部运动信号比较简单方便并且精度较高,所以目前直接监测系统中基于驾驶人面部运动信号和眼部运动信号的监测系统应用比较广泛。

(2)间接监测则使用驾驶行为信号并结合车辆状态信号,采用统计分析、机器学习等方法分析驾驶人的状态。目前该方法的精度虽然没有直接监测方法精度高,但不需要在车辆上额外增加任何传感器及硬件设备,不会造成车辆制造成本的增加。

因此,各个整车厂、零部件制造商和科研机构纷纷深入研究间接监测方法,并已经实现产品化。现在直接监测方法和间接监测方法两种类型的驾驶人疲劳状态监测系统在市场上的在售车型中都有应用。目前厦门金龙客车响应国家的相关要求,在两客(班线、旅游客车)上全覆盖安装了DMS,为保障交通安全尽心尽力。

驾驶人疲劳驾驶预警系统未来发展趋势,一种是基于驾驶人面部、眼部、头部运动等直接表征驾驶人疲劳程度的图像信号,另一种是基于驾驶人行为、车辆状态与轨迹等众多间接表征驾驶人疲劳程度的信号。前者一般需要在车辆上额外增加摄像头、红外传感器等传感器,使车辆成本增加,但识别精度较高,适用于高端车型或匹配ADAS的车型,可以利用ADAS的硬件。后者不需要增加任何硬件设备,不会带来成本增加,适用于中低端车型,基于车辆CAN总线信号、GPS信号等就可以实现驾驶人疲劳状态监测,但精度低于前者。

六　车道保持辅助系统

1. 车道保持辅助系统的定义

车道保持辅助(Lane Keeping Assist System,LKAS)系统是一种能够主动检测汽车行驶时的横向偏移,对转向和制动系统进行协调控制,实现主动对车道偏离现象进行纠正,使汽车保持在预定车道上行驶,从而减轻驾驶人负担,减少交通事故发生的系统(图6-40)。

车道保持辅助系统在《道路车辆先进驾驶辅助系统(ADAS)术语及定义》(GB/T

39263—2020）中称为车道偏离抑制（Lane Departure Prevention，LDP），定义是实时监测车辆与车道边线的相对位置，在车辆将发生车道偏离时控制车辆横向运动，辅助驾驶人将车辆保持在原车道内行驶。

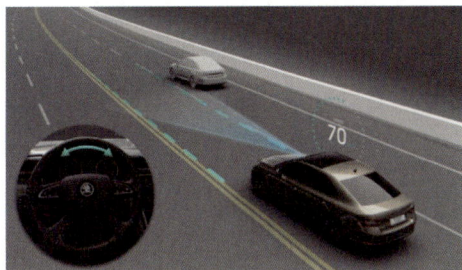

图 6-40　车道保持辅助系统

2. 车道保持辅助系统的组成

车道保持辅助系统主要由信息采集单元、电子控制单元和执行单元等组成（图 6-41）。在系统工作期间，驾驶人将会接收车道偏离的报警信息，并选择对转向系统和制动系统中的一项或多项动作进行控制，也可交由系统完全控制。系统中所有的信息均以数字信息的形式传递，通过汽车总线技术实现。

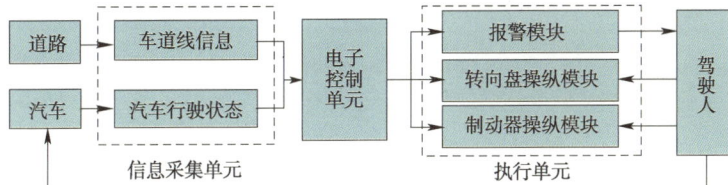

图 6-41　车道保持辅助系统的组成

1）信息采集单元

信息采集单元在车道保持辅助系统中的功能与车道偏离预警系统的功能相似，主要通过传感器采集车道信息和汽车自身行驶信息并发送给电子控制单元。

2）电子控制单元

电子控制单元主要通过特定的算法对信息进行处理，并判断是否做出车道偏离修正的相应操作。该单元性能直接影响车道偏离修正的及时性，因此在选择中央处理器和设计控制算法时，要着重考虑运算能力和运算速度。

3）执行单元

执行单元主要有报警模块、转向盘操纵模块和制动器操纵模块。其中，报警模块与车道偏离预警系统类似，通过转向盘或座椅振动、仪表板显示、声音警报中的一种或多种形式实现。转向盘操纵模块和制动器操纵模块是车道保持辅助系统中特有的，其主要实现横向运动和纵向运动的协同控制，并保证汽车在 LDP 工作期间具有一定的行驶稳定性。

图 6-42 所示为奥迪主动式车道保持辅助系统结构。信息采集单元（即摄像头 + 图像处理控制单元）将采集到的信息通过 FlexRay 上传，控制单元经过对信息处理判断后，将指令同样通过 FlexRay 给到转向助力控制单元，由其再发出相应指令给转向助力电机。

3. 车道保持辅助系统的工作原理

车道保持辅助系统可以在行车的全程或速度达到某一阈值后开启，并可以手动关闭，实时保持汽车的行驶轨迹。当系统正常工作时，信息采集单元通过车载传感器采集车速信号、转向盘转角信号及汽车速度信息，电子控制单元对信息进行处理，比较车道线和汽车的行驶方向，判断汽车是否偏离行驶车道。当汽车行驶可能偏离车道线时，发出报警信息；当汽车距离偏离侧车道线小于一定阀值或已经有车轮偏离出车道线时,电子控制单元计算出辅助转向力矩和减速度,根据偏离的程度控制转向盘操纵模块和制动器操纵模块,施加转向力矩和制动力使汽车稳定地回到正常轨道;若驾驶人打开转向灯,正常进行变线行驶,则系统不会做出任何提示。

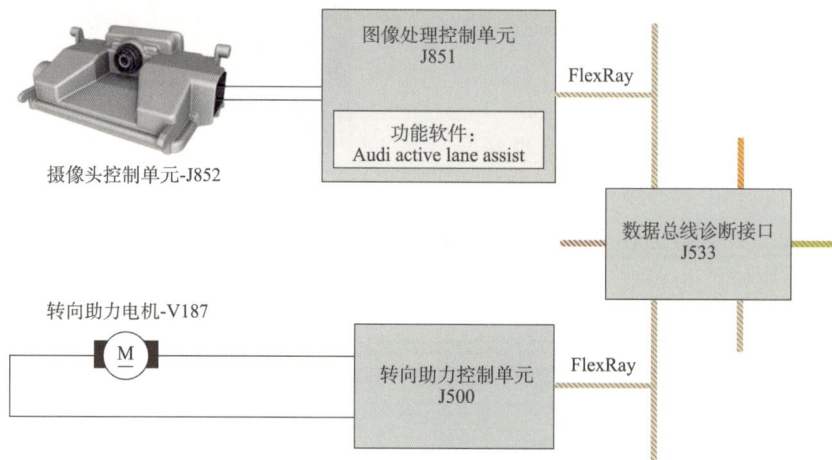

图6-42　奥迪主动式车道保持辅助系统结构

车道保持辅助系统工作过程如图6-43所示,在系统起作用时,将不同时刻的汽车行驶照片重叠后可以看出,图中后面起第二个车影已经偏离行驶轨道,于是系统发出报警信息,第三个和第四个车影是系统主动进行车道偏离纠正的过程,在第五个车影时,汽车已经重新处于正确的行驶路线上,车道保持辅助系统完成一个完整的工作周期。

1)车道保持系统模式(以奥迪车型为例)

(1)在转向干预"晚"这个系统设置时状态。帮助驾驶人,使之不致因疏忽而将车驶离车道(图6-44)。

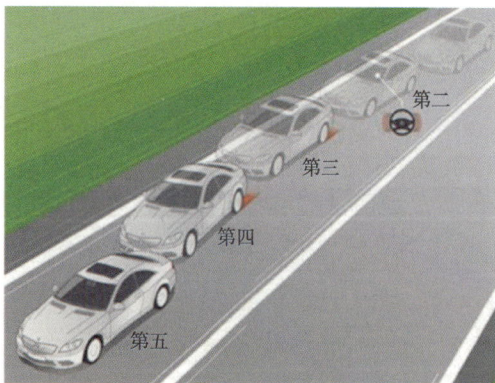

图6-43　车道保持辅助系统的工作过程

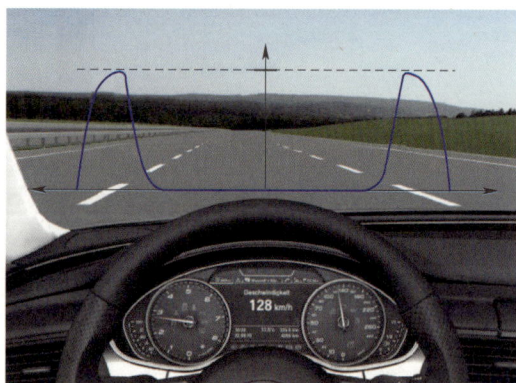

图6-44　转向干预"晚"系统设置

(2)在转向干预"早"这个系统设置时状态。该模式通过持续不断的转向介入(转向干涉),来帮助驾驶人将车辆保持在车道中心处(图6-45)。

2)车道保持系统开关及状态显示(以奥迪车型为例)

(1)车道辅助系统按钮集成在转向拨杆上(图6-46)。

（2）状态显示（图6-47）。

图6-45　转向干预"早"系统设置

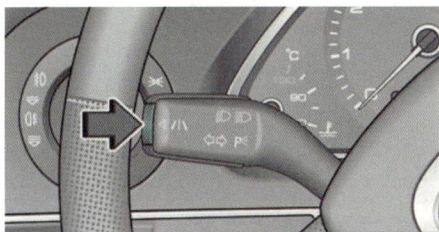

图6-46　按钮集成在转向拨杆上

a)显示位置

b)系统关闭

c)已接通，但未激活（不会有振动提醒）

d)已接通并已激活（会有警告提醒）

图6-47　状态显示

七　自动制动辅助系统

1. 自动制动辅助系统的定义

汽车自动制动辅助（Autonomous Emergency Braking，AEB）系统，又称为自动紧急制动系统，可以预知潜在的碰撞危险并及时通知驾驶人，而且在必要的情况下，此系统会自动控制制动踏板完成制动操作，以避免或减轻碰撞伤害（图6-48）。

自动紧急制动系统

目前，全球主流的汽车厂商都有自己的预碰撞安全系统，不过各个厂商的叫法各不相同，功能的实现效果及技术细节也有所不同，如大众 Front Assist 预碰撞安全系统、沃尔沃 CWAB 系统、奔驰 Pre-safe 安全系统、斯巴鲁 Eye Sight 安全系统等。

在《道路车辆先进驾驶辅助系统（ADAS）术语及定义》（GB/T 39263—2020）中有两个定义：一个是自动紧急制动（Advanced/Aautomatic Emergency Braking，AEB），其定义是实时监测车辆前方行驶环境，并在可能发生碰撞危险时自动启动车辆制动系统使车辆减速，以避免碰撞或减轻碰撞后果;另一个是紧急制动辅助(Emergency Braking Assist,EBA),其定义是实时监测车辆前方行驶环境,在可能发生碰撞危险时提前采取措施以减少制动响应时间并在驾驶人采取制动时辅助增加制动压力,以避免碰撞或减轻碰撞后果。

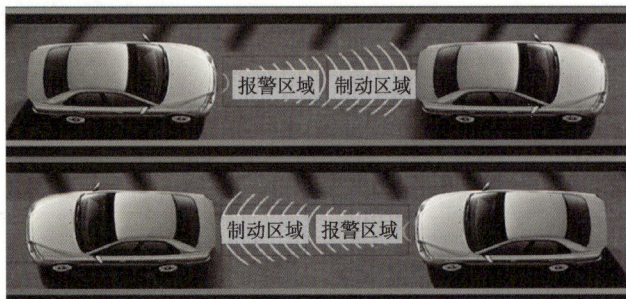

报警区域 制动区域

制动区域 报警区域

图6-48 自动制动辅助系统

2.汽车自动制动辅助系统的组成

汽车自动制动辅助系统主要由行车环境信息采集单元、电子控制单元和执行单元等组成,如图6-49所示。

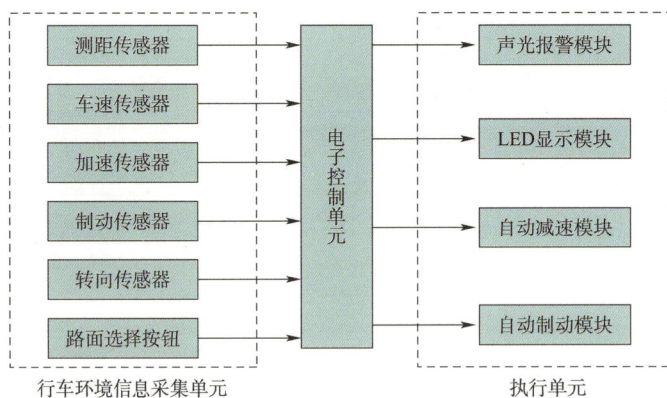

行车环境信息采集单元		执行单元
测距传感器		声光报警模块
车速传感器		LED显示模块
加速传感器	电子控制单元	自动减速模块
制动传感器		自动制动模块
转向传感器		
路面选择按钮		

图6-49 汽车自动制动辅助系统的组成

1)行车环境信息采集单元

行车环境信息采集单元由测距传感器、车速传感器、加速传感器、制动传感器、转向传感器、路面选择按钮等组成,对行车环境进行实时识别,得到相关行车信息。测距传感器用来识别本车与前方目标的相对距离以及相对速度,目前,常见的测距传感器主要使用毫米波雷达和视觉传感器;车速传感器用来识别本车的速度;加速传感器用来识别驾驶人在收到系统提醒报警后是否及时松开加速踏板,对本车实行减速措施;制动传感器用来识别驾驶人是否踩下制动踏板,对本车实行制动措施;转向传感器用来识别车辆目前是否正处于弯道路面行驶或处于超车状态,系统凭此来判断是否需要进行报警抑制;路面选择按钮是为了方便驾驶人对路面状况信息进行选择,从而方便系统对报警距离的计算。需要采集的信息因系统不同而不同,所有采集到的信息都将被送往电子控制单元。

2)电子控制单元

电子控制单元接收行车环境信息采集单元的识别信号后,综合收集到的数据信息,依照一定的算法程序对车辆行驶状况进行分析计算,判断车辆所适用的预警状态模型,同时对执行单元发出控制指令。

3)执行单元

执行单元可以由多个模块组成,如声光报警模块、LED 显示模块、自动减速模块和自动制动模块等,根据系统不同而不同。它用来接收电子控制单元发出的指令,并执行相应的动作,达到预期的预警效果,实现相应的车辆制动功能。当系统识别到存在危险状况时,首先进行声光报警,提醒驾驶人;当系统发出提醒报警之后,如果驾驶人没有松开加速踏板,则系统会发出自动减速控制指令;在减速之后,系统识别到危险仍然存在时,说明目前车辆行驶处于极度危险的状况,需要对车辆实施自动强制制动。

3.汽车自动制动辅助系统的工作原理

汽车自动制动辅助系统采用测距传感器测出与前车或障碍物的距离,与报警距离、安全距离进行比较,小于报警距离时就进行报警提示,小于安全距离时,即使在驾驶人没来得及踩制动踏板的情况下,汽车自动制动辅助系统也会启动,使汽车自动制动,从而为安全出行保驾护航。

图 6-50 所示为某汽车自动制动辅助系统的工作过程。自动制动辅助从传感器探测到前方车辆(目标车)开始,持续监测与前车之间的距离以及前车的车速,同时从总线获取本车的车速信息,通过简单的运算,结合对普通驾驶人反应能力的研究,判断当前形势并做出合适的应对。

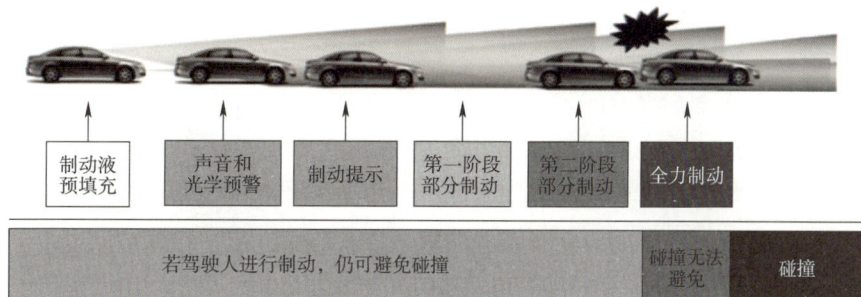

图 6-50　汽车自动制动系统的工作过程

八　自适应巡航控制系统

1.自适应巡航控制系统的定义

汽车自适应巡航控制(Adaptive Cruise Control,ACC)系统(图 6-51),是在汽车行驶过程中,车距传感器持续扫描汽车前方道路,同时轮速传感器采集车速信号。当与前方车辆之间的距离小于或大于安全车距时,ACC 控制单元通过与制动系统、发动机/驱动电机控制系统协调动作,改变制动力矩和发动机/驱动电机输出功率,对汽车行驶

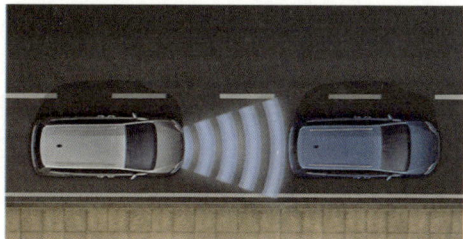

图 6-51　汽车自适应巡航控制系统

速度进行控制,始终保持安全车距行驶。如果前方没有汽车,则自车按设定的车辆巡航行驶。

在《道路车辆先进驾驶辅助系统(ADAS)术语及定义》(GB/T 39263—2020)中有两个定义:一个是自适应巡航控制(Adaptive Cruise Control,ACC),其定义是实时监测车辆前方行驶环境,在设定的速度范围内自动调整行驶速度,以适应前方车辆和/或道路条件等引起的驾驶环境变化;另一个是全速自适应巡航控制(Full Speed Range Adaptive Cruise Control,FS-RA),其定义是实时监测车辆前方行驶环境,在设定的速度范围内自动调整行驶速度并具有减速至停止及从停止状态自动起步的功能,以适应前方车辆和/或道路条件等引起的驾驶环境变化。

2.自适应巡航控制系统的组成

1)燃油汽车 ACC 系统

燃油汽车 ACC 系统主要由信息感知单元、电子控制单元(ECU)、执行单元和人机互换界面等组成(图6-52)。

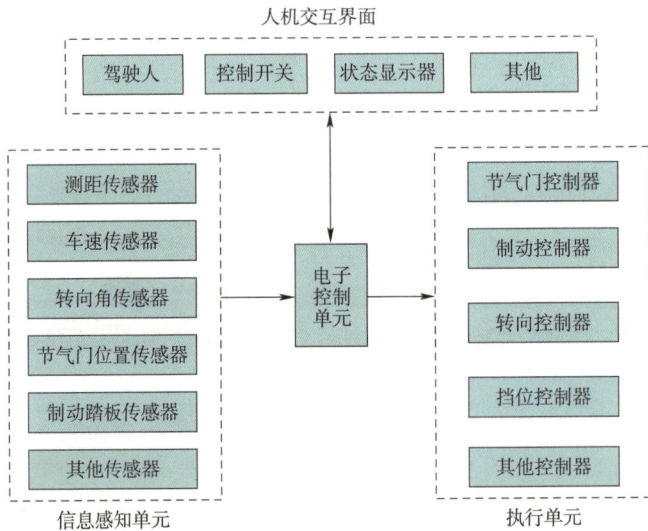

人机交互界面

| 驾驶人 | 控制开关 | 状态显示器 | 其他 |

测距传感器		节气门控制器
车速传感器		制动控制器
转向角传感器	电子控制单元	转向控制器
节气门位置传感器		挡位控制器
制动踏板传感器		其他控制器
其他传感器		

信息感知单元　　　　　　　　　　　执行单元

图 6-52　燃油汽车 ACC 系统的组成

(1)信息感知单元。主要用于向电子控制单元(ECU)提供 ACC 所需要的各种信息,由测距传感器、车速传感器、转向角传感器、节气门位置传感器、制动踏板传感器等组成。测距传感器用来获取主车与前方目标车辆之间的距离信号,一般使用激光雷达或毫米波雷达,也有使用视频传感器的;车速传感器用于获取实时车速信号,一般使用霍尔式车速传感器;转向角传感器用于获取汽车转向信号;节气门位置传感器用于获取节气门开度信号;制动踏板传感器用于获取制动踏板动作信号。

(2)电子控制单元。根据驾驶人设定的安全车距及车速,结合信息感知单元传送来的信息确定主车的行驶状态,决策出汽车的控制策略,并输出节气门开度和制动压力信号给执行单元。例如,当主车与前方的目标车辆之间的距离小于设定的安全车距时,电子控制单元计算实际车距和安全车距之差及相对速度的大小,选择减速方式,或通过报警器向驾驶人发出报警,提醒驾驶人采取相应的措施。

（3）执行单元。主要执行电子控制单元发出的指令，实现主车速度和加速度的调整，它包括节气门控制器、制动控制器、转向控制器和挡位控制器等。节气门控制器用于调整节气门的开度，使汽车加速、减速及定速行驶；制动控制器用于控制制动力矩或紧急情况下的制动；转向控制器用于控制汽车的行驶方向；挡位控制器用于控制汽车变速器的挡位。

（4）人机交互界面。用于驾驶人设定系统参数及系统状态信息的显示等。驾驶人可通过设置在仪表板或转向盘上的人机界面启动或清除 ACC 系统控制指令。启动 ACC 系统时，要设定主车与目标车辆之间的安全车距以及在巡航状态下的车速；否则，ACC 系统将自动设置为默认值，但所设定的安全车距不可小于设定车速下交通法规所规定的安全车距。

2）电动汽车 ACC 系统

电动汽车 ACC 系统也是由信息感知单元、电子控制单元(ECU)、执行单元和人机交互界面等组成，如图 6-53 所示。电动汽车相对于燃油汽车，其 ACC 系统的信息采集单元没有节气门位置传感器，执行单元没有节气门控制器和挡位控制器，相应增加电动机控制器和再生制动控制器。信息感知单元将传感器测量的距离、速度和加速度等信号输入电子控制单元；电子控制单元对主车行驶环境及运动状态进行分析、计算、决策，输出转矩和制动压力信号；执行单元用于完成电子控制单元的指令，通过电动机控制器和制动控制器来调节主车的行驶速度；人机交互界面为驾驶人对系统的运行进行观察和干预控制提供操作界面。

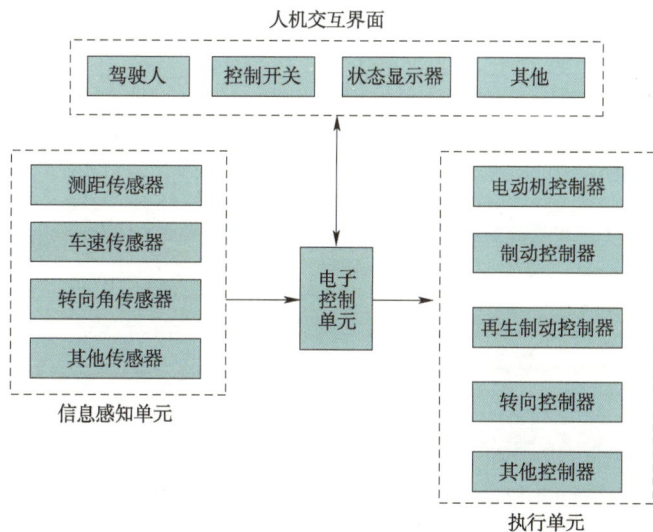

图 6-53 电动汽车 ACC 系统的组成

3.自适应巡航控制系统的工作过程

在车辆行驶过程中，安装在车辆前部的车距传感器(雷达)持续扫描车辆前方道路，同时轮速传感器采集车速信号。当车辆前方无障碍物时，车辆按设定的速度巡航行驶；当行驶车道的前方有其他前行车辆时，ACC 系统电子控制单元将根据本车和前车之间的相对距离及相对速度等信息，通过与 ABS、发动机控制系统、自动变速器控制系统协调动作，对车辆纵向速度进行控制，使本车与前车始终保持安全距离行驶(图 6-54)。

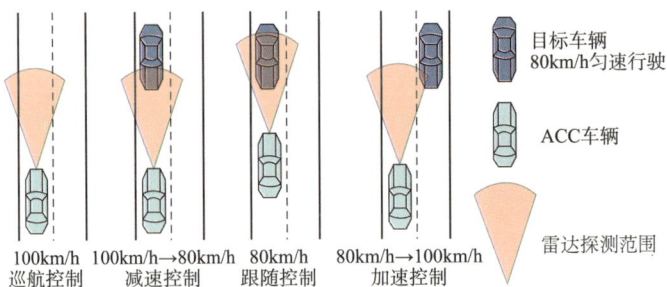

图 6-54　巡航系统工作过程中的各种模式

4.自适应巡航控制系统的工作原理

1)燃油汽车 ACC 系统的工作原理

燃油汽车 ACC 系统的工作原理如图 6-55 所示。驾驶人启动自适应巡航控制系统后,汽车在行驶过程中,安装在汽车前部的测距传感器持续扫描汽车前方道路,同时轮速传感器采集车速信号。如果汽车前方没有汽车或与前车距离很远且速度很快时,控制模式选择模块就会激活巡航控制模式,自适应巡航控制系统将根据驾驶人设定的车速和轮速传感器采集的车速自动调节节气门开度等,使汽车达到设定的车速并巡航行驶;如果前车存在汽车且离自车较近或速度很慢,控制模式选择模块就会激活跟随控制模式,自适应巡航控制系统将根据驾驶人设定的安全车距和轮速传感器采集的车速计算出期望车距,并与车距传感器采集的实际距离比较,自动调制制动压力和节气门开度等,使汽车以一个安全的车距稳定地跟随前车行驶。同时,自适应巡航控制系统会把汽车目前的一些状态参数显示在人机界面上,方便驾驶人进行判断;也装有紧急报警系统,在自适应巡航控制系统无法避免碰撞时及时警告驾驶人并由驾驶人处理紧急情况。

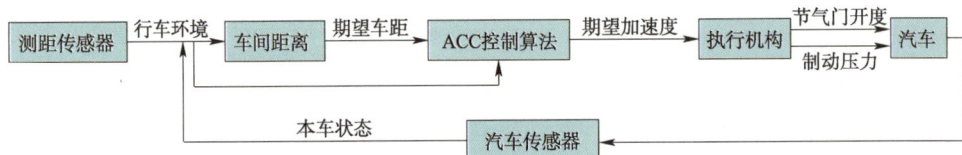

图 6-55　燃油汽车 ACC 系统的工作原理

2)电动汽车 ACC 系统的工作原理

电动汽车 ACC 系统的工作原理如图 6-56 所示。它与燃油汽车自适应巡航控制系统的工作原理基本一样,唯一的区别是燃油汽车控制的是节气门开度,调节发动机输出转矩;而电动汽车控制的是电动机转矩,调节电动机的输出转矩,而且增加了再生制动控制。

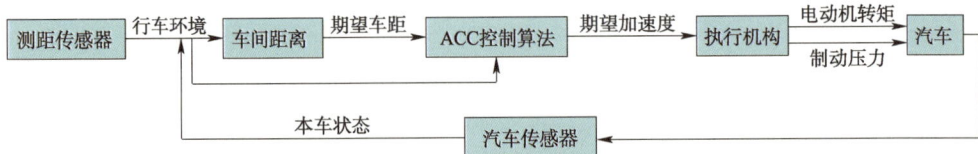

图 6-56　电动汽车 ACC 系统的工作原理

5. 自适应巡航控制系统的作用

汽车自适应巡航控制系统通过对汽车纵向运动进行自动控制,以减轻驾驶人的劳动强度,保障行车安全,并通过方便的方式为驾驶人提供辅助支持。汽车自适应巡航控制系统具有以下作用。

(1)汽车自适应巡航控制系统可以自动控制车速,但在任何时候驾驶人都可以主动进行加速或制动。当驾驶人对巡航控制状态下的汽车进行制动后,自适应巡航控制系统会终止巡航控制;当驾驶人对巡航控制状态下的汽车进行加速,停止加速后,自适应巡航控制系统会按照原来设定的车速进行巡航控制。

(2)通过测距传感器的反馈信号,自适应巡航控制系统可以根据前车的移动速度判断道路情况,并控制汽车的行驶状态;通过反馈式加速踏板感知的驾驶人施加在踏板上的力,自适应巡航控制系统可以决定是否执行巡航控制,以减轻驾驶人疲劳。

(3)汽车自适应巡航控制系统分为基本型和全速型。基本型自适应巡航控制系统一般在车速大于30km/h时才起作用,而当车速降低到30km/h以下时,就需要驾驶人进行人工控制。全速型自适应巡航控制系统在车速低于30km/h直至汽车静止时一样可以适用,在低速行驶时仍能保持与前车的距离,并能对汽车进行制动直至其处于静止状态。如果前车在几秒内再次起动,装备全速型自适应巡航控制系统的汽车将自动跟随起动。如果停留时间较长,驾驶人只需通过简单操作,如轻踩加速踏板就能再次进入自适应巡航控制模式。通过这种方式,即使在高峰或拥堵时段,自适应巡航控制系统也能进行辅助驾驶。

(4)汽车自适应巡航控制系统使汽车的编队行驶更加轻松。自适应巡航控制系统可以设定自动跟踪的汽车,当自车跟随前车行驶时,自适应巡航控制系统可以将自车车速调整为与前车的车速相同,同时保持稳定的安全车距,而且这个安全车距可以通过转向盘上的设置按钮进行选择。

(5)带辅助转向功能的自适应巡航控制系统不仅可以使自车自动与前车保持一定的车距,而且汽车还能够自动转向,使驾驶过程更加安全舒适。

6. 自适应巡航控制系统的工作模式

汽车自适应巡航控制系统的工作模式主要有定速巡航、减速、跟随、加速、停车和起动等,如图6-57所示。图中假设自车设定车速为100km/h,前车的车速为80km/h。

1)巡航控制

巡航控制是汽车ACC系统最基本的功能。当前车辆前方无行驶车辆时,当前车辆将处于普通的巡航行驶状态,ACC系统按照设定的行驶车速对车辆进行巡航控制。

2)减速控制

当前车辆前方有目标车辆,且目标车辆的行驶速度小于当前车辆的行驶速度时,ACC系统将控制当前车辆进行减速,确保两车间的距离为所设定的安全距离。

3)跟随控制

当ACC系统将当前车辆车速减至理想的目标值之后采用跟随控制,与目标车辆以相同的速度行驶。

4)加速控制

当前方的目标车辆加速行驶或发生移线,或当前车辆移线行驶使得前方又无行驶车辆时,ACC 系统将对当前车辆进行加速控制,使当前车辆恢复到设定的车速。

5)停车控制

若前车减速停车,则自适应巡航控制系统将控制自车也减速停车。

6)起动控制

若自车处于停车等待状态,当前车突然起动时,自车也将起动,并与前车行驶状态保持一致。

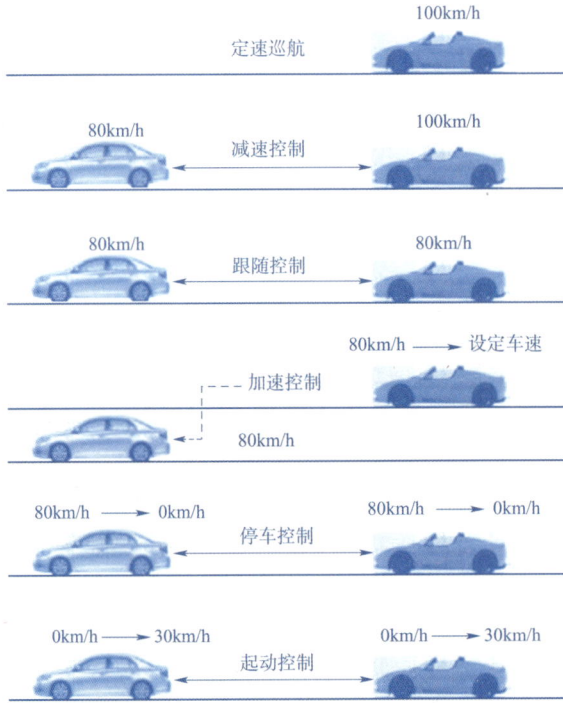

图 6-57　汽车 ACC 系统的工作模式

7. 自适应巡航控制系统的控制方法

燃油汽车 ACC 系统的控制方法如图 6-58 所示。它分为双层控制,第一层根据雷达、车速传感器和加速度传感器信号控制汽车的车速与加速度,获得期望车速与期望加速度信号;第二层接收第一层信号调节驱动系统和制动系统,输出节气门开度和制动压力指令,从而控制发动机和液压制动装置。

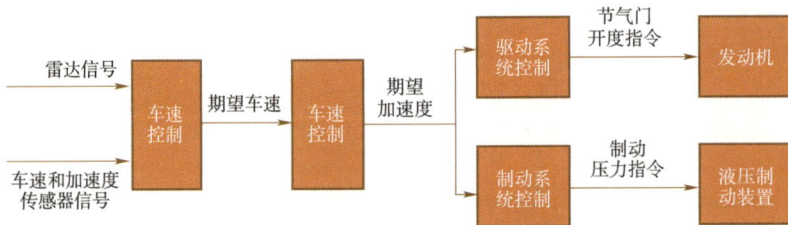

图 6-58　燃油汽车 ACC 系统的控制方法

电动汽车 ACC 系统的控制方法如图 6-59 所示。它分为三层控制:第一层根据雷达、车速传感器和加速度传感器信号控制汽车的加速度与转矩,获得期望加速度与期望转矩信号;第二层对第一层输出的期望转矩进行分配,获得期望电动机驱动转矩、期望电动机制动力矩和期望液压制动力矩;第三层接收第二层信号协调驱动系统和制动系统控制,输出电动机驱动转矩、电动机制动转矩和液压制动转矩指令,分别控制驱动电动机和液压制动装置。

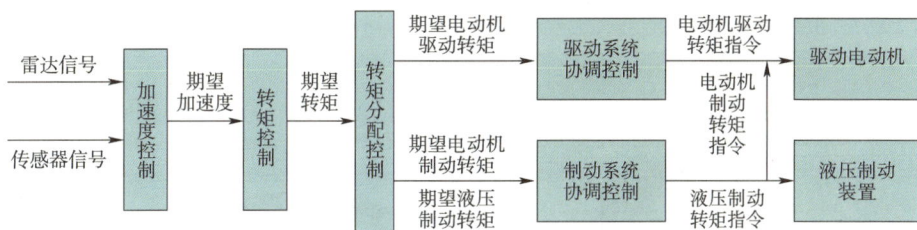

图 6-59　电动汽车 ACC 系统的控制方法

九　自动泊车辅助系统

1. 自动泊车辅助系统的定义

自动泊车辅助(Auto Parking Assist,APA)系统,利用车载传感器探测有效泊车空间,并辅助控制车辆完成泊车操作,减轻了驾驶人的操作负担,有效降低了泊车的事故率(图 6-60)。

在《道路车辆先进驾驶辅助系统(ADAS)术语及定义》(GB/T 39263—2020)中将自动泊车辅助称为智能泊车辅助(Intelligent Parking Assist,IPA),其定义是在车辆泊车时,自动检测泊车空间并为驾驶人提供泊车指示和/或方向控制等辅助功能。

图 6-60　自动泊车辅助系统

2. 自动泊车辅助系统的组成

自动泊车辅助系统包括环境数据采集系统、中央处理器、自动泊车开关和车辆策略控制系统。

(1)环境数据采集系统包括图像采集系统(通常为摄像头,如图 6-61 所示)和车载距离探测系统,可采集图像数据及周围物体距车身的距离数据,并通过数据线传输给中央处理器。

(2)中央处理器(图 6-62)可将采集到的数据分析处理后,得出汽车的当前位置、目标位置以及周围的环境参数,依据上述参数制定出自动泊车策略,并将其转换成电信号。

(3)自动泊车开关通过驾驶人操作对自动泊车辅助系统进行开启和关闭(图 6-63)。

(4)车辆策略控制系统接收电信号后,依据指令做出汽车的行驶(如角度、方向等)方面的操控,直至停车入位。

3. 自动泊车辅助系统的工作原理

自动泊车辅助系统的工作原理是通过车载传感器扫描汽车的周围环境,通过对环境区域的分析和建模,搜索有效泊车位,当确定目标车位后,系统提示驾驶人停车并自动启动自动泊车程序,根据所获取的车位大小、位置信息,由程序计算泊车路径,然后自动操纵汽车泊车入位。从机理上分析,自动泊车辅助系统的运行过程如图6-64所示。

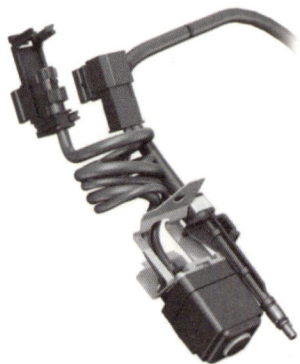

图6-61　带清洗装置的倒车摄像头

图6-62　控制单元

图6-63　奥迪车型自动泊车辅助系统开关

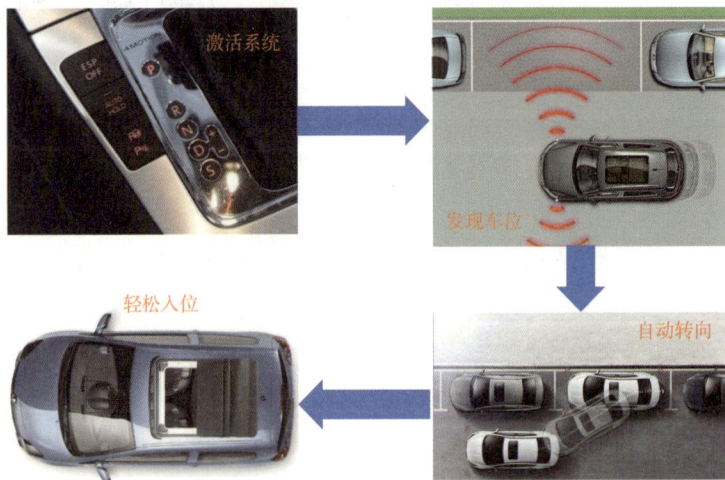

图6-64　自动泊车辅助系统的运行过程

1）激活系统

汽车进入停车区域后缓慢行驶，人工开启自动泊车辅助系统，或者根据车速自动启动泊车辅助系统。

2）车位检测

通过车载传感器[主要采用测距传感器（如雷达）和视觉传感器（如摄像头）]获取环境信息然后识别出目标车位。

3）路径规划

根据所获取的环境信息，电子控制单元对汽车和环境建模，计算出一条能使汽车安全泊入车位的路径。

4）路径跟踪

通过转角、节气门/驱动电机和制动系统的协调控制，使汽车跟踪预先规划的泊车路径，实现轻松泊车入位。

4. 自动泊车系统的技术发展

1）泊车辅助一代：自动泊车

自动泊车辅助（Auto Parking Asist，APA）是生活中最常见的泊车辅助系统。泊车辅助系统在汽车低速巡航时，使用超声波雷达感知周围环境，帮助驾驶人找到尺寸合适的空车位，并在驾驶人发送泊车指令后，将汽车泊入车位。

APA所依赖的传感器并不复杂，包括8个安装于汽车前、后的UPA超声波雷达，也就是大家常说的"倒车雷达"，和4个安装于汽车两侧的APA超声波雷达，雷达的感知范围如图6-65所示。

APA超声波雷达的探测范围远而窄，常见APA最远探测距离为5m；UPA超声波雷达的探测范围近而宽，常见的UPA探测距离为3m。不同的探测范围决定了它们不同的分工。

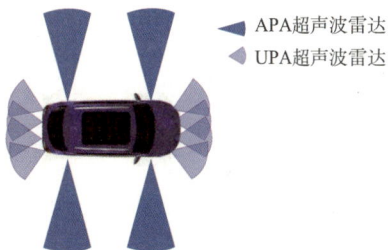

▲ APA超声波雷达
◢ UPA超声波雷达

图6-65 雷达感知范围

APA超声波雷达的作用是在汽车低速巡航时，完成空车位的寻找和校验工作。随着汽车低速行驶过空车位，安装在前侧方的APA超声波雷达的探测距离有一个先变小，再变大，再变小的过程。一旦汽车控制器探测到这个过程，可以根据车速等信息得到车位的宽度以及是否是空车位的信息。后侧方的APA在汽车低速巡航时也会探测到类似的信息，可根据这些信息对空车位进行校验，避免误检。

使用APA超声波雷达检测到空车位后，汽车控制器会根据自车的尺寸和车位的大小，规划出一条合理的泊车轨迹，控制转向盘、变速器和加速踏板或驱动电机进行自动泊车。在泊车过程中，安装在汽车前后的8个UPA会实时感知环境信息，实时修正泊车轨迹，避免碰撞。APA自动泊车辅助需要驾驶人在车内实时监控，以保证泊车顺利完成，属于SAE L2级别的自动驾驶技术（图6-66）。

2）泊车辅助二代：远程遥控泊车

远程遥控泊车辅助（Remote Parking Asist，RPA）系统是在APA技术的基础之上发展而

183

来的,车载传感器的配置方案与第一代泊车辅助系统类似。它的诞生解决了停车后难以打开自车车门的尴尬场景,如在两边都停了车的车位或在比较狭窄的停车房。远程遥控泊车辅助系统常见于特斯拉、宝马7系、奥迪A8等高端车型中。

在汽车低速巡航并找到空车位后,驾驶人将车辆挂入停车挡,就可以离开汽车了。在车外,使用手机发送泊车指令,控制汽车完成泊车操作。遥控泊车涉及汽车与手机的通信,目前汽车与手机最广泛且稳定的通信方式是蓝牙,虽然没有4G传输的距离远,但4G信号并不能保证所有地方都能做到稳定通信。

远程遥控泊车辅助系统相比于第一代泊车辅助系统加入了与驾驶人通信的车载蓝牙模块,不再需要驾驶人坐在车内监控汽车的泊车过程,仅需要在车外观察即可(图6-67)。

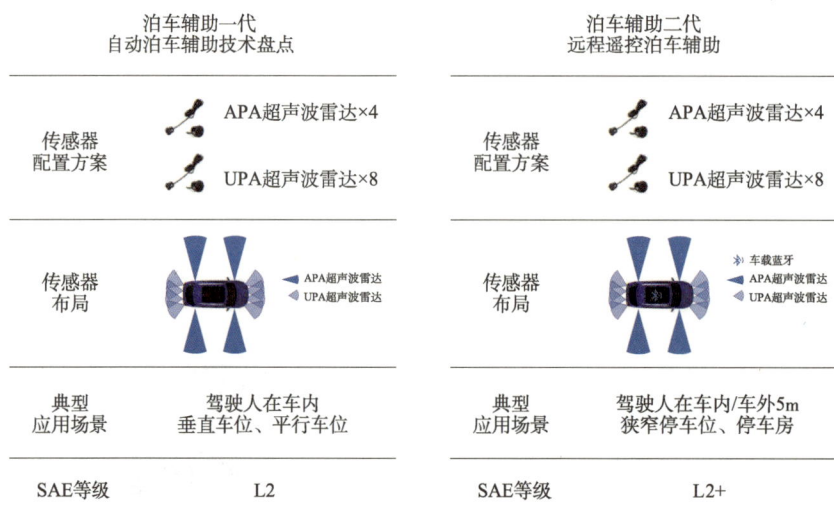

	泊车辅助一代 自动泊车辅助技术盘点		泊车辅助二代 远程遥控泊车辅助	
传感器 配置方案	APA超声波雷达×4 UPA超声波雷达×8		APA超声波雷达×4 UPA超声波雷达×8	
传感器 布局	APA超声波雷达 UPA超声波雷达		车载蓝牙 APA超声波雷达 UPA超声波雷达	
典型 应用场景	驾驶人在车内 垂直车位、平行车位		驾驶人在车内/车外5m 狭窄停车位、停车房	
SAE等级	L2		L2+	

图6-66 泊车辅助一代技术　　　　　图6-67 泊车辅助二代技术

3)泊车辅助三代:自学习泊车

自学习泊车辅助系统的核心技术为即时定位与地图构建(Simultaneous Localization And Mapping,SLAM)。SLAM最早应用于军事领域,随后是机器人领域,近两年才被广泛应用到汽车领域。

自学习泊车的学习过程:驾驶人在准备停车前,可以在车位不远处,开启"路线学习"功能,随后慢慢将汽车泊入固定车位,系统就会自学习该段行驶和泊车路线。

自学习泊车的模仿过程:完成路线的学习后,在录制时的相同起点下车,用手机蓝牙连接汽车,启动自学习泊车辅助系统,汽车就能够模仿先前录制的泊车路线,完成自动泊车了。驾驶人除了让汽车学习泊入车位的过程外,还能够学习汽车驶出车位并行驶到办公楼的过程。

自学习泊车辅助系统相比于前两代泊车辅助系统加入了360°环视摄像头,而且泊车的控制距离从5m内扩大到了50m内,有了明显提升(图6-68)。

4)泊车辅助四代:自动代客泊车

自动代客泊车(Automated Valet Parking,AVP)的研发就是为了解决日常工作、生活中停车难的痛点,其主要的应用地点通常是办公楼或者大型商场的地上或地下停车场。

相比于更为成熟的前三代泊车辅助产品,AVP除了要实现泊入车位的功能外,还需要解决从驾驶人下车点低速(小于20km/h)行驶至车位旁的问题。为了能尽可能地安全行驶到车位旁,必须提升汽车远距离感知的能力,前视摄像头成了最优的传感器方案。地上/地下停车场不像开放道路,场景相对单一,高速运动的汽车较少,对于保持低速运动的自车来说,更容易避免突发状况的发生(图6-69)。

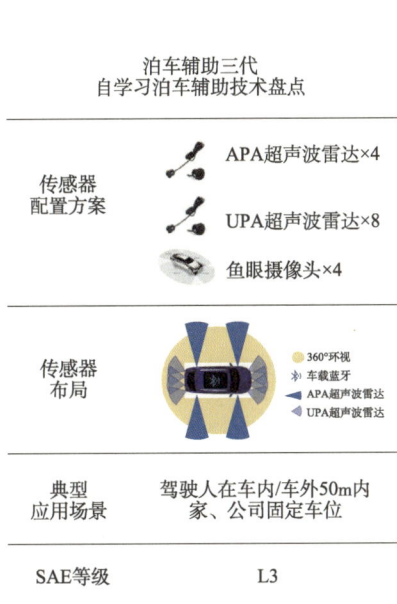

泊车辅助三代 自学习泊车辅助技术盘点		泊车辅助四代 自动代客泊车技术盘点	
传感器 配置方案	APA超声波雷达×4 UPA超声波雷达×8 鱼眼摄像头×4	传感器 配置方案	APA超声波雷达×4 UPA超声波雷达×8 鱼眼摄像头×4 前视摄像头×1
传感器 布局	360°环视 车载蓝牙 APA超声波雷达 UPA超声波雷达	传感器 布局	360°环视 前像摄像头 车载蓝牙 APA超声波雷达 UPA超声波雷达
典型 应用场景	驾驶人在车内/车外50m内 家、公司固定车位	典型 应用场景	驾驶人在车外500m内 地上/地下公共停车场
SAE等级	L3	SAE等级	L4

图6-68　泊车辅助三代技术　　　　　　图6-69　泊车辅助四代技术

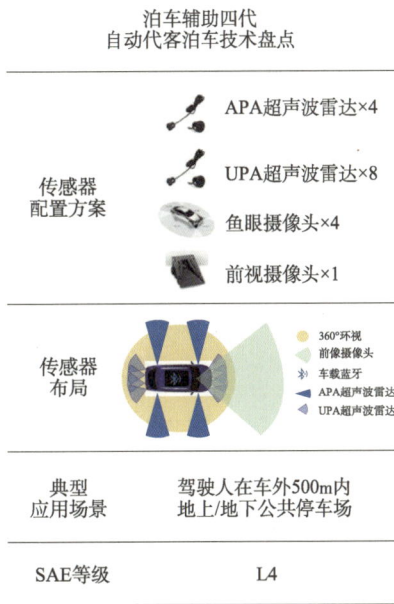

十　自适应前照明系统

1. 自适应前照明系统的定义

汽车自适应前照明系统(Adaptive Front Lighting System,AFS)可以根据天气情况、外部光线、道路状况及行驶信息来自动控制前照灯角度,避免直射对向汽车驾驶人。自适应前照明系统在风窗玻璃上安装摄像机以辨识交通情况,从而控制灯光角度,这种设备可以保证路面最佳的照明和安全性;当调节到低光后,也不用担心它的照射距离,在65～300m完全可以使驾驶人清晰地观察前路;如果前方没有汽车,前照灯将自动转变为远光模式(图6-70)。汽车自适应前照明系统是未来汽车前照明系统的主要发展方向。

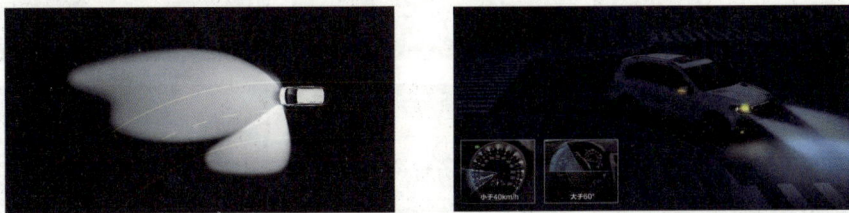

图6-70　汽车自适应照明系统

在《道路车辆先进驾驶辅助系统(ADAS)术语及定义》(GB/T 39263—2020)中对自适应前照明系统的定义是能够自动进行近光/远光切换或投射范围控制,从而为适应车辆各种使用环境提供不同类型光束的前照灯。

2. 自适应前照明系统的组成

汽车自适应前照明系统主要由传感器单元、CAN 总线传输单元、电子控制单元和执行单元等组成(图 6-71)。

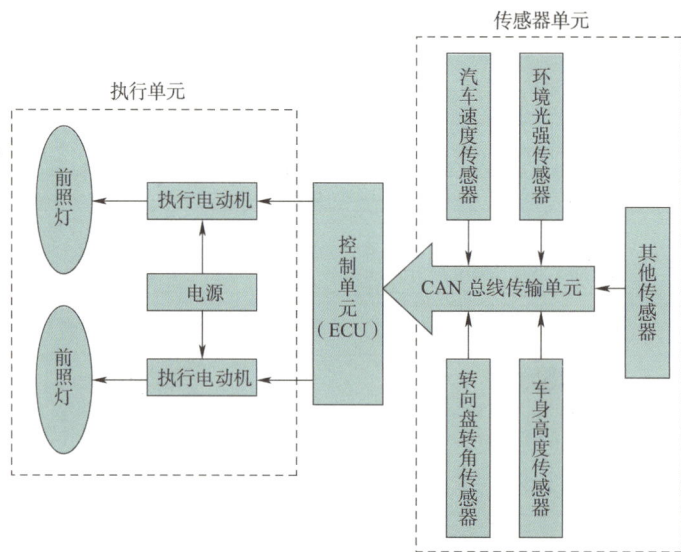

图 6-71 汽车自适应前照明系统的组成

3. 自适应前照明系统的工作原理

自适应前照明系统实现的基本原理:通过安装在车辆上的车速、姿态、转角、位置等传感器采集汽车动态信号参数,经过控制单元的分析判断和算法运算并产生控制信号,执行单元控制前照明系统运转(图 6-72)。

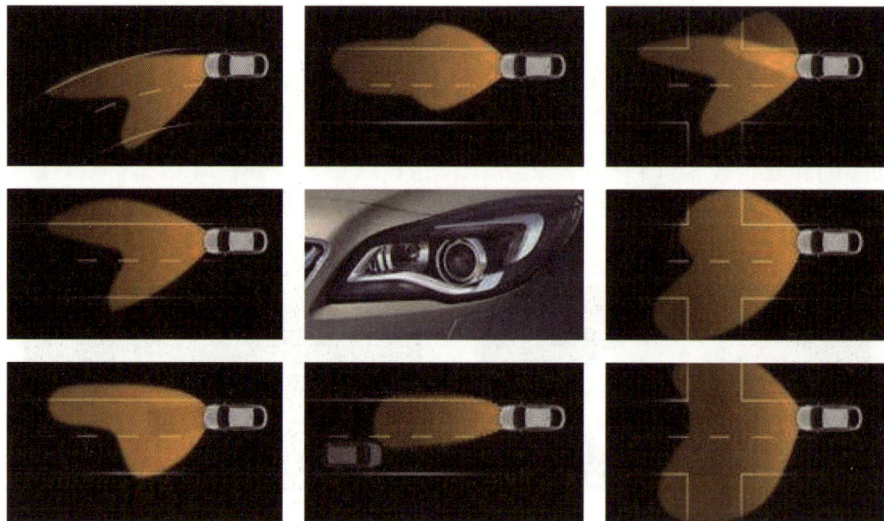

图 6-72 自适应前照明系统的基本原理

汽车自适应前照明系统的主要功能按以下方法实现:

（1）系统通过开关器件获取功能开关信号,通过轮速传感器获取车速信号,通过转向盘转角传感器获取转角信号,通过车身高度传感器获取姿态信号等。经过巡检算法判断,如果前照灯需要进行转动,系统会根据角度算法计算出需要转动的角度,通过控制单元输出控制信号,控制水平和垂直安装的步进电机转动,再通过机械传动机构实现前照灯转动,让照明光束始终与道路保持一致,驾驶人能够清楚地看到即将出现的弯道上的路况,以便及时采取预防或紧急避险措施。如图 6-73 所示,车身姿态后发生变化后,前照灯光照射图也将随之变化,如果是自适应前照明系统就将会自行调整,使前照灯光照射图保证在正确的位置。

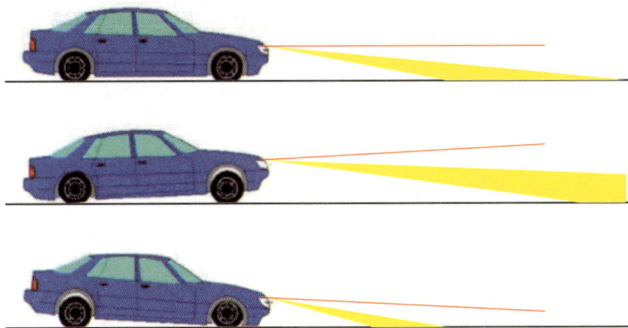

图 6-73　汽车俯仰灯光照射图

（2）系统通过获取前照灯开关器件信号和环境光强传感器的光照强度信号,对前照灯开关进行控制。系统会设置一个光照阈值,当光照强度小于阈值时,系统自动延时打开前照灯;当光照强度大于阈值时,系统自动延时关闭前照灯。

（3）系统在前照灯初始化位置时,通过获取霍尔位置传感器的位置信号,判断前照灯实际运行的角度与控制单元输出角度之间的误差。如果误差不大,通过角度 PD 调节算法对误差进行调节;如果误差过大,说明前照灯出现了故障,系统会产生故障报警信号提醒驾驶人前照灯出现故障。

（4）系统通过液晶显示装置实时显示系统的工作状态,包括车速状态、转向盘转角状态、车灯转角状态等。

4. 自适应前照明系统的功能

为了使汽车在不同的光线和路况下安全行驶,汽车自适应前照明系统能够改变前照灯的照射方向,使光线随着汽车前进方向和车身姿态的变化而变动,消除驾驶人在夜间或恶劣天气下行车的视野盲区。与传统的汽车照明模式相比,自适应前照明系统能够根据道路和天气环境的变化适时地开启相应的照明模式,从而形成相应的照射光形(图 6-74)。

汽车自适应前照明模式主要有基础照明模式、弯道照明模式、城市道路照明模式、高速公路照明模式、乡村道路照明模式和恶劣天气照明模式等。

1）基础照明模式

汽车在行驶过程中,当道路状况及环境气候均处于正常状况时,自适应前照明系统的工作模式相当于传统的汽车照明系统,其照明模式为基础照明模式,自适应前照明系统不作任何调整。

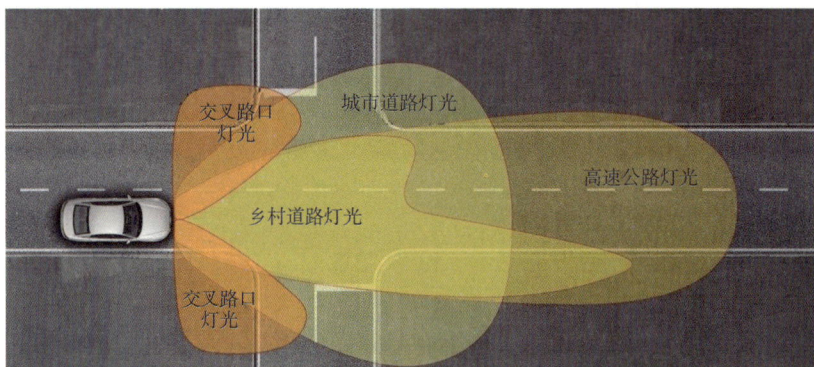

图 6-74 自适应前照明系统不同工作模式下的照明光形

2）弯道照明模式

汽车在夜间转弯行驶时,传统汽车前照灯的照射光线与车身前进方向平行,所以在车身的两侧会出现暗区,驾驶人无法及时地发现弯道上的路况,容易导致交通事故的发生。在这种情况下,自适应前照明系统可以开启弯道照明模式。当汽车进入弯道时,转向盘转角传感器和车速传感器共同作用采集数据,电子控制单元根据传感器采集的数据计算出车灯需要偏转的角度,驱动步进电动机转动以使前照灯转动。

自适应前照明系统能够使汽车在进入弯道时产生旋转的光形,给弯道以足够的照明,如图 6-75 所示。

a) 无自适应前照明系统　　　　　　　　b) 有自适应前照明系统

图 6-75 汽车有无自适应前照明系统的弯道照明

3）城市道路照明模式

市区道路行车的特点是车速较低,车流量和人流量都很大,外界照明条件好,十字路口多,发生随机性事故的可能性较大。在这样的道路上行车要求视野清晰,防止眩光(图 6-76)。

4）高速公路照明模式

高速公路上行车的特点是车速快、车流量相对较小、侧向干扰少。这样的行车特点要求前照灯光线照射的距离足够远,以保证前方出现状况时驾驶人有足够的时间采取措施。在高速公路上行车,汽车灯光的照射距离应该与车速成正比的关系,汽车灯光的照射距离要大于驾驶人的反应距离和制动距离的总和。

汽车行驶在高速公路时,当车速传感器检测到车速大于 70km/h,并根据 GPS 判断其为高速行驶模式时,自适应前照明系统自动开启高速公路照明模式。汽车前照灯照射光线随着车速的增加在垂直方向上抬高,以使光线能够照射得更远(图6-77),保证驾驶人能够在安全距离之外发现前方的汽车。

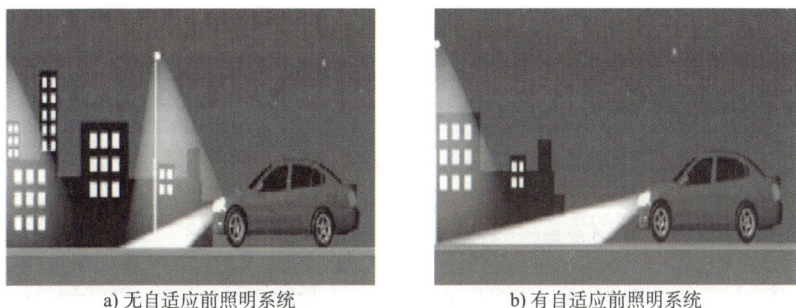

a) 无自适应前照明系统　　　　　b) 有自适应前照明系统

图6-76　汽车有无自适应前照明系统的城市道路照明

a) 无自适应前照明系统　　　　　b) 有自适应前照明系统

图6-77　汽车有无自适应前照明系统的高速公路照明

5)乡村公路照明模式

通过环境光强传感器、轮速传感器和GPS来判断外界行驶条件,决定是否开启乡村道路照明模式。在乡村道路照明模式下,系统增大左右前照灯的输出功率,增强光照亮度来补充照明。依据右侧行车的交通法规,汽车在乡村道路行驶时,右侧的前照灯照射光线要向右偏转一些,拓宽右侧道路的照明范围以使灯光能够照射到路面边缘(图6-78)。

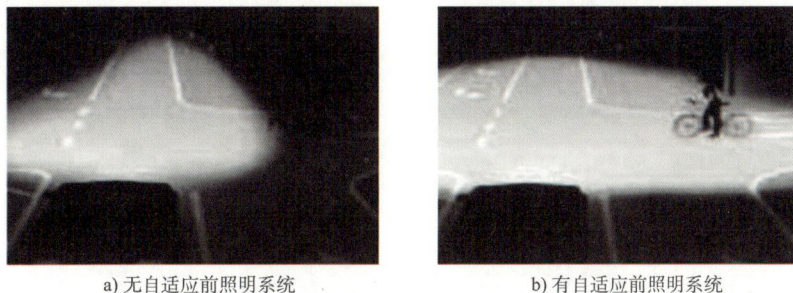

a) 无自适应前照明系统　　　　　b) 有自适应前照明系统

图6-78　汽车有无自适应前照明系统的乡村道路照明

6)恶劣天气照明模式

恶劣天气照明模式主要针对的是阴雨天气,此时地面的积水会将前照灯打在地面上的光线反射至对向会车驾驶人的眼睛中,使其眩目,进而可能造成交通事故。在阴雨天气下行驶的汽车,自适应前照明系统根据检测路面湿度、轮胎滑移及雨量传感器判断系统状态为雨天模式,自适应前照明系统驱动垂直调高电动机,降低前照灯垂直输出角,并调节其照射强度,避免反射眩光在60m范围内对向行车驾驶人造成眩目(图6-79)。

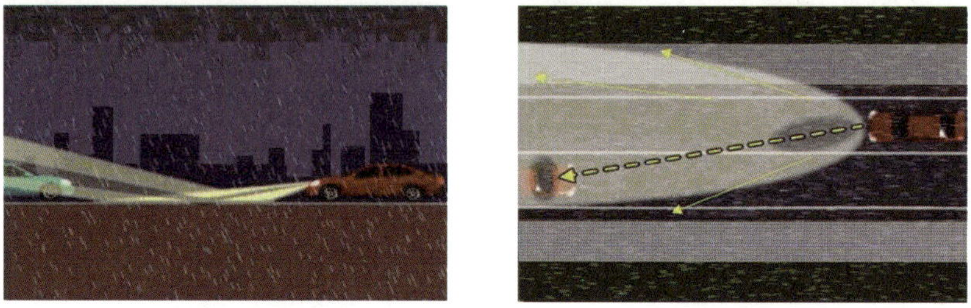

a) 无自适应前照明系统

b) 有自适应前照明系统

图6-79 汽车有无自适应前照明系统的恶劣天气道路照明

技能实训

实训项目 先进驾驶辅助系统(ADAS)认知					
课程名称		日期		成绩	
学生姓名		学号		班级	
任务载体	具有ADAS功能的智能网联汽车一辆、智能网联汽车应用场景沙盘、ADAS调试检测台				
任务目标	(1)通过沙盘演示所有ADAS的工作场景; (2)在车辆上完成所带ADAS功能的验证; (3)找出车辆上ADAS的相关组成部件; (4)在ADAS调试检测台完成基本的检验和校正				

项 目	步 骤	操 作 记 录	
1.实训准备	(1)智能网联汽车应用场景沙盘基本功能调试		
	(2)具有ADAS功能的智能网联汽车性能检查		
	(3)测试场地的布置及检查		
	(4)ADAS调试检测台基本检查		
2.实训内容	(1)智能网联汽车应用场景沙盘中ADAS功能及对应工作场景	功能	工作场景

续上表

项　目	步　骤	操 作 记 录	
		功能	验证结果
2.实训内容	(2)验证车辆上所带 ADAS 的功能		
	(3)应用调试检测台完成车辆 ADAS 功能的检测和调试		
3.总结分析	(1)根据所学习的理论知识结合实车,分析车辆 ADAS 功能未来的发展趋势		
	(2)结合沙盘分析 ADAS 功能的开启条件及工作过程		
小组互评 第_____组	组员学号		
	组员姓名		
	互评分		
教师考核			

思考与练习

一、判断题

1. 先进驾驶辅助系统将帮助车辆逐步实现自动化驾驶,并最终达到无人驾驶的目标。（　　）

2. 先进驾驶辅助系统按照环境感知系统的不同可以分为自主式和网联式两种。（　　）

3. 前向碰撞预警系统本身会采取任何制动措施去避免碰撞或控制汽车制动功能。（　　）

4. 前向碰撞预警系统主要利用雷达或视觉传感器等来进行监测前方车辆。（　　）

5. 车道偏离预警系统除了起到安全警示的作用,还会采取自动操作干预驾驶人。（　　）

6. 当有车辆或行人进入驾驶人视野盲区时,盲区监测系统应给予驾驶人提醒。（　　）

7. 驾驶人疲劳预警系统的作用就是监视并提醒驾驶人自身的疲劳状态,减少驾驶人疲劳驾驶的潜在危害。（　　）

8. 车道保持辅助系统可以在行车的全程或速度达到某一阈值后开启,不可以手动关闭。（　　）

9. 汽车自动制动辅助系统可以预知潜在的碰撞危险并及时通知驾驶人,但不会自动控制制动踏板完成制动操作。（　　）

10. 电动汽车自适应巡航控制系统的工作原理和燃油车是一样的。（　　）

11. 自动泊车辅助系统能完全自主控制车辆完成泊车操作。（　　）

12. 汽车自适应前照明系统可以根据天气情况、外部光线、道路状况及行驶信息来自动

控制前照灯角度,避免直射对向汽车驾驶人。　　　　　　　　　　　　　　　(　　)

二、选择题

1. 网联式先进驾驶辅助系统基于车与外界的通信互联完成环境感知,依靠(　　)进行分析决策。

　　A. 云端大数据　　　　B. 车载电脑　　　　C. 手机终端　　　　D. 通信卫星

2. 自主控制类先进驾驶辅助系统主要有车道保持辅助系统、自动制动辅助系统、(　　)、自动泊车辅助系统等。

　　A. 车道偏离预警系统　　　　　　　　B. 盲区监测预警系统
　　C. 自适应巡航控制系统　　　　　　　D. 定速巡航系统

3. 前车防撞预警系统的工作过程主要有前方车辆识别、(　　)、建立安全车距预警模型三部分。

　　A. 车速预警　　　B. 车距预警　　　C. 自动减速　　　D. 前方车距检测

4. 车道偏离预警系统主要包括(　　)、控制单元及报警器。

　　A. 毫米波雷达　　　B. 摄像头　　　C. 激光雷达　　　D. 定位系统

5. 盲区监测系统一般由(　　)、电子控制单元和预警显示单元等组成。

　　A. 信息采集单元　　B. 摄像头　　　C. 雷达　　　D. 识别系统

6. 驾驶人疲劳的检测方法主要有基于(　　)、基于汽车行驶状态和基于多特征信息融合的检测方法等。

　　A. 面部识别　　　B. 生理特征　　　C. 驾驶人自身特征　D. 驾驶行为

7. 车道保持辅助系统执行单元主要有报警模块、转向盘操纵模块和(　　)模块。

　　A. 车距控制　　　B. 制动器操纵　　　C. 预警控制　　　D. 减速控制

8. 汽车自动制动辅助系统采用测距传感器测出与前车或障碍物的距离,与报警距离、安全距离进行比较,(　　)报警距离时就进行报警提示;(　　)安全距离时汽车自动制动辅助系统也会启动,使汽车自动制动。

　　A. 小于、小于　　　B. 大于、小于　　　C. 大于、大于　　　D. 小于、大于

9. 汽车自适应巡航控制系统分为基本型和全速型。基本型自适应巡航控制系统一般在车速大于(　　)时才起作用。

　　A. 10km/h　　　B. 20km/h　　　C. 30km/h　　　D. 40km/h

10. 自动泊车辅助系统的运行过程包含激活系统、车位检测、(　　)、路径跟踪四个过程。

　　A. 自动泊车　　　B. 自动转向　　　C. 路径计算　　　D. 路径规划

三、简答题

1. 在《道路车辆　先进驾驶辅助系统(ADAS)术语及定义》(GB/T 39263—2020)中对先进驾驶辅助系统的定义是什么?

2. 车道偏离预警系统的工作原理是什么?

3. 盲区监测系统的功能有哪些?

4. 简述车道保持辅助系统的工作原理。

5. 简述自适应巡航控制系统的工作过程。

模块七 智能网联汽车智能座舱

📖 学习目标

▶ 知识目标

1. 描述智能座舱的概念；
2. 列举智能座舱的组成；
3. 认识智能座舱的作用。

▶ 技能目标

1. 操作智能座舱的相关功能；
2. 解释人机交互技术。

▶ 素养目标

1. 过对智能网联汽车智能座舱的认知,激发学生对该领域的学习热情；
2. 通过资料查阅、制定计划、方案执行、总结反馈,培养学生严谨扎实、精益求精的工匠精神。

⚙ 建议课时

2 课时

一 认识智能座舱

1. 智能座舱定义

座舱一词由飞机和船舶行业引进而来,"舱"指飞机或船的内部空间。舱体可分为驾驶舱、客舱、货舱等。汽车座舱即车内驾驶和乘坐空间,随着互联网、大数据和人工智能等先进技术在交通运输领域的应用与发展,汽车的内部空间、人机界面、操作方式和交互过程正在发生革命性的变化,智能座舱应运而生。

智能座舱是指配备了智能化和网联化的车载产品,从而可以与人、路、车本身进行智能交互的座舱,是人车关系从工具向伙伴演进的重要纽带和关键节点。

智能座舱通过对数据的采集,上传到云端进行处理和计算,从而对资源进行最有效的适配,增加座舱内的安全性、娱乐性和实用性。智能座舱的未来形态是"智能移动空间"。在

5G 和车联网高度普及的前提下,汽车座舱将摆脱"驾驶"这一单一场景,逐渐进化成集"家居、娱乐、工作、社交"为一体的智能空间。

2. 智能座舱发展历程

智能座舱发展经历了整体基础—细分—产品—融合方案的格局变化。先是整体的电子电器架构和操作系统的出现,随后各细分产品逐渐装载到车上,如今的趋势是各产品的整合协同。

20 世纪 80 年代,博世和英特尔联合开发 CAN 总线系统,用于车内 ECU 的数据通信。

20 世纪 90 年代开始,车载嵌入式电子产品种类日益增多,平台化、模块化开发的需求明显,车载操作系统得以应用。

2012 年,特斯拉 Model S 在美国上市,搭载 17 英寸嵌入式中控屏幕,基本取消物理按键。

2014 年,HUD 厂商 Navdy 发布集导航显示、语音交互、手势操控、收发邮件等功能于一身的后装 HUD 产品。

2015 年,安卓 Auto 和苹果 Car play 分别发布。

2017 年,奥迪在多款新车型上配置全液晶仪表板。

2018 年 CES 展,伟世通发布智能座舱系统 Smart Core,基于域控制器整合车载中控和仪表板等座舱零部件。

2019 年 CES 展,多家车企、零部件供应商和科技企业发布完整智能座舱解决方案,整合人工智能、VR(虚拟现实)等前沿科技。

3. 智能座舱的组成

智能座舱是科技发展的产物,相比传统座舱,智能座舱更智能、更舒适,是电子产品不断向车内转移而产生的新一代汽车座舱,更能够贴近用户的需求。智能座舱正随着智能化新技术、新材料等不断发展而持续进化。

智能座舱主要包括:驾驶信息显示系统、车载信息娱乐系统、HUD 抬头显示、智能后视镜和智能座椅等。

1)驾驶信息显示系统

驾驶信息显示系统可以显示车辆当前的行驶数据,包括车速、燃油量、动力蓄电池荷电状态(SOC)、行驶里程、转速、胎压等信息(图 7-1),驾驶人可以通过显示面板准确了解车辆的行驶状况。

2)车载信息娱乐系统

车载信息娱乐系统(In-Vehicle Infotainment,IVI),是采用车载专用中央处理器,基于车身总线系统和互联网服务,形成的车载综合信息处理系统。IVI 能够实现包括三维导航、实时路况、IPTV、辅助驾驶、故障检测、车辆信息、车身控制、移动办公、无线通信、基于在线的娱乐功能及 TSP 服务等一系列应用,极大地提升了车辆电子化、网络化和智能化水平,如图 7-2 所示。

3)HUD 抬头显示

抬头显示简称 HUD,又被称为平视显示系统,是指以驾驶人为中心、可以盲操作的多功能仪表板,如图 7-3 所示。它的作用是把时速、导航等重要的行车信息,投影到驾驶人前面的风窗玻璃上,让驾驶人尽量做到不低头、不转头就能看到时速、导航等重要的驾驶信息。

图7-1 驾驶信息显示系统

图7-2 车载信息娱乐系统

4）智能后视镜

智能后视镜是以装备车尾的摄像头和车内显示屏，代替车内传统光学后视镜的一种新型后视镜，如图7-4所示。晚上低照度下，传统反光镜无能为力，而智能后视镜能提升环境亮度的功能非常实用。

图7-3 HUD抬头显示

图7-4 智能后视镜

5）智能座椅

自动驾驶领域日渐成熟，将催生一些全新应用场景，如休闲、娱乐、社交和健康等。传统的座椅控制系统无法满足人们新的需求，更安全、更舒适、智能化及健康化体验将成为未来智能座椅的发展方向。

为了追求极致的舒适感，智能座椅可以支持更多的座椅姿态调节，除了水平、高度、靠背常规调节，还支持旋转、腿托、肩部、侧翼等方向调节来实现舒适坐姿，智能座椅同时支持加热、通风、按摩、记忆、迎宾等功能。为了满足人们对不同应用场景的要求，智能座椅识别到相应的场景后，会快速调整座椅到合适姿态。

智能座椅与传统座椅的另一个重要的区别是，智能座椅更懂得用户，实现人机交互会实时监测驾乘者的生理指标，包括人体温度、心率及呼吸频率，并分析驾乘者的健康状态，当识别到生理指标异常时，智能座椅可以主动提供按摩、降温或加热来帮助驾乘者恢复到健康舒适的状态。采集到的生理特征数据也可以传送到云端对驾乘者进行健康管理，让驾乘者实时了解身体状况。

4. 车载人机交互技术

车载人机交互技术是人与智能驾舱之间围绕"人—车—环境"交流信息的沟通工具。车

图 7-5　宝马汽车的手势交互系统

载人机交互技术的发展可分为三个阶段：第一阶段为人机交互技术的早期形态，由以物理按键为主的传统中控、后视镜及其他按键旋钮等构成；第二阶段为具备人机交互技术的智能座舱上的应用，包括信息化电子屏、HUD、智能后视镜、触控、语音交互、手势识别等新型交互技术（图 7-5）；第三阶段为人机交互技术的未来应用方向，如人脸识别、智能车窗、AR 显示、全息影像等将逐渐应用。

5. 智能座舱的作用

智能座舱的作用体现在以下三个方面。

（1）对车智能：车载芯片和系统对 CAN、ECU 等电子器件反馈的数据进行计算，了解汽车行驶状态以及各种参数指标，对车辆进行最佳状态的适配。

（2）对路智能：通过 V2X 对道路状况、拥堵情况等信息进行感知和收集，并将数据传输给云端进行计算和路线智能规划。

（3）对人智能：智能座舱和驾驶人及乘客通过语音、手势等不同交互方式进行互动，感知人类行为，了解人类需求。

人机交互技术在智能座舱的应用

1. 人机交互技术

人机交互技术（Human Machine Interface，HMI）是利用各种识别技术（人脸、手势、语音、指纹、视网膜识别等）全方位地感知用户的需求，通过强大的数据分析能力（人工智能）预知用户的潜在需求，并采用虚拟现实和增强现实等技术模拟环境和信息，实现更加简单、自然、高效的交互。如图 7-6 所示为厦门金龙的车联网人机交互。

图 7-6　厦门金龙的车联网人机交互

1）手势交互

手势交互作为一种新的交互方式，已经在部分产品和展示设计中逐渐被应用。相比传统的物理操作方式，手势交互被认为是一种更为自然的交互方式，手势交互能减少驾驶人的视觉分心和认知负担，逐渐成为汽车人机交互界面设计研究的重要方向。目前车内使用的手势交互主要有两种技术方案：一种是 TOF，也就是飞行时间方案，通过激光发出和反射的时间差来计算用户手部的位置信息从而识别手势；另一种为双目方案，也就是通过并列的两颗红外摄像头捕捉手部图像并进行对比，通过内置的算法模组来完成手势的识别。

2）语音交互

智能语音交互是基于语音输入的新一代交互模式，通过说话就可以得到反馈结果，在汽车上以多媒体硬件为载体实现语音交互。

3）人脸识别

人脸识别是人机交互技术之一，属于生物特征识别，是利用摄像头采集含有人脸的图像或视频流，并在采集过程中自动检测和跟踪人脸，进而对检测到的人脸进行脸部识别的一系列相关技术。人脸识别技术原理，主要包括以下步骤：一是建立一个包含大批量人脸图像的数据库；二是通过各种方式来获得当前要进行识别的目标人脸图像；三是将目标人脸图像与数据库中既有的人脸图像进行比对和筛选。根据人脸识别技术原理，具体实施起来的技术流程则主要包含以下四个部分，即人脸图像的采集与预处理、人脸检测、人脸特征提取、特征匹配与识别。

2. 人机交互技术在智能座舱上的应用

1）语音交互技术的应用

语音交互是最早在汽车上使用的技术，之前在导航、娱乐等功能中已经得到应用。目前智能语音交互已经是各大厂商重点推出的功能，能够操控导航、打电话、查找附近餐厅、操作空调和车窗甚至讲冷笑话等，语音交互能够实现的功能越来越多，也呈现出逐渐取代了物理按键和多点触控成为座舱内主流人机交互方式的趋势。目前，我们已经可以在驾驶场景和非驾驶场景用语音处理很多事情，让用户在使用汽车的过程中更加快捷和高效地去处理一些任务，有利于驾驶安全以及提供更好的用户体验。如图 7-7 所示，为了达成极致安全高效的驾乘体验，长安 UNI-K 更集成了行业领先的科大讯飞飞鱼 OS3.0 语音交互系统，能够实现多轮对话、上下文识别、跨场景识别，帮助用户实现界面上所有功能的语音控制。同时，作为驾驶者专属智慧伙伴，小安智慧功能再进阶，带来语义自学习功能，对无法完整理解的内容，瞬间进入类人语音交互模式，发起多轮对话并学习结果，让语音越用越智能，越用越懂驾驶者。

图 7-7 长安 UNI-K

2）车载人脸识别技术的应用

车载人脸识别技术在汽车防盗、行车安全，甚至是自动驾驶等方面起到至关重要的作用，目前可以实现身份验证、驾驶人状态监测两大类功能。其中，身份验证类功能主要包括：车辆解锁和起动、车内支付、个性化服务、资质认证等；驾驶人状态监测类功能主要包括：疲劳驾驶监测、分心驾驶监测、健康状态监测、情绪识别等（图 7-8）。

3）手势交互技术的应用

手势是人们与生俱来的一种自然交互方式，为了更有效地实现人机沟通，也为了保障驾乘者更安全地驾驶车辆，同时降低认知负荷，是所有汽车交互需要考虑的问题，因此，手势交互技术已经逐步在汽车上应用。目前手势交互都是基于视觉的手势识别来完成，其主要包括：手势分割、手势特征提取、静态手势识别、动态手势识别。简单地说，手势识别就是一种用手势来直接控制车载计算机运算的一种技术，简单且便捷（图 7-9）。

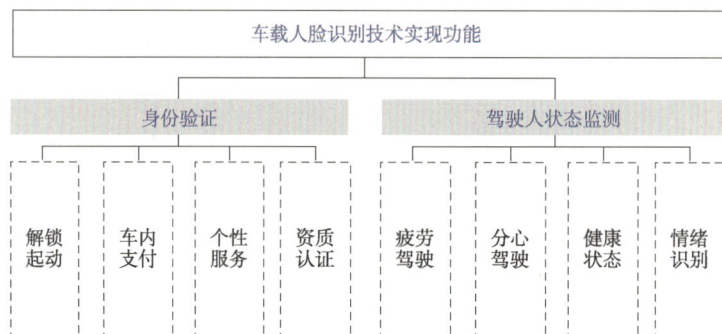

图 7-8 车载人脸识别系统功能

图 7-9 手势交互在车机上的应用

技能实训

实训项目 智能网联汽车智能座舱认知					
课程名称		日期		成绩	
学生姓名		学号		班级	
任务载体	配备智能座舱的汽车一辆				
任务目标	(1)完成智能座舱相关功能的识别和操作； (2)体验人机交互技术				

项　目	步　骤	操作记录	
1.实训准备	(1)车辆车主使用手册		
	(2)车辆基本性能检查		
2.实训内容	(1)在车辆座舱内找到相应的智能系统	名称	实现功能

续上表

项　目	步　骤	操作记录	
		人机交互技术	体验结果
2.实训内容	(2)验证座舱已经配置的人机交互技术		
3.总结分析	分析该车辆在智能座舱已经实现的功能和还未实现的功能,以及智能座舱未来的发展趋势		
小组互评 第_____组	组员学号		
	组员姓名		
	互评分		
教师考核			

思考与练习

一、判断题

1.抬头显示简称 HUB,又被称为平视显示系统。　　　　　　　(　　)

2.晚上低照度下,智能后视镜能提升环境亮度的功能非常实用。　(　　)

3.智能座舱的作用体现在对车智能、对人智能和对路智能三方面。(　　)

4.目前车内使用的语音交互主要有二种技术方案,其中 TOF 应用广泛。(　　)

5.手势交互是最早在汽车上使用的交互技术。　　　　　　　(　　)

二、选择题

1.智能座舱不包括(　　)和智能座椅等。

　A.驾驶信息显示系统　B.车载信息娱乐系统　C.HUD 抬头显示　D.智能逃逸

2.抬头显示作用是把(　　)及导航等重要的行车信息,投影到驾驶人前面的风窗玻璃上。

　A.时速　　　　B.行驶里程　　　　C.燃油量　　　　D.剩余电量

3.智能座椅相比传统座椅除了在识别到相应的场景后,能快速自动调整座椅到合适姿态外,还有一个重要的区别是(　　)。

　A.更舒适　　　　B.更安全　　　　C.能够按摩　　　　D.实现人机交互

4.驾驶人状态监测类功能不包括(　　)。

　A.疲劳驾驶监测　B.分心驾驶监测　C.体重监测　　D.情绪识别

5.车载人脸识别技术目前可以实现(　　)、驾驶人状态监测两大类功能。

　A.身份验证　　B.疲劳检测　　C.情绪监测　　D.酒精检测

三、简答题

1.简述智能座舱的定义。

2.根据人脸识别技术原理,具体实施起来的技术流程有哪些?

3.何为人机交互技术?

缩　略　语

英 文 简 称	中 文 全 称	英 文 全 称
3GPP	第三代合作伙伴项目	The 3rd Generation Partnership Project
4G	第四代移动通信技术	The 4th Generation Mobile Communication Technology
5G	第五代移动通信技术	The 5th Generation Mobile Communication Tecbnology
5GAA	5G 汽车协会	5G Automotive Association
ABS	防抱死制动系统	Anti-lock Braking System
ACC	汽车自适应巡航控制	Adaptive Cruise Control
ADAS	先进驾驶辅助系统	Advanced Driving Assistance System
ADS	应用数据交换服务	Application Data-Exchange Service
AEB	汽车自动制动辅助	Autonomous Emergency Braking
AFS	汽车自适应前照明系统	Adaptive Front Lighting System
AFS	前轮主动转向系统	Active Front Steering
ALC	自动车道变换	Automotive Lane Change
APA	自动泊车辅助	Auto Parking Assist
API	应用程序编程接口	Application Programming Interface
ASN. 1	抽象语法标记	Abstract Syntax Notation One
AVP	自动代客泊车	Automated Valet Parking
AVW	异常车辆提醒	Abnormal Vchicle Warning
BAM	盲区监测系统	Blind Area Monitoring
BBW	线控制动系统	Brake by Wire
BSD	盲区监测系统	Blind Spot Detection
BSM	基本安全消息	Basie Safely Message
BSW/LCW	盲区预警/变道预警	Blind Spot Waring / Lane Change Warning
CA	证书授权	Certificate Authority
CA	有条件自动驾驶	Conditional Automation
CAV	防撞距离	Collision Avoidance Range
CDC	筒间流量调节减振器	Continuous Damping Control
C-ITS	合作智能交通系统	Cooperative-Intelligent Transportation System
CLW	车辆失控预警	Control Lost IVarning

英文简称	中文全称	英文全称
C-V2X	蜂窝车联网	Cellular Vehicle to Everything
CSAE	中国汽车工程学会	Sociecly of Automotive Engineers of China
DA	驾驶人辅助	Driver Assistance
DD2D	设备到设备	Device to Device
DDT	动态驾驶任务	Dynamic Driving Task
DDTF	动态驾驶任务接管	Dynamic Driving Task fallback
DE	数据元素	Data Element
DF	数据帧	Data Frame
DIL	驾驶人在环	Driver In Loop
DME	专用短程通信管理实体	DSRC Nanagement Entity
DMS	驾驶人疲劳预警系统	Driver Fatigue Monitor System
DNPW	逆向超车预警	Do not Pass Warning
DSM	专用短程通信短消息	DSRC Short Message
DSRC	专用短程通信	Dedicated Short Range Communications
DTI	到交叉口的距离	Distance-to-Intersection
EBW	紧急制动预警	Emergency Brake Warning
eCall	紧急呼叫	Emergency Call
EHB	电控液压制动	Electric Hydraulic Brake
EHPS	电控液压助力转向系统	Electro-Hydraulic Power Steering
EPB	电子驻车制动系统	Electric Parking Brake
EPS	电动助力转向系统	Electric Power Steering
ESP	车身电子稳定系统	Electronic Stability Program
ETC	电子不停车收费系统	Electronic Toll Collection
ETSI	欧洲电信标准化协会	European Telecommunications Standards Institute
EMB	电子机械制动系统	Electric Mechanical Brake
MEMS	微机电系统	Micro-Electro-Mechanical System
FSD	活塞流量调节减振器	Frequency Sentive Damping
EVW	紧急车辆提醒	Emergency Vehicle Warning
FA	完全自动驾驶	Full Automation
FCW	前向碰撞预警	Forward Collision Warning
FSRA	全速自适应巡航控制	Full Speed Range Adaptive cruise control
GB	中国国家标准	Guo Biao（Nation Standard）
GBAS	地基增强系统	Ground-Based Augmentation Systems

英文简称	中文全称	英文全称
GINS	平台式惯性导航系统	Gimbaled Inertial Navigation System
GLOSA	绿波车速引导	Green Light Optimal Speed Advisory
GNSS	全球导航卫星系统	Global Navigation Satellite System
GPS	全球定位系统	Global Positioning System
HA	高度自动驾驶	High Automation
HIL	硬件在环	Hardware in Loop
HLN	道路危险状况预警	Hazardous Location Warning
HMI	人机交互界面	Human Machine Interface
HUD	抬头显示	Head Up Display
HV	主车	Host Vehicle
HWP	高速路自动驾驶	High Way Pilot
ICC	智能领航系统	Integrated Adaptive Cruise Control
ICW	交叉路口碰撞预警	Intersection Collision Warning
ID	标识	Identification
IMU	惯性测量单元	Inertial Measurement Unit
ISO	国际标准化组织	International Standards Organization
ITS	智能交通系统	Intelligent Transport Systems
IVS	车内标牌	In-Vehicle Signage
LCA	汽车并线辅助	Lane Change Assist
LDP	车道偏离抑制	Lane Departure Prevention
LDPC	低密度奇偶校验	Low Density Parity Check
LDW	车道偏离预警	Lane Departure Warning
LDWS	车道偏离预警系统	Lane Departure Warning System
LKAS	车道保持辅助系统	Lane Keeping Assist System
LKS	车道保持系统	Lane Keeping System
LMES	线性电动机电磁系统	Linear Motion Electromagnetic System
LSAD	低速自动驾驶	Lowspeed Automated Driving
LTA	左转辅助	Left Turn Assistant
LTE-V2X	基于 LTE 的车载设备与其他设备通信	Long Term Evolution-Vehicle to Everything
MEC	多接入边缘计算	Multi-access Edge Computing
MRC	油液黏度调节减振器	Magnetic Ride Control
MSD	最小数据集	Minimum Set of Data
OBU	车载单元	On-Board Unit

英 文 简 称	中 文 全 称	英 文 全 称
ODD	运营设计域	Operational Design Domain
OEDR	目标和事件检测与响应	Object and Event Detection and Response
P2P	点对点	Point to Point
PA	部分自动化	Partial Automation
PGSA	动力—发电减振器	Power-Generating Shock Absorber
RPA	远程遥控泊车辅助系统	Remote Parking Asist
RSA	路侧单元发布的交通事件消息	Road Side Alert
PSAP	公共安全应答点	Public Safety Answering Point
RSM	路侧单元消息	Road Side Message
RSU	路侧单元	Road Side Unit
RTK	实时动态	Real-time kinematic
RV	远车	Remote Vehicle
SAE	国际汽车工程师学会	Society of Automotive Engineers International
SBAS	星基增强系统	Satellite-Based Augmentation System
SBW	线控转向系统	Steering-by-Wire
SBW	线控悬架系统	Suspension by Wire
SIL	软件在环	Software in Loop
SLAM	即时定位与地图构建	Simultaneous Localization and Mapping
SINS	捷联式惯性导航系统	Strap-down Inertial Navigation System
SLW	限速预警	Speed Limit Warning
SPAT	信号灯消息	Signal Phase and Timing Message
SPI	服务提供者接口	Service Provider Interface
SVW	闯红灯预警	Signal Violation Warning
TC	目标分类	Target Classification
TCS	牵引力控制系统	Traction Control System
TJP	交通拥堵自动驾驶	Traffic Jam Pilot
TJW	前方拥堵提醒	Traffic Jam Warning
TTC	碰撞预计时间	Time-to-Collision
TTI	到达交叉口预计时间	Time-to-Intersection
UPER	非对齐压缩编码规则	Unaligned Packet Encoding Rules
V2I	车载单元与路侧单元通信	Vehicle to Infrastructure
V2P	车载单元与行人设备通信	Vehicle to Pedestrians
V2V	车载单元之间通信	Vehicle to Vehicle

续上表

英 文 简 称	中 文 全 称	英 文 全 称
V2X	车载单元与其他设备通信	Vehicle to Everything
VIL	车辆在环	Vehicle in Loop
VIN	车辆识别码	Vehicle ID Number
VNFP	汽车近场支付	Vehicle Near-Field Payment
VRU	弱势交通参与者	Vulnerable Road User
VRUCW	弱势交通参与者碰撞预警	Vulnerable Road User Collision Warning

参 考 文 献

[1] 甄先通,王亮,黄坚.自动驾驶汽车环境感知[M].北京:清华大学出版社,2020.

[2] 纪者.基于超声波雷达的自动泊车系统研究[D].北京:北京交通大学,2021.

[3] 王桂山.基于FPGA的超声波雷达数据采集[D].绵阳:西南科技大学,2015.

[4] 王潇伟.基于超声波雷达的APS环境感知模块研究[J].时代汽车,2020(17):143-144.

[5] 陈建明,曹晨航,陈俊宇.长距超声波雷达在汽车智能泊车系统中的测距研究[J].西昌学院学报,2020,34(02):62-65.

[6] 匡兵,史云鹏,罗作煌,等.基于超声波雷达的车位检测算法[J].桂林电子科技大学学报,2019,39(03):190-195.

[7] 汤传国.基于超声波测距的倒车雷达系统研究[D].西安:长安大学,2015.

[8] 张海焕,陈彩霞,马逸行.基于超声波雷达的自动泊车自适应测距与定位设计[J].科技视界,2020,28(01):1-4.

[9] 杨世春.自动驾驶汽车平台技术基础[M].北京:清华大学出版社,2020.

[10] 王建.自动驾驶技术概论[M].北京:清华大学出版社,2019.

[11] 范立,周亮,陶乾.ADAS系统实车道路测试路线方案研究[J].汽车实用技术,2022,47(01):40-44.

[12] 齐健成.基于单目视觉的ADAS系统行人检测研究[D].锦州:辽宁工业大学,2021.

[13] 邹育平,王玉琴,高晖.智能网联汽车ADAS部件检修课程教学设计[J].汽车维护与修理,2021(24):8-10.

[14] 栗工,周伟,江贤宇.智能驾驶及ADAS系统测试平台和测试方法:CN113532884A[P],2021-10-22.

[15] 郑刚,张朝阳,俎兆飞,等.高级驾驶辅助系统硬件在环测试平台研究[J].现代电子技术,2021,44(20):65-68.

[16] 刘春晖.高级辅助驾驶系统与车联网(上)[J].汽车维修与保养,2021(10):82-85.

[17] 张博森,陈学文.基于多传感器融合的ADAS前车识别研究[J].汽车实用技术,2021,46(15):213-214+220.

[18] 裴鹏鹏,樊景帅,陆竞英,等.一种面向视觉ADAS的场景库构建方法[J].汽车科技,2021(05):85-88+84.

[19] 宋传增.智能网联汽车技术概论[M].北京:机械工业出版社,2020.

[20] 赖旭东.机载激光雷达基础原理与应用[M].北京:电子工业出版社,2010.

[21] 周琦.汽车CAN FD总线应用研究[D].上海:上海工程技术大学,2019.

[22] 孙雨.FlexRay网络通信协议在车载系统中的应用与研究[D].长沙:中南大学,2014.

[23] 韦志魁,韩小伟.汽车总线技术分析[J].内燃机与配件,2018(09):89-90.

[24] 张明.MOST总线实验与开发平台的设计[D].长春:吉林大学,2005.

[25] 阎光虎,廖发良.基于 MOST 总线的车载网络系统分析[J].汽车实用技术,2012(08):1-5.

[26] 李志鹏.车载 MOST 网络构建及开发技术研究[D].哈尔滨:哈尔滨工业大学,2013.

[27] 郭丽芳,游学辉,苏志鑫,等.无人驾驶智能车导航定位系统设计研究[J].中国管理信息化,2019,22(18):174-176.

[28] 邓子豪.无人驾驶智能车导航系统的研究与实现[D].西安:西安工业大学,2014.

[29] 王杰,卢秀山,王胜利.基于车载移动测量的 GNSS 定位方法[J].测绘工程,2017,26(11):60-64.

[30] 兰琛.车载网专用短程通信和定位技术的研究与应用[D].杭州:浙江大学,2014.

[31] 钟海兴.特定场景下智能车的融合定位及导航策略研究[D].广州:华南理工大学,2019.

[32] 朱敏慧.TomTom:高精度定位技术推进自动驾驶研发[J].汽车与配件,2019(01):67.

[33] 付廷强.基于 GNSS/IMU/视觉多传感融合的组合定位算法研究[D].上海,上海交通大学,2019.

[34] 邱佳慧.车辆高精度定位技术研究[J].信息记录材料,2019,20(06):201-204.

[35] 李晨鑫.车联网定位技术现状及展望[J].移动通信,2020(11):70-75.

[36] 杨晓明,王胜利,王海霞,等.基于 EKF 的 GNSS/SINS 组合导航系统应用[J].山东科技大学学报,2019,38(06):114-122.

[37] 万玮,陈秀万,彭雪峰,等.GNSS 遥感研究与应用进展和展望[J].遥感学报,2016,20(5),858-874.

[38] 余贵珍.自动驾驶系统设计及应用[M].北京:清华大学出版社,2020.

[39] 崔胜民.智能网联车新技术[M].北京:化学工业出版社,2021.

[40] 李晓欢.自动驾驶汽车定位技术[M].北京:清华大学出版社,2019.

[41] 王平.车联网权威指南:标准、技术及应用[M].北京:机械工业出版社,2018.

[42] 克里斯托夫·佐默,法尔科·德雷斯勒·车辆网联技术[M].胡红星,等译.北京:机械工业出版社,2017.

[43] 拉都·波佩斯库-泽雷延.车联网通信技术[M].高卓,等译.北京:机械工业出版社,2016.